让-雅克·卢梭
作品中的道家意蕴

中英伦葩 著

湖南大学出版社

内容简介

以让-雅克·卢梭的作品为研究对象，以主题学的方法进行文本分析，同时结合哲学、文学、生态学、美学、心理学等学科领域的理论，探讨卢梭在面对自然景观时的心理状态和哲学思想；结合中国文化，探索卢梭作品中折射出的道家文化，寻求东西方思想家在精神上追求自我救赎、探索人生幸福的道路上产生的共鸣。

图书在版编目（CIP）数据

让-雅克·卢梭作品中的道家意蕴/中英伦葩著．—长沙：湖南大学出版社，2019.9

ISBN 978-7-5667-1787-0

Ⅰ.①让… Ⅱ.①中… Ⅲ.①卢梭（Rousseau，Jean Jacques 1712—1778）—哲学思想—思想评论 Ⅳ.①B565.26

中国版本图书馆 CIP 数据核字（2019）第 193066 号

让-雅克·卢梭作品中的道家意蕴

RANG -YAKE • LUSUO ZUOPIN ZHONG DE DAOJIA YIYUN

著　　者：中英伦葩
责任编辑：王桂贞
印　　装：北京虎彩文化传播有限公司
开　　本：710mm×1000mm　16 开　**印张：**11.25　**字数：**233 千
版　　次：2019 年 9 月第 1 版　**印次：**2019 年 9 月第 1 次印刷
书　　号：ISBN 978-7-5667-1787-0
定　　价：40.00 元

出 版 人：雷　鸣
出版发行：湖南大学出版社
社　　址：湖南·长沙·岳麓山　　**邮　　编：**410082
电　　话：0731-88822559(发行部),88821594(编辑室),88821006(出版部)
传　　真：0731-88649312(发行部),88822264(总编室)
网　　址：http://www.hnupress.com
电子邮箱：wanguia@126.com

目　次

引　言

让-雅克·卢梭是法国历史上一名丰产的作家，他的作品涵盖政治、教育、哲学、音乐等多个领域。作为18世纪法国大革命的思想先驱、法国启蒙运动的重要代表人物之一，他在作品中对人性、人类社会命运以及自然主义生命哲学的探讨引人深思。

在西方诸多政治学著作中，卢梭的《社会契约论》是第一批被翻译成中文引进中国并且得到了广泛传播的经典之一。第一部完整的中文版《社会契约论》便是由杨庭栋于1900年至1902年翻译完成的。《让-雅克·卢梭在中国（从1871年至今）》的作者——法国巴黎第七大学的王晓苓教授总结说，大量的研究证实了卢梭对于中国的影响之深远。

囿于选题的关系，笔者无法将卢梭的所有作品囊括在本书中，只能把注意力集中在他的自传体和浪漫主义风格的作品上。笔者认为，卢梭在面对大自然时，更容易展示出他情感丰沛的一面，喜怒哀乐自然而然地流露在多愁善感的字里行间。例如，在《新爱洛伊斯》中，卢梭为我们描绘了一幅阿尔卑斯山区的湖光山色之景，并将其作为小说故事的缘起和发展舞台，小说冲破了理性对情感的压抑（经历了17世纪的古典主义、18世纪科学理性对人类情感的长期禁锢之后），奠定了现代浪漫主义小说的帝国基础；在卢梭的自传体作品《忏悔录》中，大自然撩开了他情感的朦胧面纱；在他的遗作《孤独漫步者的遐想》中，他向读者们开诚布公自己在大自然怀抱中的联翩遐想和对往昔幸福的追忆。上述为世人津津乐道的三部作品，也可视为卢梭的情感三部曲，这三部曲引导读者们一步步地挖掘卢梭深埋的情感，品味他的审美理念。时至今日，《孤独漫步者的遐想》仍然是受研究者青睐的作品之一，因此近十多年来涌现出了大量令人印象深刻的研究成果。在这部哲学和文学遗作中，作者一步步地接近的死亡似乎赋予了这部散文集更扣人心弦的气息，使得其笔调更平易近人，对于人生的思索也前所未有地细腻和具有爆发力。《孤独漫步者的遐想》是为能够读懂他的人而写的。“卢梭的小说给我们同时带来了艺术的启迪和人文的启示：浪漫主义文学的感性主义和卢梭的人性体悟与人性抒写同出一脉；浪漫主义文学每每缅怀中世纪，充满宗教情绪并以此与现代文明相对抗，这也与卢梭推崇先验理性和价值理性的人性体悟一脉相承。”①

通过对法国著名的文学批评家马塞尔·雷蒙的《探寻自我和遐思》的研究，我们发现对于作为漫步者和植物学家的卢梭来说，对某一个具体事物的观察、对一棵植物或一朵花的检测仅仅是一个准备阶段、一道催化剂或者一个跳板。对大自然的观察使得卢梭可以遨游于自己的遐想中，在其中万事万物都被他抛于脑后：他是一个纯粹的自娱自乐的孤独漫步者。除此之外，瑞士的文学理论家让·斯塔罗宾斯基认为，卢梭从来没有意图把自己的思想和个性、理论探讨和生活经历区别对待。他渴望心灵间的透明交流与沟通，但是他在漫长的等待中逐渐失望，于是选择了相反的道路，他接受并主动挑战社会的不公，在被迫屈服的过程中，他不断地反省，更加坚信自己的清白无辜。在 2003 年出版的《让-雅克·卢梭》一书中，雷蒙·特鲁松也肯定了卢梭对于现代社会的贡献是可观的。在罗伯斯庇尔倒台后的第二天，这位终生捍卫自然和真理的思想家卢梭被法国人民迎进了先贤祠——法兰西思想和精神的圣地。在雷蒙·特鲁松的书中，卢梭的情感是复杂而又压抑的、矛盾而又真挚的、无辜而又有罪的。这是一本鲜活的、有血有肉的书，它运用心理学的手法分析了人与社会、作家与生活的矛盾冲突。

卢梭的形象最近几年渐渐淡出了人们的视线，直到莫尼克和伯纳科特冒险而又大胆地通过《让-雅克·卢梭在他的年代》一书向世人展示了卢梭惊世的文学和哲学才能。在该书中，卢梭被视为一位主导 18 世纪和后世的伟大作家和哲学家。在卢梭成名前，他是一个追求荣耀和成就的日内瓦小青年，在秩序紊乱、伤风败俗的环境下努力，试图进入一个并不属于他的上流社会。在该书中，我们可以看到一个活生生的卢梭以及他的努力和进步：从 38 岁时参赛第戎学院的征文并一举成名，继而又与上流社会产生激烈的矛盾冲突，到之后的逐步逃离和自我封闭、寻求安宁和平静，他最终不得不承认荣誉之于他不过是

① 蒋承勇.《新爱洛伊丝》与人性抒写 [J]. 外国文学评论，2009 (3)：174.

一枚苦果。该书的作者没有否认卢梭的某些精神方面的因素，同时也指出他是一个社会中的不幸存在，这个社会让他感到格格不入、感到一种病态的紊乱。

继《忏悔录》和《对话集》两部作品之后，卢梭在《孤独漫步者的遐想》中致力于寻找和认知自我——一个脱离人类社会的自我。根据马克-安德烈·纳多的观点，卢梭寻求的是最根本的、最内在的、最纯粹的自我——可以把它称之为排他的自我。但是，正如爱德华·吉东所指出的："《孤独漫步者的遐想》中最主要的悖论就是它是写出来的。因为，这些遐思是一个隐退社会、远离人群的人的成果……而此人却从来没有把他的个人写作与人类社会隔离开过。"[①]

在这种自我与外界的关系中，大自然似乎取代了他人的位置，而卢梭心目中理想风景的一些元素如水和山变得举足轻重。当然，卢梭也成了 18 世纪自然复兴运动的一员[②]：让·埃拉就曾向我们展示过在启蒙运动之初自然的概念是如何演变，与之前的悲观主义决裂，并最终在 1750 年左右变成一个让人惬意愉悦的定义的。罗贝尔·马兹更加坚持认为美好的梦想是建立于"大自然的框架（田园生活、花园）之内"以及"幸福生活的稳定性之上的"。[③] 本书将中国道家自然主义哲学观思想影响下的法国社会与卢梭的《孤独漫步者的遐想》联系起来，旨在发现中法两国自然哲学观之间的交集，并为现有的卢梭的自然主题学术研究开拓新的视野。

17 世纪中叶到 18 世纪是清朝顺治、康熙、雍正和乾隆几代皇帝执政的时期，这是近代中国兴旺发达的时期之一，同时也是中国外交比较活跃的时期之一。这一时期诞生了众多世界优秀人才，有利于中西方良好的人文交流。启蒙时期的法国已经受到了中国思想和中国文化的影响。明末清初来华的耶稣会士将基督教文化带到中国，又将中国文化传递到西方，架起了中西方沟通的桥梁，促进了中国儒家文化与西方基督教文化的首次相遇与对话。这些会士包括达夏德神父、肖瓦西神父、杜赫德神父等，后者于 1702—1776 年撰写的《信

---

① Michel Coz，François Jacob. Rêveries sans fin，Autour des Rêveries du promeneur soliaire [M]. Orléans：Paradigme，1997：89.

② 中英伦葩. "逍遥游"——让-雅克·卢梭作品中的道家幸福 [J]. 湖南社会科学，2012 (11)：203.

③ Robert Mauzi. l'Idée du bonheur dans la littérature et la pensée françaises au XVIIIe siècle [M]. Genève-Paris-Gex：Slatkine Reprints，1979：32.

札》以及1735年撰写的《描述中国》极大地影响了启蒙时代西方看待中国的观点。起初来华的耶稣会士中鲜有法国人，直到1685年法国国王路易十四派遣传教士，法籍会士数量逐渐位居在华耶稣会士的首位。

索隐派代表之一耶稣会士傅圣泽在中国度过了22年时光，他博览群书，古代经典、近人注疏都有涉猎，在返回欧洲后的20年里曾与不少启蒙思想家如伏尔泰、圣西门、孟德斯鸠等接触，这在一定程度上推动了欧洲汉学的发展以及东西方思想的相互促进。法国著名的汉学家艾田浦曾著有《入华耶稣会士与礼仪之争》一书，这场在欧洲爆发的以中国为对象而中国人自己一无所知的大争论得出的基本结论是“宽容的哲学中国”和“不宽容的基督教西方”。礼仪之争在西方促生了大量的对中国的研究，“中国学”成了欧洲的显学，开启了东学西渐之门，激发了17、18世纪的“中国热”风潮。正如法国学者伊莎白尔·拉瑟拉所言：“传教士们为了向上级陈述自己不同寻常的做法，不得不对自己周围的形势发表感想，因而在欧洲出版了自己的著作，这为欧洲学者最初‘客观地描述中国’提供了一个基础，在启蒙哲学家们进行政治及道德沉思时，这些著作就成为他们的参照物，它们组成了当时的中国的肖像。而且这一情况维持很久，直到18世纪末。”① 伏尔泰、孟德斯鸠、魁奈等启蒙思想家都从中得到启发，也正是从那时起，法国成了中西文化交流的中心。

启蒙时期的欧洲出现的这股“亲中国浪潮”，使中国思想在欧洲享受了一段美好的“蜜月期”，甚至出现了一个新的词汇“chinoiserie”即“中国风”。当时欧洲的上流社会流行品中国茶、着中国丝绸服饰、建中国式园林、购置中国工艺品等。中国思想不仅影响了欧洲启蒙运动中最活跃的阶层和人物、最核心的思潮和争论，而且贯穿了整个启蒙运动的始终，那是中国思想在西方现代文明中最辉煌的时期。以著名的启蒙思想家伏尔泰为代表的一群法国知识分子表露出明显的亲中国倾向。启蒙主义哲学家们试图将中国描绘成一片人间乐土，在这片乐土之上，有贤明的君王、宽容的宗教政策、博学的哲人、公正的人才选拔制度，等等。伏尔泰和卢梭饱受基督教禁锢主义之苦，对贵族世袭制度抨击猛烈，中国的政治制度在他们眼中正好是与他们所批判的制度相对立的，他们赞赏中国是因为他们觉得中国是欧洲的反模式，利用它来批判法国的

---

① 伊莎白尔·拉瑟拉. 欧洲人眼中的儒学教育：中外比较教育史［C］. 上海：上海人民出版社，1990：28.

封建制度和意识形态，以起到振聋发聩的作用。尽管孟德斯鸠不如伏尔泰一般对中国一味赞赏，但是通过批判中国的政治制度来宣扬君主立宪，貌似与他人相反，实则殊途同归，启蒙思想家们的目的都是谋求建立一个“自由、平等、博爱”的资产阶级国家。于是，“他山之石，可以攻玉”，中国文化便有了被重新阐释的机遇，中国当时被描绘成“理性王国”的天堂。就连法国国王路易十四的家庭教师也念诵道：“圣人孔子，请为我们祈祷。”实际上，为了迎合西方文化自身发展的现实需要，孔子已经被描绘成了一名欧洲的启蒙思想家。佛教及道家的宗教和哲学内容同样地为法国民众树立了“中国智慧”的形象。对于18世纪的法国启蒙思想家们来说，必须用审视的目光重新看待本国文化，力图通过新的文化路径来解放思想、批判传统。中国文化进入到18世纪的法国后，成了一面启蒙需要的镜子、一个异域先进文化的“他者”存在、一个不可或缺的精神参照，充满魅力。这种情况下，可以认为中国文化对欧洲近代文化的发展起到了不可或缺的重要作用，不仅为欧洲的启蒙运动提供了外来的文化支援和参照力量，也反哺了中国文化新的异域价值和现代性内涵。

法国诗人亨利·米硕在记叙他的《蛮子游亚洲》中写道：“老子是知者，他触及到事物之本，用的却是明朴的语言，他的话，初看像坚石，细品却是硕果。没人比得上他那简约而幽深的文笔。”[①]“他（米硕）巧妙地从东方文化中汲取了丰富的营养。着眼于深深影响了米硕的道家思想和诗学观，在痛苦的呐喊、在对自我、暴力及科学精神的崇尚的背后，我们同时又看到了一种趋虚向道的东方式人生历程和诗学走向。”[②]对于米硕来说，趋虚向道不仅是人生体验，更是一种独特的诗歌历程，老庄思想及中国艺术精神为诗人的创作提供了新的参照、新的养分，为其诗作展现出新的远景。[③]

法兰西学士院院士程抱一先生也曾经说过：“确实，中国思想、中国哲学，儒、释、道，由耶稣会士从17、18世纪介绍到法国和欧洲后，对法国知识界、作家和思想家产生了巨大的‘震撼’，对他们认识、理解世界和生命，提供了新的观照、新的方式，对促进他们的艺术创造和思想建构都具有重要的、积极

① 杜青钢. 老子在法国［J］. 出版广角，1996（4）：56.

② 杜青钢. “道”家米硕虚之诗学——试论老庄、禅宗对米硕诗歌创作的影响［J］. 外国文学评论，1993（1）：110.

③ 杜青钢. “道”家米硕虚之诗学——试论老庄、禅宗对米硕诗歌创作的影响［J］. 外国文学评论，1993（1）：113.

的影响。从这个意义上，印证了一句古老的格言：'光自东方来'（exoritente lux），智慧之光从东方传来。"① 从中法文化交融的哲学层面分析，他同时还指出："无论是孟德斯鸠从否定方面对中国作负面描述，还是伏尔泰从肯定方面对中国作正面描述，都是有意义的，然而都是片面的，……他们对中国的观照和描述都是为某种哲学激情所驱策：孟德斯鸠为构建他的政体理论，伏尔泰为追寻理想王国，……倒是伏尔泰的好友阿尔央斯侯爵较为平正，他的六卷集《中国人信札》假托中国人西游，请中国人来给欧洲人上'哲学课'，张扬中国道德和新儒学的唯物主义，值得重视。"② 莱布尼兹也建议西方的君主们都要向中国学习，中西方互派文人相互学习，以便发现普遍真理。这一影响一直持续到当代社会，法国《文学杂志》曾经做了一个民意测验，问及"哪本中国书对法国人的影响最大"，63%的人回答"《道德经》"，在被抽查的作家中，75%的人回答"读过《老子》"，在普通法国老百姓的家里，也常常能发现《道德经》的译本。

所以，虽然时至今日我们无法证实，但也不能否认卢梭很有可能在18世纪轰轰烈烈的"中国热"背景下，通过阅读杜赫德神父的著作或是因为孟德斯鸠、伏尔泰、魁奈等人对于中国认识而受到了影响。尤其是孟德斯鸠，作为卢梭曾经的一位挚友，从青年时代起就持续关注中国，并于1713年在巴黎结识了旅法的中国基督教徒黄嘉略，孟德斯鸠将他与黄嘉略以及其他朋友谈话中关于中国的所见所闻记录成册，这些素材对于研究孟德斯鸠等启蒙思想家对中国的关注度是宝贵的第一手材料。笔者认为，孟德斯鸠谈话的对象中必然有卢梭，卢梭也必然接触过中国文化，甚至作为百科全书派的一员接触过中国道家哲学思想，即使这些思想是在传播过程中被修改、被误解过的。比如说，法国人眼中的老子，说到底，是西化了的老子。孟德斯鸠就曾在笔记中写道："老君学派被俗称为道士。……老君的著作至今尚存，书中颇多警句表明了他鄙视财富、逃避荣华、追求隐遁的思想。但是，当他谈到万物的由来时，显得不太正统，他认为一生二，二生三，三生万物。"③ 在笔者看来，这种情况实属正常现象。任何一个民族对外来异质文化的接受都奉行一定程度上的"拿来主

① 钱林森. 和而不同——中法文化对话集［M］. 济南：山东教育出版社，2015：464.
② 钱林森. 和而不同——中法文化对话集［M］. 济南：山东教育出版社，2015：466.
③ 孟德斯鸠. 孟德斯鸠论中国［M］. 许明龙，译. 北京：商务印书馆，2016：7.

义”，关键在于如何把握这种异质文化的精髓。由于18世纪的思想家们所研究的素材大多来自于传教士、商人和旅行家的二手材料，他们对真正的中国缺乏了解，加之自身并不懂汉语，他们对中国文化的解读有所出入也是难免的。学界不断有人推测，卢梭受到了中国哲学思想尤其是老庄思想的影响。英国学者休斯说：“没有人能生活在启蒙人士圈子里十三年而不重复地听人谈论中国及其哲学。当时中国艺术品在沙龙里展出，‘中国智慧’整天被人挂在嘴边，……这一切被一阵风似的吹进日内瓦人卢梭年轻敏感的灵魂里。”[①] 早在20世纪初，罗曼·罗兰就意识到卢梭“比任何西方人更理解东方观念中的完全忘我的境界”[②]。朱谦之提出卢梭的自然神论来自中国哲学，“此泛神论实即哲学的宗教之特殊性，其来源却不能不求之于中国，虽然卢梭自己不肯承认他是受中国影响的”[③]。其“回归自然”的思想可能受到了老子哲学观点的影响。

基于此，法国人汲取了《道德经》中的崇虚智慧，这也是不分东西领土、超越时间与空间的，属于全人类的本源性精神方式和审美方式。比如，法国著名的汉学家艾田蒲就十分欣赏和迷恋老庄的哲学思想，他认为中国的哲学思想在很长时间里一直丰富着欧洲的思想、科学和艺术，中国的哲学比希腊哲学更接近真理，使他受益的中国哲学家如孔子、庄子对他的影响绝不在蒙田之下。这正是中西方文化交融互补的理想景象。20世纪的西方之所以被称为“后传统的西方”，部分原因就是西方哲学在继承和发扬叔本华、伯格森、尼采的非主流线索的同时，更加亲近回归东方智慧。法国政论家列费尔曾经预言，第一次伟大的世界革命是西方民主制度的确立；第二次伟大的世界革命是整合东方智慧之后的新人类之产生[④]。21世纪初，西方人在仰慕东方宗教和哲学中寻求拯救心理危机的机会，并发起一场“东方转向”运动，悉心追寻东方智慧式生存路径的大有人在。

中国道家哲学被视为中国古典哲学的代表之一。法国汉学家葛兰言在1934年时就认为，想要编撰一部中国哲学史，仅仅凭借其他国家编撰的哲学史资料是远远不够的。与葛兰言同时代的法国汉学家马伯乐着手整理分析了中

① E. R. Hughes. Preface for The Great Learning and the Mean-in-Action [M]. London: Dent, 1942: 29.

② 罗曼·罗兰. 卢梭的生平和著作 [M]. 王子野，译. 北京：三联书店，1993：27.

③ 朱谦之. 中国思想对于欧洲文化之影响 [M]. 太原：山西人民出版社，2014：277.

④ 叶舒宪. 20世纪西方思想的“东方转向”问题 [J]. 文艺理论与批评，2003 (2)：24.

国古典道家的宏伟篇章，并于1950年留下了一部遗作。1963年，康德谟出版了《老子与道家》一书。1997年，程安娜为法国学界奉献了一本厚达600页的《中国思想史》，回应了1934年便已出现的研究需求。1991年，伊莎贝拉·贺碧来发表的《道家史——从起源到十四世纪》一文，在国外被广泛引用。

实际上，道家思想是一种自发性的、主张无忧无虑的生活和个人自由的出世哲学，它超尘脱俗，提倡人的心、神与道和谐同步，最终达到天人合一。① “道”是中国古代哲学的重要范畴，用以说明世界的本原、本体、规律或原理。在中国哲学史上，“道”这一范畴为道家首先提出。道的原始含义指道路、坦途，以后逐渐发展为道理，用以表达事物的规律性。这一变化经历了相当长的历史过程。春秋后期，老子最先把道看作是宇宙的本原和普遍规律，成为道家的创始人。之后，道在不同的哲学体系中其含义虽有不同，但基本上成为世界本原、本体、规律或原理的代名词。老子论“道”，首先肯定它是世界本原。在老子以前，人们对生成万物的根源只推论到天，至于天还有没有根源，并没有触及。到了老子，才开始推求天的根源，并提出“道”。老子认为，天地万物都由道而生。他说：“有物混成，先天地生。寂兮寥兮，独立不改，周行而不殆，可以为天下母。吾不知其名，强字之曰‘道’，强为之名曰‘大’。大曰逝，逝曰远，远曰反。”② 关于道生万物的过程，他说：“道生一，一生二，二生三，三生万物。万物负阴而抱阳，冲气以为和。”③ 对于老子的“道”，历来解说不一。有的人认为道是宇宙处在原始状态中的混沌未分的统一体，“一”的整体是混沌，是混元，是太一，是“无”向“有”转化的原始形态，其理由是老子说“有物混成，先天地生”④。有的人认为道是超时空的精神性的虚无本体，因为老子说：“道之为物，惟恍惟惚。惚兮恍兮，其中有象；恍兮惚兮，其中有物。”⑤ 又说：“无状之状，无物之象，是谓惚恍。迎之不见其首；随之

---

① 中英伦葩．“逍遥游”——让-雅克·卢梭作品中的道家幸福［J］．湖南社会科学，2012（11）：203.

② 陈鼓应．老子今注今译［M］．北京：商务印书馆，2003：169.

③ 陈鼓应．老子今注今译［M］．北京：商务印书馆，2003：233.

④ 陈鼓应．老子今注今译［M］．北京：商务印书馆，2003：169.

⑤ 陈鼓应．老子今注今译［M］．北京：商务印书馆，2003：156.

不见其后。”[①] 返璞归真、复归于婴儿，人要摆脱世俗枷锁，逍遥于天地间。道家的思想为许多中国历史上著名的归隐政客、田园诗人和山水画家所推崇。[②] 随着时间的推移，道家思想也吸引了越来越多西方人的目光。笔者在本书中探寻道家和西方哲学在关于人与自然关系上的异同，将具体细化到道家老庄思想与卢梭的自然哲学观的对比上。因为，据笔者的研究材料，目前中法两国在这个主题上的研究为数不多，笔者的此项研究具有一定的创新性。

此外，为了避免本书的选题范围过广过泛，笔者将针对自然主义哲学观中的两个主题即水与山展开研究。这两个主题不仅在卢梭的作品中占据不可忽视的地位，同样在中国道家思想的作品中举足轻重。笔者将老子的《道德经》和庄子的《庄子》作为研究的经典。因为，老庄二人最先提出回归自然、天人合一的哲学理念；而且，他们都是道家哲学中最具代表性和影响力的人物。据历史考证，身为道家创始人的老子生活在公元前 571 年左右—公元前 470 年左右的春秋时期。孔子曾将自己问礼于老子的故事记载于书中。《庄子》一书创作于春秋至战国时期（公元前 476 年—公元前 221 年），作者以自己生活的楚地方言为写作语言，书中记载了老子的一些语录。老庄二人的哲学思想为后世道家思想的发展奠定了基础。许多的道家思想往往可以在《道德经》和《庄子》两本书中寻根溯源。可以说，老子和庄子是人与自然的和谐相处领域的先驱。

笔者在老庄二人中间选取道家的亚圣庄子作为重点，因为他与卢梭在自然哲学观点上存在更多的交集与可比性。事实上，在庄子的哲学寓言故事中，更加直白地描写了水与山。与之相较，老子的语言显得更隐晦。对于一个中国人来说，要完全读懂《道德经》一书不易，对于不懂汉语的外国人来说，要读懂它难上加难。笔者参考了多个中文版和法文版的《道德经》：由陈鼓应译注的中文版本（商务印书馆 2006 年出版）；由戴遂良翻译的法文版《道家的大师们》（美文学出版社 1950 年出版）；由戴闻达翻译的法文版（巴黎美洲 & 东方出版社 1953 年出版）；由刘家槐翻译的法文版（巴黎伽利玛出版社 1967 年出版）。其中，戴遂良的书中不仅翻译了《道德经》，还翻译了《庄子》和《列子》，为我理解和研究庄子的哲学思想提供了帮助。此外，笔者也参考了杨柳

---

① 陈鼓应. 老子今注今译 [M]. 北京：商务印书馆，2003：126.

② 中英伦葩. “逍遥游”——让-雅克·卢梭作品中的道家幸福 [J]. 湖南社会科学，2012（11）：203.

桥译注的《庄子》中文版（上海古籍出版社 2006 年出版）。

那么，卢梭、老子和庄子这三位思想家采用了什么样的表现手法来表达自己对于山水自然的情感呢？这些手法之间存在相似之处吗？如果答案是肯定的，那么基于他们之间不同的文化和历史背景，这些手法之间又有什么主要差异呢？在笔者看来，本书将要讨论的话题是跨国界、跨文化、跨时空的。本书重点研究卢梭作品中的水与山，进而过渡到研究老庄作品中的水与山，其目的是发现和分析三位思想家跨越时间与空间后在山水自然这一观念上的偶遇及中法哲学思想的碰撞。另外，对于卢梭的作品，笔者集中在《孤独漫步者的遐想》一书中寻找素材，因为该书是卢梭的遗作，是他最后的精神思想呈现，闪烁着最为成熟的哲学光芒。此外，笔者还认真阅读了《新爱洛伊斯》《忏悔录》《对话集》等作品，正如笔者之前分析过的，卢梭在其自传体和前浪漫主义风格的作品中更多地流露出对大自然的情感。

本书以主题学的方法进行文本分析，同时结合哲学、文学、生态学、美学、心理学等学科领域的理论，旨在透视卢梭在面对自然景观时的心理状态和哲学思想；在中西文化互鉴之基础上，结合中国文化，找出卢梭作品中折射出的道家文化，寻求东西方思想家在精神上追求自我救赎、探索人生幸福的道路上产生的共鸣。

第一章　质朴之道

第一节　水之质朴

一、自然的概念

在《圣经》的《创世纪》篇中，大自然是上帝创造的第一个作品。经过上帝六天的辛苦努力，大自然诞生了。起初，上帝创造了天与地。地是空虚混沌，地是黑暗阴沉。上帝说："要有光。"[①] 于是有了光。它照亮了天地，驱散了混沌黑暗。上帝依次创造了天、地、空气、水、大海、植物、牲畜、昆虫、野兽以及人。因此，大自然是由物质世界的一切所构成的，这个物质世界我们也称为物理（physiquê）世界（根据希腊词源学的解释，physiquê 代表自然）。人既是组成自然的一部分，同时也与之区分开来。

根据中国的民间故事，相传在天地仍为一体、宇宙混沌一团时，有个叫盘古的巨人在混沌中沉睡了约 18000 年后醒来，他天生神力，抡起斧头就将天地劈开。盘古死后，他的双眼变成了太阳和月亮；头发和胡须化作夜空的星星；他的身体变成了东、西、南、北四极和雄伟的山脉；血液变成了江河；牙齿、骨骼和骨髓变成了地下矿藏；肌肤毛发变成了大地上的植物；汗水变成了雨露。盘古的灵魂也在他死后变成了人类。

可见，无论东方或西方的历史传说，都表达了同一层意思：自然是神赐予人类的礼物。

在东西方文化中，自然一词的概念总是多层面的，甚至是含糊的：广义

---

① L'École biblique de Jérusalem. La Bible de Jérusalem [M]. Paris: les Éditions du Cerf, 1998: 33.

上，指具有无穷多样性的一切存在物，与宇宙、物质、存在、客观实在等范畴同义，包括人类社会；狭义上，指与人类社会相区别的物质世界。自然这个词的含义是相当丰富的。在《哲学辞典》中就给出了自然（nature）这个词好几种解释：首先，用于定义一个事物、一个个体的所有特征的集合，例如动物世界、人类世界；其次，用于指物质世界，尤其是从科学的角度考虑，例如物理世界，即事物的内在发展规律的集合；第三层意思是天然的、非人工的；第四层意思是自发自愿的、非勉强的，与矫揉造作恰好相反。[①] 从字面解释看，第二层和第三层意思最符合本书中将要讨论的自然的定义，即天然的、非人工的物质世界，因为它：集合了自然风光、自然美，如苏轼的《定惠院海棠》诗所写："自然富贵出天姿，不待金盘荐华屋"[②]；集合了各个方面的自然力，有物理的、地理的、地质构造的、气象的、生物的，等等；集合了宇宙的进化演变和地球上的生态系统和生物圈；集合了自然各界，包括植物界、动物界、矿物界。"nature"一词在《法语字典》中主要有以下几种解释：第一是指构成物质世界的所有生命与物体的统称；第二指人类以外的物质世界；抑或是物质世界中没有被人为改造过的一切事物；同样可指代维持世界万物运行的规律和秩序。

卢梭也为"自然"一词在法语中的丰富含义增添了一笔。

二、让-雅克·卢梭的自然哲学概念

卢梭是法国18世纪伟大的启蒙思想家之一，世人提及他时不可避免地会谈到启蒙运动。那是欧洲社会转型时期的一场剧烈的文化运动，发轫于英国，展开于德国，在法国则进入高潮阶段。历史赋予法国的启蒙思想家们重要的使命，即批判以基督教神学为价值核心的封建传统世界观，代之以现代科学和人文精神。可想而知，对于18世纪的法国来说，自然一词的多义性实际上有它的存在价值：让·埃拉的《法国18世纪上半叶的自然理念》一书就展示了1715—1755年法国自然风景派对于发展壮大自然哲学起到的积极作用，以及他们是如何将人类社会与自然社会相联系的。法国的启蒙思想家们大多是自然神论者。

---

① Didier Julia. Dictionnaire de la philosophie [M]. Paris: Librairie Larousse, 1988: 189.

② 苏轼. 东坡集 [M]. 南京：凤凰出版社，2013：52.

在这一理念框架下，卢梭对自然一词给出了他自己的定义：一种先于人类意识，不受人的习惯和主观意念影响的状态。“人的思考状态是一种反自然的状态，能思考的动物是一种堕落的动物。”① 卢梭在法国被视为一位非常杰出的自然派思想家，他一直是以“自然的”理念为自己的创作核心和源泉的。但是究竟什么是“自然的”？从某种意义上看，我们将自然的与人为的进行对比。人类似乎是自然中的一个干扰元素。在自然中，一切都是井井有条的，然而人为的破坏打破了这一秩序。“出自造物主之手的东西都是好的，而一到了人的手里就全变坏了。”② 我们可以将自然与艺术、自然与历史进行对比，艺术和历史都沾染了人为的气息。因此，卢梭认为“自然的”一词有两层含义：原始的、最初的或是早于人类社会的。在他的《论人类不平等的起源和基础》中，他曾假想人类在进入社会状态前曾生活在自然状态中：那时的人类远离人群，独自生活，没有固定的家庭生活，没有房子，没有钱财，人们不会相互伤害和争夺，只有怜悯他人和自我保存的天然感情。他还指出，对于人性来说什么才是最关键、最本质的。在《爱弥尔》一书中，他在孩子的身上发现了自然。他主张对儿童进行适应自然发展过程的“自然教育”，以培养资产阶级理性王国的“新人”。18 世纪被称为“理性的世纪”，人们用理性原则重新审视一切。在法国，“理性”代表了 18 世纪的启蒙精神。启蒙思想家们认为“理性”是一种自然法则，包括人的天然禀赋，而这种自然赋予的秉性是神圣的、固有的、天然的。他们以“自然法”为武器，认为任何存在只要遵循自然法则、合乎自然法则，就都是合乎人性的；如若背道而驰，则侵犯了人的“自然权利”，必须进行修正改造甚至废除。最具有代表性的启蒙思想家是卢梭，他提出了“重返自然”的口号，还提出了“自然教育法则”。

卢梭的所谓自然教育，就是要服从自然的规律，使人的身心得到自由发展，其手段就是生活和实践。他主张采用实物教学和直观教学的方法，让孩子从生活和实践的切身体验中，身体力行地去感受、汲取他所需要的知识。在卢梭看来，“自然”跟人性是相通的，可以通过“返回自然”来解放人性。在文

---

① 让-雅克·卢梭. 论人类不平等的起源和基础 [M]. 高煜，译. 桂林：广西师范大学出版社，2002：77.

② 卢梭. 爱弥尔：下 [M]. 李平沤，译. 北京：商务印书馆，1978：5.

学艺术中，“自然”是卢梭的一种审美理想，自然-人性是他人性抒写的独特视角。[①] 在《新爱洛伊斯》中，男女之情发乎自然，是一种“善良”的感情，合乎道德与人性。因此，这个动人的爱情故事被精心安排在了美丽的阿尔卑斯山区迷人的自然风景中，清新典雅，完全不同于浮华的巴黎。

在卢梭的自传体写作中，尤其是在《忏悔录》中，他由衷地表达了心中理想的自然人的模型。他自信与生俱来的本性没有受到外界社会的破坏和改变，自己便是一个理想的典型，他试图向世人展示“一个人的本来面目、真实的面目”[②]。在他看来，当时的社会已经是彻彻底底的矫揉造作、腐朽堕落的，将自己视作世人的典范也是他创作《忏悔录》的目的之一。在原始社会人类的简朴生活以及真实天性中，卢梭发现人性本善，并认为原始自然即真实美好（我们可以将其称为原始主义）。此外，卢梭主张人的情感先于理性，情感能引导理性，从此开启了浪漫主义之主情说的先河。在卢梭这儿，理想与情感得以耦合。

尽管卢梭在宇宙、自然社会、人性之间建立起了联系，但是我们不能忽视他作品中所提及的“自然”的另一个非常重要的层面——实实在在的、真实的大自然及纯粹的自然风景。而这也是本书的研究对象：水、山、森林、植物、花朵，等等。在卢梭理想的生活世界里，这些自然风景都是必不可少的元素。

“悦耳的声音、明澈的天空、美丽的风景、幽美的湖水、鸟语花香、柔和的眼神，所有的这一切只有渗透进他的心底深处才能激起感官的强烈共鸣。……只有在潺潺流水、碧草青青、幽闭寂静的森林中才能让夜莺的歌声听起来更加婉转悠扬。”[③]

三、中国道家的“自然”

“道”与“自然”联系密切。“自然”是中国道家思想的核心观点之一。这与基督教义中“万物取法于物质世界的上帝法则支配之下”有高度相似性。1881 年，巴尔福翻译《庄子》时，将“自然”引入“道”的翻译中。他认为：

---

① 蒋承勇.《新爱洛伊丝》与人性抒写［J］. 外国文学评论，2009（3）：166.

② 让-雅克·卢梭. 卢梭全集：第一卷［M］. 李平沤，译. 北京：商务印书馆，2012：15.

③ Jean-Jacques Rousseau. Bernard Gagnebin et Marcel Raymond, Oeuvres complètes [M]. Paris: Bibliothèque de la Pléiade, 1959—1964: 807.

如果把“道”译为“way”，应为“way of nature”（自然之道），意指自然的过程、方法和准则；译为“reason”，意思是“理”，是内化于万物，创生、蓄养万物的力量，是万物存在的法则；译为“doctrine”，是遵循自然规律和神秘性的法则。[①] 谈到自然的规律与法则，不能不谈中国的“五行”。

五行即木、火、土、金、水，它起源于原始的宗教崇拜，又从宗教母体中脱胎而出，进入哲学思维的境界，发展成为五行哲学。

五行哲学认为，世界是由木、火、土、金、水五种最基本的物质组成。自然界和人类的各种事物和现象的发展、变化，都是这五种不同属性的物质不断运动和相互作用的结果。五行相生相克，互相促进又互相制约，构成了变动不居、丰富多彩的大千世界。五行哲学构筑了宇宙生成图式，肯定了世界的物质性和运动性，但又认为物质世界的运动是一个循环流转、周而复始的过程。五行学说作为世界观和方法论，对宇宙的认识在传统哲学中就有重要地位。[②]

《尚书·洪范》篇中记述了周武王与箕子的对话，其中首次谈到：“五行：一曰水，二曰火，三曰木，四曰金，五曰土。水曰润下，火曰炎上，木曰曲直，金曰从革，土曰稼穑。润下作咸，炎上作苦，曲直作酸，从革作辛，稼穑作甘。”[③]《五帝》篇中记载：“……天有五行，水火金木土，分时化育，以成万物。其神谓之五帝。”[④] 战国晚期形成了五行相胜（克）相生的思想，且把胜（克）、生的次序固定下来，体现了事物内部的结构关系以及整体把握的思想。战国时期著名的哲学家邹衍认为，从开天辟地以来，人类社会都是按照五德（即五行之德，法语译作“cinq vertu”）转移的次序进行循环的。五德转移是仿照自然界五行相克的规律进行的，即土克水、木克土、金克木、火克金、水克火。邹衍说：“五德之次，从所不胜，故虞土、夏木。”[⑤]《文选·魏都赋》中李善注引：“邹子有终始五德，从所不胜，木德继之，金德次之，火德次之，水德次之。”[⑥] 由此可以认为，人类社会的历史演变发展也是受土、木、金、火、水五种物质元素支配的，五行之间的相胜关系就形成了一个封闭

---

① 刘固盛，吴雪萌. 西方基督教背景下的《老子》诠释［J］. 江汉论坛，2011（4）：65.

② 刘筱红.“绪论”，神秘的五行：五行说研究［M］. 南宁：广西人民出版社，1994：3.

③ 尚书正义［M］// ［清］阮元，校刻. 十三经注疏［M］. 北京：中华书局，1980：188.

④ 孔子. 孔子家语［M］. 王国轩，王秀梅，译注. 北京：中华书局，2009：203.

⑤ 刘安. 淮南子［M］. 高诱，注. 上海：上海古籍出版社，1989：115.

⑥ 李善. 文选注：上册［M］. 北京：中华书局，1977：109.

的循环过程，也造成了王朝的更替和历史的周期性变化。“行”所指称的是一种自然的“运行”。五行是自然的呈现与持续运作。法国汉学家葛兰言对中国的“五行”也给出了自己的理解：“相生相克的巨大自然力”[①] 五行与人类社会的生产生活息息相关。

五行说发展到汉朝基本形成。由管子提出的“五行”相生的概念在公元前一世纪末被刘向系统化。五行说与道家的“阴阳”学说相结合，五行中的“行”与道家的“道”都可意指行走的道路和事物发展的规律。遵循“五行”或“道”，就是遵循自然的发展规律，即“顺其自然”。这也是中国传统哲学的核心理论之一，类似于西方概念里的逻格斯（logos）。先验性原则的“道”是一个与柏拉图的“理式”（form）一样的概念，但它存在于物质世界之中，正所谓“道无所不在，在蝼蚁、在稊稗、在瓦甓、在屎溺”[②]。

相传尧在位的时候，黄河流域发生了很大的水灾，庄稼被淹了，房子被毁了，老百姓只好往高处搬。于是尧组织部落开会，共商治水的办法。当谈到派谁去治理洪水的问题时，部落首领们一致推荐鲧。然而，鲧花了九年时间治水，也没有把洪水制服。鲧临死前嘱咐儿子禹一定要把水治好。禹没有按照他父亲的方式治水，而是带领大家凿开了龙门，采取引导疏通的办法，挖通了九条河，经过十年的努力，洪水总算成功地被引到大海里，人们又可以在地面上种庄稼了。鲧治洪水失败，因为他违反了自然规律。水性基本上是流，阻流以治，必然破坏水性，坏了自然之性。

四、水之质朴

“水是忧伤的元素。……为什么？因为它与世界同泣。”[③]

——拉马丁

对于“质朴”这个词，大家都不会感到陌生，它如同一位身穿白纱、肩披长发的少女从眼前飘过，带给人干净、素雅、简单的视觉美感。传统的道家思

① Marcel Granet. la Pensée chinoise [M]. Paris: Éditions Albin Michel, 1988: 252.

② 杨柳桥. 庄子译注 [M]. 上海：上海古籍出版社，2006：356.

③ 拉马丁. 秘密 [M]. //Gaston Bachelard. L'Eau et les rêves essai sur l'imagination de la matière. Paris: José Corti, 1942: 124.

想就像一位裹着面纱的仙女，面纱之外是给人以无穷遐想的深邃哲理，揭开面纱，就是她最为本真的“质朴之美”，真实而自然。

“质朴”一词为何要用“朴”这个中心词？“朴”，意指未加工的木材，而“质”又有本质的含义，两者结合可以用来形容一种最为自然的状态。毛毓松在《老子美学的特征——朴与真》一文中提到：“‘朴’作为一个美学命题，就是回到事物自身的美，即本色的美，‘朴’也即是‘真’。‘朴’是‘自本自根’的‘道’的外在表现，是‘道’所生万物的一种自然状态的美，这种自然状态的美，也就是本色的美。”① 因而，在道家思想中，“朴”具有重要的哲学意蕴。

道家思想的核心就是一个“道”字。道家思想究竟研究什么呢？其实就是研究“存在”的本质问题。“道”无所不在，充盈在万物当中，它是万物最本质的一个属性。《道德经》有言：“有物混成，先天地生。寂兮寥兮，独立不改，周行而不殆，可以为天下母。吾不知其名，强字之曰‘道’，强为之名曰‘大’。”② 显然，这里所谓的“道”不是具体存在的实体，而是万物的本源，是万物最本质的一种体现。这种本源不加修饰，无需雕琢，从而使“道”散发出一种最本真的“质朴之美”，也正是因为这种真实才会让我们觉得道家学说并非空谈，而是去探究人世间最单纯、最真实长存的哲理。

“道”本身并非具象的，它无形无象，没有什么可以侵扰它，就像一个美好的不容破坏的梦，保持着它与生俱来的自然属性。卢梭曾经写道：“一切真正的美的典型是存在大自然中的。”③ “假如美的性质和对美的爱好是由大自然刻印在我的心灵深处的，那么只要这形象没有被扭曲，我将始终拿它做准绳。”④

的确，自然就是一种质朴之美。老子曾说：“道常无名、朴。虽小，天下莫能臣。”⑤ 用“朴”来诠释“道”，让深邃的道家思想传递出一种真实的意境之美。在卢梭看来，自然中最质朴的莫过于水。中国道家的两位杰出代表老子

---

① 毛毓松. 老子美学的特征——朴与真 [J]. 广西师范大学学报（哲学社会科学版），1988（4）：10.

② 陈鼓应. 老子今注今译 [M]. 北京：商务印书馆，2003：169.

③ 卢梭. 爱弥尔：下册 [M]. 李平沤，译. 北京：商务印书馆，1978：78.

④ 卢梭. 新爱洛伊斯 [M]. 李平沤，何三雅，译. 南京：译林出版社，1993：93.

⑤ 陈鼓应. 老子今注今译 [M]. 北京：商务印书馆，2003：198.

和庄子，他们的地位在《三字经》中得到了肯定："五子者，有荀杨。文中子，及老庄"[①]。作为与孔子齐名的古代思想家，老子和庄子的哲学观至今仍然为人们研究和推崇。在老子的思想中，我们读到了"上善若水，水善利万物而不争""居善地，心善渊"[②] 的观点，我们欣赏水"不争""处下"的品德和"以柔克刚"的毅力。老子多处以水或以与水有关的物象比拟自己的哲学观，水一度被老子推崇为"道"的象征，认为水"几与道"，"道之在天下，犹川谷之于江海"[③]。《史记·老庄申韩列传》中称赞老子"深藏若虚""其犹龙"。可以说，老子的哲学就是水性哲学。

在庄子笔下，江河湖海常常是庄子用来表现至大的物象。"夫道，渊乎其居也……覆载万物者也，洋洋乎大哉!"[④] 庄子以深广无际的大海比拟道，让人们感受到"道"的渊深和博大。大海既博大精深，又包罗万象，唯有大海才能体现庄子的胸怀与思想的无限宽广。此外，庄子也羡慕水中畅游的鱼之乐，推崇"忘我""相忘于江湖"的境界。

在卢梭的《孤独漫步者的遐想》一书中，水主要出现在漫步之五与漫步之七的篇章中。此外，在其他篇章中也陆续出现过。作者的这部遗作由 10 个篇章构成，最后一篇并没有完稿。由此可见，在这 10 个篇章中水所占的比重不小。如果沿着《忏悔录》的轨迹寻觅水的踪影，读者也会发现卢梭的一生都没有远离过水。换言之，他在水边度过了自己的一生，水从头至尾贯穿了他的整个生命：从他的出生地日内瓦湖到他的去世地欧麦农维尔的杨树岛，途径里昂的罗纳河和索姆河、巴黎的塞纳河、地中海、威尼斯的运河、阿尔卑斯山区的瀑布与溪流、归隐庐的水池、英吉利海峡、瑞士的比埃尔湖，等等。水在卢梭的鹅毛笔下涓涓流淌，他的命运伴随水波起伏不定，水成了他一生中至关重要、必不可少的元素。

有史以来，水在人们的生活中都占据着关键性的位置。例如，在古法语中，"eve"一词意指水。巧合的是，"eve"一词的发音和拼写与《圣经》中提到的人类母亲夏娃之名"Eve"一模一样。夏娃在西方宗教中被视为人类之

---

① 三字经·弟子规·百家姓·千家文［M］. 张菱儿，编. 北京：海豚出版社，2009：25.
② 陈鼓应. 老子今注今译［M］. 北京：商务印书馆，2003：102.
③ 陈鼓应. 老子今注今译［M］. 北京：商务印书馆，2003：198.
④ 杨柳桥. 庄子译注［M］. 上海：上海古籍出版社，2006：170.

母，而水也被视为万物之母。在天主教的祈祷词中，人们也使用了类似的词语，念叨："我的圣母玛利亚"（Ave Maria）。水在漫长的人类生产与生活中，被不知不觉地披上了一层女性色彩。

在《圣经》中，水也是出现最频繁的话题之一：从《创世纪》的滔天洪水到《出埃及记》的神奇大海。直到16世纪末的西方，人们都相信世界是由水、土、空气和火四种元素构成的。因此，水在人类文明的初始便具有非凡的宇宙学意义。无论是上帝创造的水，创世纪中的灭顶洪水，或是用于洗礼的圣水，都是最具新生、重生或者净化意义的象征。在西方神话故事中，我们经常可以看到山林水泽的仙女们栖息之所往往是在泉水附近。泉水也因此被赋予了神秘的女性气质。

中文里有许多成语同样赋予了水以女性气质，如《诗·秦风·蒹葭》"蒹葭苍苍，白露为霜；所谓伊人，在水一方"[①]。"秋水伊人"指代朝思暮想的心上人；"秋水盈盈"形容女子的眼神饱含感情，意同"秋波盈盈"；"双瞳剪水"形容女子的眼睛清澈明亮，出自唐朝李贺的《唐儿歌》"一双瞳人剪秋水"；出水芙蓉描写的是刚开放的芙蓉荷花，比喻诗文清新不俗，也形容天然美丽的女子清纯有如挂着露珠的花瓣。

在《孤独漫步者的遐想》第五章中，卢梭第一次大篇幅地提到了水，他回味着在瑞士比埃尔湖水中央的圣皮埃尔岛上度过的美好时光。这座小岛与世隔绝，在他的记忆里留下了独一无二的、无法磨灭的痕迹。当他回忆起那段真实的幸福时光时，也难免带有一丝惋惜伤感之情。在他眼中，比埃尔湖两岸的风光较之日内瓦湖同样怡人，但是更添一分原始、浪漫的韵味。在比埃尔湖畔，有更多的葱茏、更多的草地和林木掩映的幽静处，卢梭更容易为大自然的魅力所沉醉。"美丽水池"中的"澄清的湖水"和"围绕一大片清澈水域的浪漫的湖岸"常常吸引他忍不住下水畅游一番。有时，他坐在岸边，"环视美丽的湖水和岸边迷人的景色"。"涛声阵阵，水波徐来，深深吸引着我，荡涤我心中的一切杂念，我的心沉浸在美妙的遐想中……有时候看着湖水，我会在刹那间想到世事无常，可是这种淡薄的想法很快消失在运动不息的湖水里，湖水给我安

① 转引自周振甫. 诗经译注［M］. 北京：中华书局，2013：176.

慰。"[①] 在这段引文的法语原文中，卢梭使用了"bercer"（意为"摇动""摇晃""摇摇篮"）这个动词来描写水波的轻轻荡漾。而在作家的初稿中，他使用了"dominer"（意为"控制"），在后来的修改稿中，他才改用了"bercer"，可能是作家的切身体会：水波的荡漾像母亲在轻轻地摇晃婴儿的摇篮，温柔又充满着爱。"bercer"一词的意境远远胜过"dominer"（控制）或者是"contrôler"（掌控）这类词语。作家从中获取的是快乐和愉悦，而不是压迫和控制。他将自己与水融为一体，与水波共舞。在宇宙万物中，水应该是最具安抚力的物质之一。这便是为什么卢梭在湖边找寻到了他完美的"遐想"，并让自己的身心完全沉浸在这样"一种充分、完满、丰盈的幸福"[②] 中的原因："在这样一种状态下……享受我们自身的存在；我们便和上帝一样知足"[③]。他毫不吝啬地使用一些褒义词来描绘水，如美丽的、清澈的、宽广的、明澈的、水晶般的、晶莹的，等等。从色彩到明暗度，从面积到形状，他熟知水的特性，而水也转化成了他的生活经历、哲学经历，使他与水融为一体，与水合二为一。

"悦耳的声音、明澈的天空、美丽的风景、幽美的湖水、鸟语花香、柔和的眼神；所有的这一切只有渗透进他的心底深处才能激起感官的强烈共鸣。……只有在潺潺流水、碧草青青、幽闭寂静的森林中才能让夜莺的歌声听起来更加婉转悠扬。"[④]

由此可见，卢梭不仅从视觉效果上描绘水的清澈幽美，而且从听觉等其他的感官知觉上体味感触水带来的愉悦。卢梭以文学家和哲学家身份著称于世，同时也是一名音乐家。凭借对音乐天生的敏锐性和热爱，他将"悦耳的声音"置于首位，将"鸟语"与"花香"完美地融合，将"潺潺流水"设置为优雅的和弦。这一幕交响乐触动他心底的神经，尤其是当中"夜莺的歌声""婉转悠

① Jean-Jacques Rousseau. Bernard Gagnebin et Marcel Raymond, Oeuvres complètes [M]. Paris: Bibliothèque de la Pléiade, 1959—1964: 1045.

② Jean-Jacques Rousseau. Bernard Gagnebin et Marcel Raymond, Oeuvres complètes [M]. Paris: Bibliothèque de la Pléiade, 1959—1964: 1046.

③ Jean-Jacques Rousseau. Bernard Gagnebin et Marcel Raymond, Oeuvres complètes [M]. Paris: Bibliothèque de la Pléiade, 1959—1964: 1046.

④ Jean-Jacques Rousseau. Bernard Gagnebin et Marcel Raymond, Oeuvres complètes [M]. Paris: Bibliothèque de la Pléiade, 1959—1964: 807.

扬”。然而，可以肯定的是，他更愿意在大自然中聆听这样的歌声，而不是在鸟笼旁。因为，在大自然中听到的是夜莺的抒情吟唱，鸟笼里只能传出悲戚的哀鸣。在大自然中，水和树木为鸟儿提供了食物、庇护所和自由，绿荫为听众提供了阴凉和平静，森林为音乐会提供了舞台。于是，人与自然间的距离缩短了，夜莺、天空、湖水、花朵、芬芳组成了卢梭理想王国的迷人景象。仔细想来，这番景象都是离不开水的：失去水，江湖枯竭，草木凋零，天空失色，连夜莺也会停止歌唱。因此，水是卢梭的理想王国中必不可少的元素。

卢梭认为，哪怕只是为了建一座小花园，水、绿地和树荫都是不可或缺的。因此，他把水置于首要地位。笔者发现他所列举的元素都是相互串联影响的：水是植物及动物生命之源，植物为人类奉献清凉绿荫。

卢梭自认为是唯一拥有自然品味的人：“据我所知，没有一个旅行家提起过它（比埃尔湖中的圣皮埃尔岛）。然而它景色宜人，所处的位置特别适宜喜欢把自己禁锢起来的人，因为我也许是世上唯一命中注定要独处的人，但我不相信这种自然的嗜好为我一人独有，尽管这种嗜好我至今没有在别人身上看到过。”① 由此可见卢梭对于水的迷念之情。他情愿与世隔绝地自我禁锢在被水包围的孤岛上，并美其名曰“自然的嗜好”，而且以“为我一人独有”而自豪骄傲。

瑞士日内瓦城以其湖光山色而闻名于世，这应归功于卢梭在作品中对它的描绘。从幼年时期起，卢梭就十分欣赏日内瓦湖的湖光山色。借助小说《新爱洛伊斯》主角圣-普勒的双眼，他满怀激情地凝视着安详宁静的湖岸。“我愈走近瑞士，我的心愈激动。当我从汝拉山的高处看见日内瓦湖的那一刹那间，我真感到心醉神迷，兴奋极了。”② 湖岸就像母亲张开的双臂，湖水像母亲的怀抱，为卢梭提供了安全的避难所和他从未来得及品味却又渴望已久的宁静生活。湖水安抚着他的身心。就像婴儿一样，他找回了宁静，在水波的轻轻摇晃中渐渐入眠。

日内瓦人为表达对卢梭的爱戴敬仰之情，将城市中心日内瓦湖中的一座小

① Jean-Jacques Rousseau. Bernard Gagnebin et Marcel Raymond，Oeuvres complètes［M］. Paris：Bibliothèque de la Pléiade，1959—1964：1040.

② Jean-Jacques Rousseau. Bernard Gagnebin et Marcel Raymond，Oeuvres complètes［M］. Paris：Bibliothèque de la Pléiade，1959—1964：755.

岛命名为卢梭岛。小岛面积不大，但是绿树浓荫，清波拍岸，周围是碧蓝色的湖水，天鹅在水中梳理着洁白的羽毛，像一朵朵漂浮在水面的白莲花。人们在岛上树立了一尊卢梭的铜像供世人瞻仰膜拜。不远处，是位于湖中世界最大的喷泉——杰特大喷泉，湖中的水柱高冲向天，可喷达100～150米，就像作家蓬勃激昂的创作灵感。日内瓦的居民们应该感受到了卢梭对湖水的热爱迷恋之情，所以才挑选此地。在《孤独漫步者的遐想》中，卢梭承认水就像母亲一样“抱着他，摇晃着他”。他经常会“独自跳上一条小船，如果风平浪静，就把船划到湖心，我直挺挺地躺在船上，仰望天空，任小船随波荡漾，有时一连几个小时沉浸在千百种朦胧、甜美的遐想之中”①。他将这种休闲活动称为“人生乐趣”。在水边，卢梭似乎找回了儿童般的快乐，自由自在、无拘无束。“遐想虽然没有明确、一贯的目标，照我看来却比所谓人生乐趣中最温馨的感受还要好上几百倍。”② “卢梭以一种难忘的方式所找回的，是一步步浸入作家灵魂，与其生命节拍同步的水波。”③

卢梭为什么对水如此迷恋？因为他将水视为母亲。他所欣赏的水的特质之一便是宁静、安详，这在他的写作中也有所体现。他偏爱宁静的湖水胜过汹涌的海洋，他经常在文章中提到湖水、溪流，但是很少提到海洋。通常是晴朗的好天气和宁静的水勾起他漫步的欲望。水施展着它的魅力，发出邀约：温柔、安抚、慰藉、关怀。他最愿意待在水边，或者小岛的岸边，因为那是他独有的幸福之所。卢梭的小说《新爱洛伊斯》就是以阿尔卑斯山的湖光山色为故事发生地的。这在法国文学史上也具有非凡的意义，因为第一次有人满含深情地把大自然的美好风光写进小说。《新爱洛伊斯》的一个重要特点就是对自然的赞颂，这也是卢梭对文学史的一大贡献。卢梭刻画了大自然对人们心灵产生的影响，正如他逃离到圣皮埃尔岛上所体会到的感情一般。有趣的是，卢梭没有忘记在小说中赋予水女性的气质：女主角名叫 Julie d' Étanges，法语“étang”指水池、池塘。此外，女主角的表妹名叫 Claire（法语意思是“聪明的”或者“清澈的”），人如其名，她像清澈的湖水般单纯可爱。作家将水或者水的特质

① Jean-Jacques Rousseau. Bernard Gagnebin et Marcel Raymond，Oeuvres complètes [M]. Paris: Bibliothèque de la Pléiade，1959—1964：1044.

② Jean-Jacques Rousseau. Bernard Gagnebin et Marcel Raymond，Oeuvres complètes [M]. Paris: Bibliothèque de la Pléiade，1959—1964：1044.

③ J. Rivelaygue. Rousseau [M]. Paris：Librairie Marcel Didier，1970：183.

寄予小说中女性形象之上。

1764年，当卢梭着手他的鸿篇巨制《忏悔录》时，他因抛弃自己刚出生的孩子而受到以伏尔泰为首的社会各界的指责。此时的他深受外界的迫害，已经不堪重负。尤其是1765年9月6日的莫蒂埃居民投石袭击事件之后，他的厌世之情继续加重。他被迫在9月12日迁至圣皮埃尔岛寻求避难，几周之后，他又被当局驱逐出境。在岛上生活的短短几周却让他找回了失去的平静和短暂的幸福，远离了社会的敌对和压力，他在湖边重拾宁静：水的母性形象在卢梭的心目中逐渐丰盈完满起来。

“在道家哲学思想当中，水也同样是隐喻的主要对象。”① 老子多处以水或以与水有关的物象来比拟、阐释他所推崇的“道”的精深和妙用。“知其雄，守其雌，为天下溪。为天下溪，常德不离，复归于婴儿。”② 根据陈鼓应的注释，这段话的意思是：“深知雄强，却安于雌柔，作为天下所遵循的蹊径。作为天下所遵循的蹊径，常德就不会离失，而回复到婴儿的状态。”③“溪”字面意义为溪水，在此意指溪谷或者蹊径，是处下不争的象征。“老子鉴于政风社情抢先贪夺，纷纭扰攘，所以主张‘谦下涵容’，同时呼吁人们要返归真朴。”④ 在此段文字中，老子将“德”比拟为水，只有常德不离，才可以复归质朴。老子也强调了“知雄守雌”的哲学观点：“知其白，守其黑……为天下谷，常德乃足，复归于朴。”⑤ 其意思是：“深知明亮，却安于暗昧……作为天下的川谷，常德才可以充足，而回复到真朴的状态。”⑥ 这种柔弱胜刚强的规律被老子真正运用到了人生哲学中。而在文中，老子将柔弱、守雌归纳为水的特质，可见老子的水性哲学也是女性化的。“天下莫柔弱于水，而攻坚强者莫之能胜，以其无以易之。弱之胜强，柔之胜刚，天下莫不知，莫能行。”⑦ 其意思是：“世间没有比水更柔弱的，冲激坚强的东西没有能胜过它，因为没有什么能代替它。弱胜过强，柔胜过刚，天下没有人不知道，但是没有人能实

---

① Anne Cheng. Histoire de la pensée chinoise [M]. Éditions du Seuil, 1997: 193.
② 陈鼓应. 老子今注今译 [M]. 北京：商务印书馆，2003：183.
③ 陈鼓应. 老子今注今译 [M]. 北京：商务印书馆，2003：186.
④ 陈鼓应. 老子今注今译 [M]. 北京：商务印书馆，2003：187.
⑤ 陈鼓应. 老子今注今译 [M]. 北京：商务印书馆，2003：183.
⑥ 陈鼓应. 老子今注今译 [M]. 北京：商务印书馆，2003：186.
⑦ 陈鼓应. 老子今注今译 [M]. 北京：商务印书馆，2003：339.

行。"[①]"天下之至柔，驰骋天下之至坚。"[②] 其意思是："天下最柔软的东西，能驾御天下最坚硬的东西。"[③] 在老子看来，世间虽然没有比水更柔弱的，水性至柔，却无坚不摧。成语"水滴石穿"阐述的也是这样一个道理：屋檐下点点滴滴的雨水，长年累月可以把一块巨石穿透。较之巨石的坚硬，水滴是何等的弱小，可是由于它的坚持，终于可以战胜巨石，将其击穿。这就是以柔克刚的一个典型例子。老子的"柔弱"，并非常人理解的软弱无能，其实当中蕴含着无比坚韧的毅力和强大的爆发力。他说："人之生也柔弱，其死也坚强。草木之生也柔脆，其死也枯槁。……是以兵强则灭，木强则折。强大处下，柔弱处上。"[④] 其意思是："人活着的时候，身体是柔软的，死了的时候就变成僵硬了。草木生长的时候形质是柔脆的，死了的时候就变成干枯了。……因此用兵逞强就会遭受灭亡，树木强大就会遭受砍伐。凡是强大的，反而居于下位，凡是柔弱的，反而占在上面。"[⑤] 刚的东西容易折毁，柔的东西反倒难以摧折，所以最能持久的东西不是刚强者，反而是柔弱者。

"道可道，非常道；名可名，非常名。无，名天地之始；有，名万物之母。"[⑥] 在《道德经》的首篇，老子便为读者勾勒出了形而上的"道"、不可言说的"道"，即任何言语或者概念都无法指谓的然而却是实际存在的"道"。

在法语翻译中，多位翻译家都不约而同地将"母"翻译成大写的"Mère"。值得一提的是，法语中对于母亲的称呼通常使用小写的"mère"，表示上帝之母圣母玛利亚时会使用大写。圣母在西方宗教中和信徒心目中占据神圣至高的地位，可见翻译家们有意将"道"的形象提升至神圣的高度，也表达了他们对老子女性化哲学的理解。此外，"母亲"（mère）一词让我们自然而然地联想到"大海"（mer），因为这两个词语的法语发音一模一样。许多的法国诗人就利用了这个相似点将两个概念混搭使用。例如皮埃尔·德·马尔博著名的十四行诗《大海与爱》：

Et la mer et l'amour ont l'amer pour partage,

---

① 陈鼓应. 老子今注今译［M］. 北京：商务印书馆，2003：340.
② 陈鼓应. 老子今注今译［M］. 北京：商务印书馆，2003：239.
③ 陈鼓应. 老子今注今译［M］. 北京：商务印书馆，2003：239.
④ 陈鼓应. 老子今注今译［M］. 北京：商务印书馆，2003：332.
⑤ 陈鼓应. 老子今注今译［M］. 北京：商务印书馆，2003：334.
⑥ 陈鼓应. 老子今注今译［M］. 北京：商务印书馆，2003：73.

Et la mer est amère, et l'amour est amer,
L'on s'abîme en l'amour aussi bien qu'en la mer,
Car la mer et l'amour ne sont point sans orage.
Celui qui craint les eaux, qu'il demeure au rivage,
Celui qui craint les maux qu'on souffre pour aimer,
Qu'il ne se laisse pas *à* l'amour enflammer,
Et tous deux ils seront sans hasard de naufrage.
La mère de l'amour eut la mer pour berceau,
Le feu sort de l'amour, sa mère sort de l'eau.
Mais l'eau contre ce feu ne peut fournir des armes.
Si l'eau pouvait éteindre un brasier amoureux,
Ton amour qui me brûle est si fort douloureux,
Que j'eusse éteint son feu de la mer de mes larmes.①

在这首诗中，母爱与大海完美地结合在一起："La mère de l'amour eut la mer pour berceau, Le feu sort de l'amour, sa mère sort de l'eau."（爱之母以大海为摇篮，爱的火焰之母脱水而出。）诗人始终将母亲与大海紧密地联系在一起。中文里，人们也经常把母亲的怀抱比作宁静的港湾，离乡背井的游子回到母亲的怀抱里就像长途跋涉后归航的小船停泊靠岸。

在《道德经》的第四章中，老子说道："'道'冲而用之或不盈。渊兮，似万物之宗。"② 道看似虚空无一物，却作用无穷；看似深渊，其实它是万物的宗主。作为万物之宗的"道"，其"形状"与深不可测的江河湖海等水域有着某种惊人的相似之处。看似透明无物的水，其实孕育着万千的生命，蕴藏着强大的内力。江河湖海的广大，尤其是湖海的渊深、浩森和神秘，湖海的无状之状、无物之象在古人的视觉中都是那样的神秘莫测。而江河湖海的渊深广大，"其中有象""有物"。"渊兮似万物之宗"是孕育生灵万物的摇篮。根据现代生物学的解释，其实人类最早的"家"就在水中，水就是人类最原始的摇篮。

据传说，老子的母亲怀胎长达 80 年，老子一生下来就已经是白眉毛白胡

---

① Pierre de Marbeuf. Recueil des vers de Pierre de Marbeuf , publié avec une introduction [M]. Paris：Hachette Livre BNF，2012：46.

② 陈鼓应. 老子今注今译 [M]. 北京：商务印书馆，2003：90.

子的老人，所以史上称他为“老子”。“老子”字面意思就是年老的孩子。学界有人大胆地推测：可能是老子推崇的“复归于婴儿”，即哪怕上了年纪，也要保持一颗儿童般的纯洁心灵，使人们习惯性地把他想象成一个老小孩。无论传说是否属实，但是可以看出老子与母亲间的密切关系，也不能排除他的哲学观受到女性化影响的可能性。“我独异于人，而贵食母。”① 陈鼓应的注释是：“我和世人不同，而重视进道的生活。”② 显然，他的注释是意译，而刘家槐的法文翻译是字面意译：“Moi seul，je diffère des autres hommes. Parce que je tiens *à* téter ma Mère.”③ 另外一种法文翻译与之大同小异：“Moi seul je diffère des autres hommes，en ce que je prise me nourrir de la Mère.”④ 译文中的“téter ma Mère”和“je prise me nourrir de la Mère”字面意思是吮吸母亲的乳汁。两位翻译家都领悟了老子将“道”比作母亲乳汁的真谛，尤其是“téter”一词用得精彩，形象生动地勾勒出婴儿吮吸乳汁的场景。

相形之下，卢梭的身世就没有老子那么幸运了。“我的出生要了我母亲的命；我的出生，是我的许许多多不幸之中的第一个不幸。”⑤ 母亲的去世使他一出生就背负着忏悔和负罪的心理包袱。从小失去母亲让他对母爱的渴望尤其迫切，这有力地促使他在写作和生活过程中去寻找和创造母亲的替代——其中包括他称为“妈妈”的华伦夫人，以及作品中的多个女性角色，甚至赋予水母性的形象也是他缺乏母爱的慰藉。像婴儿沉睡在母亲臂弯中一样，卢梭沉浸在水中。

在《忏悔录》中，卢梭写道：

“以上是我来到世上以后心中最初产生的一些情感。我这颗既骄傲又温柔的心就是这样形成和表现的。我既怯懦又十分倔强的性格，时而胆小，时而勇敢；时而优柔，时而坚强，因此最后使我自己和自己发生矛盾：行事既缺乏克制，又不敢恣意行乐；既得不到欢快，又不日益聪明。”⑥

---

① 陈鼓应. 老子今注今译 [M]. 北京：商务印书馆，2003：150.

② 陈鼓应. 老子今注今译 [M]. 北京：商务印书馆，2003：155.

③ Lao-tseu. Tao tö King [M]. Lieou Kia-hway，traduit. Paris：Gallimard，1967 ：82.

④ Lao-tseu. Tao Tö King [M]. Jan Julius Lodewijk Duy. Paris：Adrien-Maisonneuve，1953：46.

⑤ 让-雅克·卢梭. 卢梭全集：第一卷 [M]. 李平沤，译. 北京：商务印书馆，2012：18.

⑥ 让-雅克·卢梭. 卢梭全集：第一卷 [M]. 李平沤，译. 北京：商务印书馆，2012：25.

这便是母性的水在卢梭和老子心目中和作品中的特征：既柔又刚、似弱实强、温柔与果断并存、灵活与坚毅兼容。母性的水变化多端、形式万千，就像"道"一样："是谓无状之状，是无物之象，是谓惚恍。迎之不见其首，随之不见其后。"[①]"'道'之为物，惟恍惟惚。惚兮恍兮，其中有象；恍兮惚兮，其中有物。窈兮冥兮，其中有精；其精甚真，其中有信。"[②]

在卢梭的《孤独漫步者的遐想》第五章中，恢复了平静思绪的作家重返他理想的"单纯而恒久的状态"[③]：在湖边漫步的悠闲、靠近水的幸福感觉、在圣皮埃尔岛上的遐思带来的满足感。这一切充盈着这一篇散文，也是促成他写就这段文字的原动力。

"在我住过的所有地方中（我有过不少迷人的住所），只有比埃尔湖中的圣皮埃尔岛最能使我感到一种真正的幸福，并给我留下温馨异常的眷恋之情。"[④]在文学领域，每个作家都有自己独特的表达方式，这取决于他感受事物的方式。在《孤独漫步者的遐想》和《忏悔录》中使用第一人称的写作方式，不仅仅让书中阐述的事件更具真实性，使吐露的情感更具感染力，而且是最直接有效的心理分析途径。

根据《忏悔录》第十二章的记载，莫蒂埃的居民向卢梭的房屋投掷石块并暴力迫使他离开后，卢梭于1765年9月12日逃到了圣皮埃尔岛上，并于当年10月25日被再次驱逐。这个小岛在当地又被称为土块岛，在瑞士国内并不出名，却为孤独的卢梭提供了遐想的空间。他在小岛停留的时间只有短短几周，却足以成为他美好幸福的回忆。这种幸福又是从何而来的呢？"它景色宜人，所处的位置特别适宜喜欢把自己禁锢起来的人，因为我也许是世上唯一命中注定要独处的人。"[⑤]

水对于卢梭举足轻重，让感情细腻丰富的作家感受到"一种充分、完满、丰盈的幸福"："这就是我在圣皮埃尔岛，躺在随波逐流的小船上，坐在波涛汹

---

① 中英伦葩．论让-雅克·卢梭作品中的道家神韵［J］．湖南社会科学，2014（7）：41-44.

② 陈鼓应．老子今注今译［M］．北京：商务印书馆，2003：156.

③ 让-雅克·卢梭．孤独漫步者的遐想［M］．钱培鑫，译．南京：译林出版社，2006：53.

④ Jean-Jacques Rousseau. Bernard Gagnebin et Marcel Raymond，Oeuvres complètes［M］. Paris：Bibliothèque de la Pléiade，1959—1964：1040.

⑤ Jean-Jacques Rousseau. Bernard Gagnebin et Marcel Raymond，Oeuvres complètes［M］. Paris：Bibliothèque de la Pléiade，1959—1964：1040.

涌的湖畔，或是在景色秀丽的河边，看着流过沙砾的潺潺溪水，独自一人浮想联翩时所处的状态。”①

“躺”“坐”“看”“浮想联翩”以及“漫步”这些动作都是作家“独自一人”完成的。原文中用到了形容词“solitaire”，意思是独居的、独自的、寂寞的、离群索居的。同义词“seul”意思是独自的、单独的、唯一的。前者更能表现出被误解、被孤立、被抛弃、被排斥的悲怆感；后者则主动地排斥他人，独来独往。卢梭选择了前者，他是被迫接受了孤独寂寞，自娱自乐，之后才慢慢品味出其中的乐趣。

圣皮埃尔岛和比埃尔湖名气远不及日内瓦湖，甚至在瑞士都没有多少人知道，但是“湖水清澈”“绿荫宜人”，就像一位害羞的姑娘等待人们揭开面纱发现她的美，也像一位独居山林的隐士等待有缘人前来问道。在被外人发现之前，湖中的小岛只能倒映在水中顾影自怜。被世人所驱逐的卢梭怀着悲愤、绝望的心情来到这里，为小岛所惊艳。他不仅被景色所吸引，也在湖水中看到了自己命运的投影，小岛就是他一生的缩写。为什么不能像小岛一样自尊自爱地泰然面对命运的不公呢？

小船是引导卢梭与水亲密接触的交通工具。天气晴好时，“我就等不及了”，“独自跳上一条小船，如果风平浪静，就把船划到湖心，我直挺挺地躺在船上，仰望天空，任小船随波荡漾，有时一连几个小时沉浸在千百种朦胧、甜美的遐想之中”。② 我们永远都无法得知风平浪静的水面下暗藏多少汹涌波涛，也无从得知这“千百种朦胧、甜美的遐想之中”蕴含多少澎湃激情。直到“西下的夕阳提醒我该回家了，而我常常离小岛很远，只好奋力划桨，才能赶在天黑前回家”③。

卢梭在水中找回了真实的自我，水也渗透进了他的遐思，撇去了他的胡思乱想，净化了他的精神与灵魂。所有的思绪时而像潺潺流水的小溪，时而像奔腾不息的河流；时而像林中喷泉永不枯竭，时而像高山瀑布飞流直下；时而像

① Jean-Jacques Rousseau. Bernard Gagnebin et Marcel Raymond, Oeuvres complètes [M]. Paris: Bibliothèque de la Pléiade, 1959—1964: 1046-1047.

② Jean-Jacques Rousseau. Bernard Gagnebin et Marcel Raymond, Oeuvres complètes [M]. Paris: Bibliothèque de la Pléiade, 1959—1964: 1044.

③ Jean-Jacques Rousseau. Bernard Gagnebin et Marcel Raymond, Oeuvres complètes [M]. Paris: Bibliothèque de la Pléiade, 1959—1964: 1044.

微风中的湖水荡起阵阵涟漪，时而像暴风雨中的大海波涛汹涌。水就像一面魔镜让人看得分外透彻，也像一块水晶折射出遐思的光芒。

法国哲学家加斯东·巴什拉的观点是：在宇宙中，沉静的水是一片巨大静谧与静止。在沉静的水中，这个世界都得到了休憩与安宁。遐思者也不例外，除了自我以外，不再有纷争、敌对，可以说心无杂念。遐思者沉浸在宇宙中，与水合二为一。“在这个融合中，灵魂在思考。在沉静的水边，‘我思，故我在’，发掘真正的自我。”①

《庄子》的第六章《天道》中写道：“水静，则明烛须眉，平中准，大匠取法焉。水静犹明，而况圣人之心静乎？天地之鉴也；万物之镜也。”②

整个世界在沉静的水边平静了，水倒映出这个世界，也倒映出了水边漫步者的内在自我。沉静的水施展它的魔力，不仅倒映出他的外形，也反映出他的内心世界。水变成了一面魔镜，在其中，精神和灵魂都被暴露无遗。水呈现出柔弱无力、与世无争的一面，但是实质上它可能是大自然中最强大、最灵活、最具抵抗力的元素。

“上善若水。水善利万物而不争，处众人之所恶，故几于道。居善地，心善渊……夫唯不争，故无尤。”③ 这段话的意思是：上善的人好像水一样。水善于滋润万物而不和万物相争，停留在大家所厌恶的地方，所以最接近于道。居处善于选择地方，心胸善于保持沉静……只因为有不争的美德，所以没有怨咎。④ 老子用水性比喻上德之人的品格。这也是他认为最完美的人格应该具备的心态，即尽其所能地贡献自己，帮助别人，不求回报，不与人争功争名争利。这种“不争”，并不是一种自我放逐、自暴自弃。老子的“不争”观念是为了消除人类争端而提出的。但是他仍然要求人有所“为”，而且所“为”要像水一样能“利万物”。水往低处流，在流动前进的过程中，总是向着低处，遇到障碍，它会改变方向，迂回前行。在某些人看来这是懦弱屈从的表现，实质上水仍然在前进，向着自己的最终目标义无反顾，看似“无为”，其实“有为”。通过水一直向前的姿态，老子为我们揭示了很多的人生哲学的行为准则，

① Michèle Crogiez. Solitude et méditation étude sur les Rêveries de Jean-Jacques Rousseau [M]. Paris: Honoré Champion Editeur, 1997: 146.

② 杨柳桥. 庄子译注 [M]. 上海：上海古籍出版社，2006：197.

③ 陈鼓应. 老子今注今译 [M]. 北京：商务印书馆，2003：102.

④ 陈鼓应. 老子今注今译 [M]. 北京：商务印书馆，2003：103.

这为我们为人处世提供了重要的启迪和借鉴。

这种“上善若水”的品德在卢梭的作品中也有所体现。在《爱弥尔》一书中，卢梭提出了一种培养和提高孩子的善良品德的教育方法，提倡激发年轻人身上的善良天性、人道主义、仁慈及所有迷人的、温柔的激情。在所有这些中，他首先提到的便是善良天性，它就像老子所描述的水一般温柔又富有激情。这种善良品德有着与生俱来的魅力，并且有着将之扩张到世界各处的趋势。这也是一种像水一样厚积薄发的张力。水滴汇成小溪，小溪流入江河，河流注入大海，大海汇聚成大洋。善良一旦存在于某个人身上，他或多或少会影响到周围的人，渐渐地，他身上的善良扩张弥漫开来。

卢梭认为人类天性的善良柔情似水，它可以为这个已然物质化的世界重建人类社会的风尚。从表面上看，《忏悔录》《对话集》和《孤独漫步者的遐想》是卢梭的回忆三部曲，实质上是他从亲身生活经历和从大自然中逐步汲取并发展成熟的哲学三部曲。从中读者可以看出他是怎样一步步走过来的：从最初的忏悔，历经多重的判断到最后的遐思。前两部作品中充满了他对社会不公待遇的愤慨之情，都是和社会息息相关的；最后一部作品充盈着自我存在、厌世离群的清高。《忏悔录》与《孤独漫步者的遐想》之间最主要的区别在于：后者不再笼统讲述线性的故事，只有一些经过作者精挑细选的故事片段，卢梭认为只有这些片段是真正具有回忆价值的，而且在《忏悔录》中出现过的强烈的自我辩护意识已经在《孤独漫步者的遐想》中被逐渐淡忘。《孤独漫步者的遐想》只在于回忆故事说给自己听。卢梭有意地撇开社会偏见带来的烦恼，直面自我，对自我灵魂进行审视。所以许多法国的文学评论家认为，与其将《孤独漫步者的遐想》视为《忏悔录》的续篇，不如当作补充或者附录更为恰当。在《孤独漫步者的遐想》中，卢梭掉转目光审视和思索自己，流露出找回自我、自我反省的心理需求。在第一章中，卢梭反复使用“ramener”（带回来）、“retour”（回归）、“revenir”（回来）、“retrouver”（再次找到、发现）、“où je suis”（我在哪儿）等词汇，这些都表达了一种回归的意愿。在被社会“剥削”和驱逐之后，回归自我的欲望促使卢梭脱离社会与人群，希望再次把握自己的命运。卢梭迷恋于大自然的精华。快乐像一条欢快的小溪在他的笔尖流淌：“plaisir”（愉快、乐趣）使用了 84 次之多，尤其是在漫步之九中达到了 36 次；“jouir”和“jouissance”（快乐、享受）使用了 27 次；“bonheur”（幸福）也使用了27次。卢梭不再白费口舌去博得同情和理解，因为这是徒劳无益的。他坚守本性的善良直到生命的最后一刻，对他人没有任何敌意。他坚信上帝是公正的，上帝知道他是无辜的。因此，他决定离群索居，过默默无闻的隐居生活。

“知人者智，自知者明。胜人者有力，自胜者强。”① 老子也强调个人的修养与自我审视。一个能“自知”“自胜”的人，要审视自己，坚定自己，克制自己，才能展开他的精神和思想生命。

根据老子的观点，水几近于道，透明、不可捉摸、变化多端。难以捕捉、难以理解、难以掌控、无迹可寻，却又是生命中至关重要的，这就是道的特征。“大道泛兮，其可左右。万物恃之以生而不辞，功成而不有。”② 老子首先肯定了道的博大宽广，它生长万物，养育万物，使万物各取所需、各得其所，却又丝毫不对其占有支配。《庄子》第一篇中写道：“北冥有鱼，其名为鲲：鲲之大，不知其几千里也。”③ 文中没有直接描述“北冥”有多么浩大，而是间接地通过“鲲”之大衬托出“北冥”的浩渺。可见水的博大胸怀，所谓海纳百川、有容乃大。大海给人以水平地扩张延伸的视觉效应，海里的波涛则是海水垂直地向高处向天空的张力，一股冲破所有障碍、所有禁戒的力量。水的这股力量是与生俱来的天赋。“道”也是这样，它天生能够自我丰富发展、自我扩张、自我延伸和自我发散，具备水一样的流动性。道家哲学提倡人们要遵循“道”的原则，像水一样守善处下，默默无闻地奉献自己，不要沽名钓誉、追求名利。

此外，“道是无声无息地流淌着的”。“道”是宇宙万物必须遵循的发展规律，因此法国的翻译家们将“道”音译过来，并使用首字母大写以凸显它的重要性。④

卢梭的厌世情结与中国古代受到道家思想影响的隐士们有共同之处。后者

---

① 陈鼓应．老子今注今译［M］．北京：商务印书馆，2003：201．

② 陈鼓应．老子今注今译［M］．京：商务印书馆，2003：203．

③ 杨柳桥．庄子译注［M］．上海：上海古籍出版社，2006：1．

④ 被誉为“英国汉学界的玄奘”的理雅各（James Legge，1815—1897），伦敦布道会教士及英国近代著名汉学家，翻译的《老子》曾在西方世界具有广泛影响。在他的《中国的宗教》一书中，理雅各首次以“Tao”来翻译“道”，以“Taoism”翻译“道家”和“道教”，现在通行的译法将《道德经》译为 *The Tao Te King* 也是自他开始的。

也是抱着对社会失望的态度，归隐山林，不问世事，过着闲云野鹤般自由自在的生活。这样的隐士尤其在中国魏晋南北朝的时候数量颇多。这些隐士中，大多是怀才不遇、空有满腔抱负而无法施展才华的人，他们心境高雅，不愿与人同流合污，最后只能选择离开。隐士们自称为一道“清流”，希望能够出淤泥而不染，保持高尚的节操。东晋时期的田园诗人陶渊明便是其中之一。他深受道家思想的影响，例如他脍炙人口的诗句“池鱼思故渊”就将自己比作水中鱼，思念过去池塘中自由自在的生活。在“采菊东篱下，悠然见南山”① 一句中，他抒发了自己对田园生活以及大自然风景秀丽的热爱。

在撰写《孤独漫步者的遐想》时，卢梭也过着隐居的生活，品味着宁静与安详。任何红尘中的琐事都不再分散他的注意力，他的目光定格在大自然的山水中，不再左顾右盼。水帮助卢梭看清自己的形象、自己的内在，他的心也随着水波荡漾起伏，直到与水融为一体。

这就是水的魔力：它如此清澈，倒映出人的须眉和内心；它如此宁静，让心浮气躁的人能够得到抚慰。它空旷、平和、包容、沉默、无为。圣人的心就应该像平静的水面，波澜不惊，包揽天地，心存万物。

第二节　水之情趣

“哦，湖水啊！在你的岸边我度过了童年的美好时光，在你的迷人风景中我看到过壮观动人的日出，我第一次感受到内心的情感，天才的激情自此变得更加激进、更加庄严，唉！我再也看不到你了。”②

——卢梭

一、水之回忆

从语音角度来看，法语中“eau”（意为“水”）这一单词意味着结合、完满与和谐。为了发出这个词的读音［o］，我们必须把嘴唇收拢成圆形，无论从

① 陶潜. 陶渊明集校笺［M］. 龚斌，校笺. 上海：上海古籍出版社，1996：219.

② Jean-Jacques Rousseau. Bernard Gagnebin et Marcel Raymond, Oeuvres complètes［M］. Paris: Bibliothèque de la Pléiade, 1959—1964: 1816.

读音还是从音标的写法上来看，它都表现为一个圆形。在道家的思想里，圆意味着阴阳结合和圆满，“一阴一阳是为道”。《道德经》中写道：“道生一，一生二，二生三，三生万物。万物负阴而抱阳，冲气以为和。”[①] 意思是：道是独立无偶的，混沌未分的统一体产生天地，天地产生阴阳之气，阴阳两气相交而形成各种新生体。万物背阴而向阳，阴阳两气互相激荡而成新的和谐体。[②] 阴阳两气便是构成万物最基本的原质，二者相互摩擦、相互包容、相互渗透、相互影响，形成进退消长的运动模式，并最终达成圆满。万物皆由之而生，宇宙也是在两气的相互调和中生成的和谐产物。

在阴阳两气的运动过程中，万物都遵循着同一规律：凡是强大的、坚硬的、刚毅的都有其弱小的、柔软的、脆弱的源点，并最终回归这一源点。“人之生也柔弱，其死也坚强。草木之生也柔脆，其死也枯槁。故坚强者死之徒，柔弱者生之徒。是以兵强则灭，木强则折。强大处下，柔弱处上。”[③]

总之，在道家的哲学看来，万物都有回归本源的一天，一旦它们达到圆满的状态，便是该回归本源的时候了。因此，根据这一逻辑推理出万物都是矛盾的统一体，矛盾就是存在于统一体中的个性。“天下皆知美之为美，斯恶已；皆知善之为善，斯不善已。有无相生，难易相成，长短相形，高下相盈，音声相和，前后相随。”[④] 可见，一切事物在矛盾的关系中，呈现相辅相成的作用，它们既相互对立，又相互依赖、相互补充。

在这些对立统一的矛盾中，道家哲学始终在探寻其中的本源，他们将之名为“道”。道家的自然哲学观也提倡回归本源、回归道。在他们的世界里，宇宙的发展也是朝着本源这个方向的。

“我独异于人，而贵食母。”[⑤] 在此句中，“母”就是本源、道之根本。它就像是一个深渊，是世间万物的发源地。老子同时也提倡“复归于婴儿”。这一观点乍看起来容易使人产生歧义，误认为是提倡时光倒流，真正地回复到襁褓中的婴儿般大小，每日以吮吸母亲的乳汁过活；更有甚者误认为它提倡回归到母亲的子宫，回归到孕育阶段。其实，老子的这一观点只提倡精神的回归、

① 陈鼓应. 老子今注今译［M］. 北京：商务印书馆，2003：233.
② 陈鼓应. 老子今注今译［M］. 北京：商务印书馆，2003：237.
③ 陈鼓应. 老子今注今译［M］. 北京：商务印书馆，2003：332.
④ 陈鼓应. 老子今注今译［M］. 北京：商务印书馆，2003：80.
⑤ 陈鼓应. 老子今注今译［M］. 北京：商务印书馆，2003：150.

人类灵魂的回归和坚守精神的纯洁，像婴儿一般灵魂无瑕，没有欲望，没有贪念。假如人们认真地观察一个婴儿，会发现他每天只是吃和睡，他对周围的一切都没有贪欲，满足于现状，财富、荣华并不能引起他的兴趣。对婴儿来说，母亲的乳汁胜过一切琼浆玉液，母亲的摇篮曲比一切天籁之音都更能让他安详地入睡。父母的怀抱保护着他、庇佑着他、抚慰着他，仿佛是世间最宁静、最祥和的港湾。于是，当婴儿获得满足，他变得无欲无求。这一点使我们同时联想到了卢梭的回归自然观点，他也坚持婴儿和孩童状态的重要性。然而，他所提倡的观点为同时代的人们所误解。其实，他主张的是保持人类天性的善良和纯真，而不是重返婴儿状态。这与老子的观点是不谋而合的。

在诸多法国作家笔下，孩子是如此柔弱而又无辜、如此快乐而又美丽，他是上帝赐给人类最珍贵的礼物。他驱散了周遭的阴霾忧伤，周身闪耀着新生命的光环，带给人们希望和向往。除此之外，他唤醒了人们内心深处的慈悲与爱心。可以说，他是集基督教的三大美德——信、望、爱于一身的。在全世界范围内，几乎所有的作家都会毫不吝啬地将最美好、最积极的词汇奉献给新生儿与孩子们。如法国文豪雨果，他的代表作《悲惨世界》将小女孩珂赛特作为女主角，书中塑造了她纯洁无邪、善良美丽的形象，她的成长历程吸引了无数读者的眼光。

为什么儿童可以吸引如此多的目光呢？因为他们代表着对世界最初、最原始状态的回忆以及对新生命、新生活的憧憬和向往。而这最初、最原始的状态恰恰是人类遗失了的黄金时代，是至高无上的幸福，是人类记忆中的伊甸园。亚当夏娃在犯下原罪被上帝驱逐出伊甸园后，人类才意识到失去了无价之宝，他们千方百计地想要返回那里，因为那里可以更接近上帝。童年就是身处伊甸园的阶段，美好的时光如白驹过隙，一去不返。然而，越是难以把握的东西，回忆起来越发弥足珍贵。卢梭在《忏悔录》中写道："我是多么喜欢时而又回过头去再次享受我青年时期的美好时光啊！青年时期的美好时光是多么甜蜜呀！尽管它们是那么短暂和那么稀少，我却没有费多大力气就享受到了！啊！只要一回想起它们，我的心便怡然自得。现在我需要的，正是这种心情，以便恢复我的勇气和忍受晚年的凄凉。"[①] 卢梭在进行人性的抒写时也交织着宗教

① 让-雅克·卢梭. 卢梭全集：第一卷［M］. 李平沤，译. 北京：商务印书馆，2012：183.

情感，人类从自然状态走向文明的那些道路已经被人遗忘和遗失，要回归人类历史的“自然状态”，犹如基督教徒所向往的伊甸园，在精神道德上走向善的净界。

在法国诗人波德莱尔看来，“抒情诗人，由于其天性使然，命中注定将会踏上返回伊甸园的归途”①。在上帝驱逐人类的祖先亚当和夏娃之前，伊甸园曾经是人间天堂。如今，在西方文化中，它代表着人类遗失的幸福。人类一直向往能够重返伊甸园，在那里过上自由自在、无忧无虑的生活。其实，无论是在法国还是在中国，在东西方的宗教中，人类都渴望重新找回最初的源点。道家用“道”来称谓这一源点。无论是老庄还是卢梭，他们寻寻觅觅的就是这个“道”的踪迹。在道家学说中，“道”是“上善若水”的，它是万物的根源，引导万物朝向自然状态发展，寻找失去的幸福。在卢梭的作品中，他也在寻找“道”，他的“道”也像水一般可以弥补生命中的遗憾和缺失，激起人们对过往幸福生活的回忆。例如，被他称作“妈妈”的华伦夫人给他母爱般的关怀，既是他的庇护者，又是恩人，更是他对母亲的信任和情感的寄托者。虽然两人之间存在年龄的差距，华伦夫人当时 25 岁，卢梭只有 19 岁，但是他们的关系非常亲密。6 岁的差距并没有阻碍华伦夫人脸庞容光焕发，也没能遮掩她美丽双眼深处的温柔。年轻人也被华伦夫人令人陶醉的美丽容貌以及和蔼可亲的温柔嗓音所吸引，华伦夫人完全符合卢梭心目中理想母亲的形象。卢梭从未有过机会认识自己的生母，他不得不凭借自己的想象力来憧憬。当有一天，这个憧憬的形象活生生地出现在他面前，他立刻爱上了她。在卢梭的成长历程中，华伦夫人不仅为他提出了很多有益的建议，提供了许多支持和帮助，而且为他创造了工作的机会。华伦夫人担当了作为一位母亲教育和培育孩子的责任。卢梭的另外一种回忆方式就是寄情于写作，写作是一种可以将过去的情感复活到当下的方式。卢梭的《忏悔录》就是一个众所周知的例子。一旦开始写作，卢梭沉睡的情感便得到了复苏和重现。当孤独的漫步者在自己内心深处体验这种写作历险的时候，他也在与当时的悲惨现实生活进行博弈。在这场博弈中，他以笔为工具或者说是武器，沉思、回忆和不断的写作坚定了他对自我的信心，将他的思绪和视线引向更遥远辽阔的地方。因此，他曾为华伦夫人写下了美丽的篇

① Beaudelaire. les Oeuvres Complètes II [M]. Paris: Gallimard, 1976: 165.

章。但是这些篇章就是纯粹的感激之情的见证吗？不尽然。它们应该是具有多层功效的：它们构建了逝去幸福的神话，而这种幸福在他的自传中显得尤为重要；它们为卢梭的文学创作提供了动机和动力；它们还提升了卢梭本人和华伦夫人的形象。在卢梭的作品中也出现了皮格马利翁效应的痕迹，华伦夫人的形象符合了他心目中的想象，因此他爱华伦夫人的同时就在热爱自己的作品，热爱自己。此外，卢梭又将小说《新爱洛伊斯》搬到了阿尔卑斯山脚下，没有选择自己熟悉的日内瓦，而是在美妙绝伦的沃韦，因为华伦夫人就来自于那里。他笔下的那片土地，在西庸城堡和沃韦之间，湖景壮丽辉煌，垂向水面的葡萄藤硕果累累，远山顶上白雪皑皑，它们构成了一派壮观动人的美景。

在卢梭笔下，水弥补了失去母亲的痛苦，归还了他渴望的母爱，实现了他团圆的梦想。他充分享受着这种满足感。在水中，卢梭同样也是朝向一个源点发展的。感谢水帮助他找回了自我，找到了生命的源点。从他出生之日开始一直到生命的最后时光，水贯穿了他的整个生命，反射出了他的一生。在水的陪伴下，他遐想、思索和展望。水以令他难以忘怀的节拍为他伴奏一生，水波的节拍与作家的心跳渐渐地同步并合二为一。卢梭在《忏悔录》中坦言，他一直对水充满着激情和热爱，水可以激起他美妙的遐思。水在卢梭心目中的关键位置是毋庸置疑的。

因此，水成了一种宿命，不仅仅是虚空的逝去时光的宿命、永无止境的梦幻王国的宿命，也是个体存在的宿命，它标志着个体生命的起点与终点——一个象征性的元素。水是一个矛盾的元素，因为它既是生命循环的起点又是终点，既是开始又是结束。在这个无止境的循环中，很难判断它的两极，这两极似乎已经合二为一，难分彼此了。也就是说，起点即终点，开始已经意味着结束。在《圣经》中，人类本就是泥土与水的创造物，终有一天，人类将回归源点，尘归尘，土归土。

可以说，卢梭的一生从未远离过水。他所生活过的主要城市都拥有迷人的湖景，或是著名的河流。卢梭于 1712 年 6 月 28 日出生于瑞士日内瓦，这座城市以它迷人的日内瓦湖景色闻名遐迩。1778 年 7 月 2 日卢梭逝世后，他的遗体被安葬在位于欧麦农维公园中央的杨树岛上。期间，他在流淌着罗纳河与索恩河的里昂居住过，在塞纳河经过的巴黎停留过，在被誉为“水城”的威尼斯工作过，在伦敦的泰晤士河畔徜徉过……相形之下，卢梭更倾向于潺潺流水的小溪或者宁静的湖泊，而不是威武宏大的海洋。他曾经与英国朋友休谟一起乘船渡过英吉利海峡，见识过大西洋的浩瀚；他曾经独自旅行至威尼斯，体验过地中海的宏伟。然而，这两片海域却在他的回忆录中只留下只言片语。晚年，他经常独自在湖畔散步和采集植物标本。

读者发现，卢梭似乎偏爱湖泊胜过河流，偏爱溪流胜过大海，偏爱平静的水胜过波涛汹涌的水。湖水相对于河流更为平静，溪流也没有大海那么巨大的能力。湖水与溪流代表着宁静与祥和，也展示了水的柔弱的特性。这些特征也与卢梭的个人性格吻合：温柔、脆弱、敏感、多情。他同情弱者和穷人，反感骄淫奢侈。当他定居在圣皮埃尔岛上时，“这片美丽的水域大致呈圆形，环抱两座小岛，一座岛上有居民，种了庄稼，方圆约两公里；另一座则小些，空旷而荒芜；人们不断地在小岛上取土，去修补波浪风暴给大岛造成的损失，到头来，小岛必定给毁了。由此可见，弱肉总是给强食了。”① 这种同情弱者的思想深深地植入他的审美观中，影响了他对水的偏好与欣赏，他偏爱精致细腻的水域胜过宏伟博大的水域。

无论卢梭个人的喜好如何，水作为一个整体占据着他整个身心，让他体验到回归自然的美妙感觉。无论是从充满母爱的水还是从反射出自恋的水，读者都能感觉到他回归自然的强烈愿望。母亲是新生命的起点，婴儿在出生后随着年龄的增长，渐渐脱离对母亲的依赖步入社会，完全依靠自己的同时，他会不自觉地培养出或多或少的自恋自爱。

在佛教教义中，生命是充满痛苦的旅程：生、老、病、死、离，等等。这也正是卢梭一生的写照。水可以帮助他减缓多重痛苦：出生时母亲的去世；哥哥的失踪；父亲的再婚；华伦夫人的背叛；朋友的误解；孱弱的身体（在关于健康这一点上，卢梭总是表现得很消沉，在他的观念中，人活在世上就是为了受苦受难的，灵魂和身体必有其一是遭受病痛折磨的，二者之一的健康会影响到另一个的健康）；年龄的逐步衰老伴随着病痛的折磨。水可以帮助他暂时忘却这些苦痛。

水同时也会引导他回味那些美好的时刻，那些年轻岁月中的美丽画面。例如，1735 年或 1736 年（卢梭自己也不很确定具体的年月）至 1737 年，卢梭

① Jean-Jacques Rousseau, Bernard Gagnebin et Marcel Raymond, Oeuvres complètes [M]. Paris: Bibliothèque de la Pléiade, 1959—1964: 1041.

在沙尔麦特的山间水边度过的宁静短暂的时光，他在后来的回忆中说自己曾在那里真正地生活过。在那儿，他一生中短促的幸福开始了。幸福总是稍纵即逝的，它就像夜空中的烟火璀璨绚烂而又昙花一现。水勾起的记忆让他忘记痛苦烦恼，引领他重拾迷失的幸福和自我。快乐的时光只有通过记忆才能保留在我们的感官当中。通常，淡淡的忧伤、微涩的幸福——就像卢梭在《孤独漫步者的遐想》中说到的——总是被保存在对一片湖水的记忆当中："黄昏时分，我便从岛上的高处退下来，信步走到湖畔沙地上，找个幽静的地方坐下；涛声阵阵，水波徐来，深深吸引着我，荡涤我心中的一切杂念，我的心沉浸在美妙的遐想之中。"①

这种对幸福的美好追忆影响着卢梭以及他的追随者们。例如，法国作家司汤达的《恋爱论》一书就是个很好的实例："一个春天的傍晚，一天即将结束，梅蒂尔德倚在窗口，她看着小湖和更远处的树林，这片极致的美景让她沉浸在一片深邃的遐思中。"② 在这段描写中，既没有具体的事物，也没有视觉直观的描述，只有黄昏的景色作为飘渺遐思的基调。

在水边，卢梭的想象力开始发散。水将他带回到最初的起点，向他揭示了内在自我。逝去的黄金岁月和遗失的伊甸园，对于他来说，是在时间和空间上坚持不懈地进行自我探寻的目标。直到某一天，他在水中凝望着自己的倒影，自尊、自爱、自怜和自喜的复杂情绪油然而生。这时，他会突然感觉到自己与源点合二为一，他找到了自己的"道"——这个世界为之而转动的中心。这个源点，这个"道"，这个宇宙的中心，其实就是他自己。无论身处何方，他的世界自始至终都是围绕着他自己而运转的，他无意识地将自己一直放在最重要的中心地带，他的世界就是一个纯粹以自我为中心的存在。他竭力营造和维持的就是这样一种自我的、纯粹的、怀旧的状态。一条向自我回归的漫漫长路。因此，卢梭总是试图将所见所闻的身边的事物牢牢抓住，让它们环绕在自己身边，因为，"我的生活越是孤寂，就越需要某种东西去填补其空虚。不受人力强制的大地把自然的产物从四面八方奉献到我的眼前，它们取代了我的想象力不愿意设想、我的记忆力不愿去追忆的东西。我乐呵呵地到荒野寻找新的植

① Jean-Jacques Rousseau. Bernard Gagnebin et Marcel Raymond, Oeuvres complètes [M]. Paris: Bibliothèque de la Pléiade, 1959—1964: 1045.

② 司汤达. 司汤达全集 [M]. 长沙：湖南文艺出版社，1998：304.

物，这种快乐盖过了摆脱那些迫害我的人所带来的快乐；来到杳无人迹的地方，我更加纵情地呼吸，仿佛是到了不再受他们仇恨折磨的避难所。”[①] 大自然于是成了包裹和保护自我的避难所。

从沙尔麦特的生活到圣皮埃尔的岛上岁月，从罗柏拉的植物标本采集到格列诺布尔的回忆，卢梭在他的《孤独漫步者的遐想》中一点儿都没有遗漏，一幅幅印象被穿插在整本书当中，在卢梭写作和阅读这些手稿的同时，它们唤醒了他对过往幸福的愉悦感受。

于是，卢梭编撰的植物标本集也成了一部回忆录。它是一部充满了幸福的满足感和自我成就感的回忆录，是卢梭晚年虚空岁月的弥补，是孤独和伤痛的解药，是对自我的剖析。植物标本集就是为了承载这些记忆的。

对于卢梭这位伟大的哲学家和思想家来说，他的生命是依赖于水的。在追忆似水年华时，他尝试着将自己再次沉浸在同一片水域中。随着岁月的流逝、身体的衰老，他只有依赖于回忆来获得自我满足感。他逐渐地习惯以回忆来慰藉心灵，在自身寻找精神食粮。他终于明白“真正的幸福根源在于我们自己身上，无论谁都无法让懂得追求幸福的人真正凄惨潦倒”[②]。“要是没有他们，我就永远不会发现、永远不会知道在我身上的这份宝藏。”[③] 这是一种非常世俗的幸福，它关乎所有人类。这种幸福完全是一种普世的慷慨精神。

卢梭的研究者们还发现了某些特定的地点，它们对于卢梭十分重要，因为它们既是真实存在的，又是卢梭文学作品中的地点，也是他曾经生活过的地方：沙尔麦特、归隐庐、圣皮埃尔岛，等等。笔者从《忏悔录》中摘录出以下一段文字：“我们就决定居住在沙尔麦特村属于孔济埃先生的土地上；这个地方就在尚贝里旁边，但是很僻静，仿佛离城有百里之遥。在两座相当高的山丘之间，有一个南北向的小山谷，山谷底部的乱石和灌木丛中有一道溪水，沿着这个山谷，在半山腰间疏疏落落地坐落着几所房子，任何一个喜欢在比较偏僻比较荒野的地方过隐居生活的人，对这里都会非常满意。我们看了两三处房

---

① Jean-Jacques Rousseau. Bernard Gagnebin et Marcel Raymond，Oeuvres complètes [M]. Paris：Bibliothèque de la Pléiade，1959—1964：1070.

② Jean-Jacques Rousseau. Bernard Gagnebin et Marcel Raymond，Oeuvres complètes [M]. Paris：Bibliothèque de la Pléiade，1959—1964：1003.

③ Jean-Jacques Rousseau. Bernard Gagnebin et Marcel Raymond，Oeuvres complètes [M]. Paris：Bibliothèque de la Pléiade，1959—1964：1003.

子，最后选择了最漂亮的一所，这所房子的所有人是一位正在服役的贵族，名叫诺厄莱。房子很适于居住。前面是一座复合式的花园，上面是一片葡萄园。下面是果树，对面是一个小小的栗树林，不远的地方还有一处泉水；再上一些，山上有作牧场用的草地。总之，对我们所要建立田园生活必要的一切应有尽有。据我记忆所及，我们大概是在一七三六年的夏末住到那里去的。我们第一夜在那里睡下的时候，我真是快活极了。我拥抱着这位可爱的女友，欣喜若狂，激动得睁着泪汪汪的双眼对她说道：'哦，妈妈，这真是幸福和纯洁的住所啊。我们要是在这里找不到幸福和纯洁，那就别到其他地方去找了。'"①

在卢梭的笔下，房屋、花园、童年的阁楼、田园、山间常常承载着无限的回忆。它们不仅被认为是记忆存储的标识，同时也具有凝固时间的功能。"我一生中的短暂的幸福就是从这里开始的。使我敢说我真正享受到了人生乐趣的那段恬静而转瞬即逝的时光，就是这时开始的。宝贵而令人留恋的时光呀！请为我重新开始一次你那美好的历程吧；如果可能的话，请尽量在我的回忆中慢慢走过，而不要像你现在这样如流星赶月似的转眼就过去。"②

二、水之不幸

在与社会断绝复杂的交往关系之前，卢梭的身上便已经存在一个中心点。像漂浮在水中央的岛屿一般，卢梭将自己编织在一张巨大的蛛网中，牵一发则动全身。荡漾的水波、自尊自爱、对过去幸福生活的美好追忆、无边无际的遐思都是编织这张巨网的丝线。还有让·斯塔罗宾斯基描述的"一件慵懒的事情，让意识从自身的空虚中解脱，从记忆中的迫害中获救的事情""收集植物标本的漫步是一种幸福"③。当干枯的标本重建记忆时，标本的客观物质结构就变得模糊并最终消失，让位于大量涌现的幸福记忆。

卢梭始终以自我为中心，置身于具象或意象的水中央。被水包围其中，水波荡漾，轻轻地拍打小岛的岸边。或者卢梭躺在小舟里，随波逐流。波浪将小

---

① Jean-Jacques Rousseau. Bernard Gagnebin et Marcel Raymond，Oeuvres complète [M]. Paris：Bibliothèque de la Pléiade，1959—1964：224.

② Jean-Jacques Rousseau. Bernard Gagnebin et Marcel Raymond，Oeuvres complètes [M]. Paris：Bibliothèque de la Pléiade，1959—1964：225.

③ Jean Starobinski. Jean-Jacques Rousseau，la transparence et l'obstacle suivi de sept essais sur Rousseau [M]. Paris：Éditions Gallimard，1971：282.

舟包围，把它推向远方。在这个中心里，他感受到了愉悦与重视，并且甘之如饴。就像婴儿总是试图引起母亲的关注，因为婴儿是一家的中心。这是一种弥补遗憾和缺失的手段。卢梭出生时丧母，尽管有姑姑和杰奎琳的照顾，母爱的缺失给他“留下了一颗多情的心”[①]，这颗心是他“许许多多不幸之中的第一个不幸”[②]。他渴望成为周围人的焦点。通常，卢梭笔下的风景总是被描绘成围绕某一个中心的。例如，在给达朗贝尔的信中，他提到纳沙泰尔的风景是如此宜人，可能是世界上独一无二的。山上住满了居民，每个人都是这块赖以生存的土地的中心。卢梭为自己编织了一个又一个圆圈，自尊自爱始终占据着这些圆圈的中心。

在这个中心地带，水就像一面镜子帮助他看清自我，像一块水晶折射出遐思的光芒。然而，这面镜子、这块水晶也有它们的局限性：超出它们的能力范围，视野便迷失了。于是它们求助于中心来面对迷茫。这个中心聚焦了所有光芒、所有视线，竭尽全力地爆发出能量。那么，什么才有能力担当此重任呢？还是自尊自爱。自尊自爱、自恋的情节占据了卢梭的身心。“被自我占领直至疯狂，世界在眼中只有他自己，他只描述他所感觉到的世界。”[③] 卢梭表达情感的最终目的就是展示自己对周围世界的感知。在他的宇宙中，不仅有物质的存在，还有能够看透物质的自我的存在。当一切井然有序地环绕在他周围，当他满足于环绕他的一切，他用自己的情感把他生存的世界填满：存在即快乐。这种快乐一直持续到卢梭生命的尽头。在《孤独漫步者的遐想》中，他“品尝他所感受到的快乐”。

我们因此也看到了卢梭真正的幸福：被包围、被环绕在中心位置，自身的情感弥漫在周边，让自己感觉有能力支配整个环境。卢梭坚持认为幸福首先是一种和谐的感觉。深度的融洽一方面体现在事物的秩序中，另一方面体现在他自己的生活秩序体系中，即体现在客观性与主观性中（真正的幸福既有形又无法描绘，既触手可及又虚无缥缈，使人身心提升）。

这让我们联想到纳西索斯的故事：在古希腊神话中，有一个少年，生得十分俊美，他的名字叫纳西索斯（Narcissus）。许多女子被他俊美的容貌吸引，

---

① 让-雅克·卢梭. 卢梭全集：第一卷［M］. 李平沤，译. 北京：商务印书馆，2012：19.

② 让-雅克·卢梭. 卢梭全集：第一卷［M］. 李平沤，译. 北京：商务印书馆，2012：18.

③ Laffont-Bompiani. dictionnaire des écrivains. Paris：Robert Laffort. 1952：150.

希望得到他的垂青；但他看别人总是不够完美，有某种缺陷，所以只爱自己，不爱别人，也不想与别人结合繁衍后代，只喜欢欣赏自己的容貌，成为恋己狂，把生命消耗在照镜子上。最后，他经过一道河，看见水中映出俊美的影子，恋恋不能自已，想去水中与那理想的青年相会，结果溺水而亡。后来，在水边生出一棵白色的花，后人就以他的名字命名，即水仙花。法语中将那些“自恋的人”称为“narcisse”或者“narcissique”。

卢梭的字里行间透露出他的自恋情结和华辩的痕迹。《忏悔录》中，卢梭写道：“这是世界上绝无仅有、也许永远不会再有的一幅完全依照本来面目和全部事实描绘出来的人像……只有我是这样的人。我深知自己的内心，也了解别人。我生来便和我所见到的任何人都不同；甚至于我敢自信全世界也找不到一个生来像我这样的人。虽然我不比别人好，至少和他们不一样。大自然塑造了我，然后把模子打碎了，打碎了模子究竟好不好，只有读了我这本书以后才能评定。”① 卢梭自信自己是世上独一无二的也是上帝最优秀的杰作，前无古人、后无来者。“可是我，与他们和这一切脱离了关系的我，又成了怎样的人呢？这正是有待我去探寻的。”② 这个问题在《孤独漫步者的遐想》第一章的首段就被提出来了，向读者揭露了这部作品的创作目的之一就是找寻自我。这是卢梭生前的最后一部作品，始于1776年（作者去世前两年）。创作的起因是1776年10月24日卢梭在梅尼蒙丹被一条大丹麦犬撞翻在地的事故。整个事故的经过被详细地记录在《孤独漫步者的遐想》第二章中，卢梭当时身受重伤，这起事故改变了他的思维和人生方向，成为一个重要的转折点（那是一个星期四，吃过午饭，他沿着林荫道一直走到绿径街，然后上了梅尼蒙丹山冈，从那里走小路穿过葡萄园和草地，来到夏罗纳村，一路欣赏两村庄之间的宜人景色）。“大约六点钟光景，我从梅里蒙丹山冈上下来……我看见一条高大的丹麦狗迎面向我扑来。”③ 他的伤势严重以致昏迷不醒，苏醒过来后“不知道我是谁”。“我在苏醒的瞬间，处在一种非常离奇的状态，我非得在此做一番描

① Jean-Jacques Rousseau. Bernard Gagnebin et Marcel Raymond，Oeuvres complètes [M]. Paris：Bibliothèque de la Pléiade，1959—1964：5.

② Jean-Jacques Rousseau. Bernard Gagnebin et Marcel Raymond，Oeuvres complètes [M]. Paris：Bibliothèque de la Pléiade，1959—1964：995.

③ Jean-Jacques Rousseau. Bernard Gagnebin et Marcel Raymond，Oeuvres complètes [M]. Paris：Bibliothèque de la Pléiade，1959—1964：1005.

述。夜色已深。我瞥见了天空，几颗星星，还有稍许绿意。这最初的感受真是美妙的时刻。只是由此我才感到自己还活着。从那个瞬间起我开始关注生命了，仿佛觉得我将自身微弱的存在注入我隐约看见的一切物体。……我觉得全身洋溢着一种美妙的宁静感觉，每当我回想起这一时刻，我在平生所有乐趣中找不出任何能与之相比的东西。"①

卢梭晚年过着贫穷潦倒、颠沛流离的生活，时常为病痛所困扰，但是他仍然在漫步和采集标本之余坚持写作，直到生命的最后一刻。他在写给穆尔图的信中提到："尽管我再也不能俯身采摘植物，我却没法断绝对它们的喜爱。现在，我带着前所未有的喜悦观察着自然界的一草一木……我会一直侍弄花草，直至生命的尽头。如果天堂里也有花朵的话，我会在那儿为所有真诚而又正直的人们加冕，而这一类人我也一定能在生活中遇见。这也正是我至死都要采撷花草的重要原因。"② 读者眼前出现了一个场景：年迈的卢梭垂着头，拖着缓慢的步伐在林间蹒跚前行。他在试图了解自我、认知自我，他扪心自问："我是谁?" 让·格尼耶在 1972 年伽利玛出版社发行的《孤独漫步者的遐想》序言中帮他回答了这个问题："他几近于上帝。" 假如卢梭想成为上帝，他必须将自己摆放在自我世界的中心，要忍受孤独和寂寞。因为，上帝是唯一的，也是孤独的。他在享受唯我独尊的荣耀的同时，也要品尝孤独的滋味。上帝能读懂卢梭的内心世界，明了卢梭是清白无辜的。上帝是公正的和完美的。阅读卢梭的作品，读者不难发现，他其实是一个十分善良的人。也正是这一份至善使他认识到了悲悯之心、仁慈之爱以及团结互助对于构建社会美德的必要性。在卢梭的理想世界里，善良是不可或缺的。因此，卢梭构想着"建立秩序"，这个"秩序"统治着"一切都很好的制度"：这就是"善"，是世界上每个人都能感受到的绝对可观和可知的东西。以善来定义"秩序"，建立一个"体系"或者一个"伟大的存在"，并与自然结合在一起。"人的崇高伟大"关键在于人的美德，也指人在真、善、实用、慷慨等意义上的努力。

在《孤独漫步者的遐想》第二章结尾，我们可以读到："我认命的起因不那么无私，这是事实，然而却同样纯洁，而且在我看来，更无愧于我崇拜的那

---

① Jean-Jacques Rousseau. Bernard Gagnebin et Marcel Raymond，Oeuvres complètes [M]. Paris：Bibliothèque de la Pléiade，1959—1964：1005.

② A. Lacassagne. la Mort de Jean-Jacques Rousseau [M]. Lyon：FB &Ltd，2018：12.

个完美的人（即上帝）。上帝是公正的；他要我受苦受难，他知道我是清白的。这就是我信念的源头；我的心灵、我的理智向我呐喊，说我的信念绝不会欺骗我。就让那些人、让命运去折腾吧，要学会毫无怨言地忍受；所有一切将回到正轨，我的那一天也迟早会到来。”① 上帝被卢梭赋予了同情又公正、高尚又权威的形象。在卢梭心中，他与上帝心心相印。在临终前，卢梭安慰妻子泰莱丝：“看那阳光像是上帝在召唤我；是的，是上帝敞开了他的胸膛，终于召唤我去享受我渴望已久的永恒的宁静！”② 卢梭就是自己的上帝，上帝就是他自己。他们并存于卢梭的世界中心，大自然将他们紧紧相连。

然而，这个中心位置也有副作用：“这个中心就是一座监狱，周围环绕的是牢笼或者城墙。”③ 卢梭为自己造就的也是一座囚笼，他把自己关入其中。被水包围的孤岛，岛上的居民只有他自己，心怀自恋自爱的情结，他与外界社会完全脱离了关系，这个孤独的人将自己逐渐地边缘化，慢慢地收缩变小。他蜷缩成一团，待在自恋的外壳里，像一只蜗牛，完全没有考虑到这个骄傲的外壳在旅途中会成为压在背上的重担。较之外壳，蜗牛的内在显得十分敏感、脆弱和多变。这个外壳时而是一个遮风挡雨的避难所，时而是将他牢牢困住的监牢。但是，一旦脱离这个骄傲自尊的外壳，他就像失去了蛛丝蛛网的蜘蛛，像失去了盔甲双钳的螃蟹，不堪一击。这个囚笼是他强加于自己的，是他生活中必不可少的一部分。他与外壳相互依存。他没有勇气抽身出自己编织的美丽罩网，因为这张网挡住了外界的目光。

尽管卢梭在作品中多次表达了对湖光山色的眷恋赞美之情，也对孤独闲暇的漫步和收集标本倾注了无限激情，然而他从中获得的幸福是有限的。

在晚年生活中，卢梭沉醉在收集标本的激情中。他的闲暇漫步和遐思是唯一不受干涉和打扰的孤独思考时光。他放任头脑和思绪天马行空、自由发挥。在他的沉思世界里，只有一人，那就是他自己。

在卢梭的世界中，只有回忆和他自己，或者说是对自己的回忆。他蜷缩在回忆里，任凭回忆将他吞噬。他陶醉在这座没有出口的监狱中。他的幸福是靠

---

① Jean-Jacques Rousseau. Bernard Gagnebin et Marcel Raymond, Oeuvres complètes [M]. Paris: Bibliothèque de la Pléiade, 1959—1964: 1010.

② Raymond Trousson. Rousseau et sa fortune littéraire [M]. Bordeaux: Éditions Guy Ducros, 1971: 12.

③ George Poulet. les Métamorphose du cercle [M]. Paris: Flammarion, 1979: 163.

自己找到的，从不求助于人。这种回忆和幸福是从他的想象力中诞生的，在其中，他不仅找到了避难所，而且品味到了最稳定的幸福，描绘了仅属于自己的、最让他欣慰的幻想图景。

综上所述，水在卢梭的作品中具有双重性：水既弥补了卢梭生命中的遗憾与缺失，带来抚慰、满足，引导他找到幸福的根源；同时，水又给他带来了不幸，任由他被自恋的漩涡吞噬，自闭在自己一手搭建的监牢中无法自拔。水之于卢梭，是一把双刃剑：既是让人回忆思念的水，又是需要遗忘的水；既有给予，又有剥夺；既是慈母，又是无尽的牢笼。

三、遗忘之水

在古希腊神话中，忒提斯将自己的新生儿阿基琉斯浸入冥河水中是为了让他变得刀枪不入。阿基琉斯成了伊利亚特最伟大的英雄。然而，被母亲拎在手中的儿子的脚后跟因为没有浸泡到冥河水，反而成了儿子致命的弱点，最后阿基琉斯被帕里斯的箭射中脚后跟致死。由此足见水在远古时代就被人类赋予了神圣的力量。

在天主教中，新生儿会在教堂里接受圣水的洗礼。法语“洗礼”（baptême）一词来源于古希腊语“baptizein”，意思是浸泡在液体中。洗礼是天主教中一项神圣的仪式，受洗过的人意味着加入信奉天主教的行列。教徒们在进入天主教堂的时候，往往会手蘸圣水，在胸前划十字。天主教认为人生来有原罪，只要受洗，即获赦免。如今的法国天主教堂奉行“baptême par aspersion”（意思是洒少量的圣水于头顶），而在东正教教堂中则奉行“baptême par immersion”（意思是让新教徒进入水中，水淹至膝盖，再将水洒在他头顶）。在新教中，两种方式都可以采用。尽管新生的婴儿已经是纯洁的象征，但是人们还是使用“净水”（eau lustrale）来为他们清洁、净化。

在中国的民间传说中，通常人死后，灵魂脱离肉体，被阎王召唤至地狱。在抵达地狱之前，他必须走过分割生死的界线——奈何桥。在桥上，孟婆会让他喝一碗桥下的忘川之水，让他忘记今生所经历的一切：生生死死、喜怒哀乐、是是非非、爱恨情仇，等等。过去的就应该忘记，这样，灵魂才可以开始新的轮回。这杯忘川之水，“它（水）是生与死的中介”[①]。

在《孤独漫步者的遐想》第七章中，卢梭写道：“烂漫的鲜花、缤纷的草地、清新的绿荫、小溪流水、灌木树丛、青翠的草木，你们来帮我洗净已被这些丑陋的东西玷污的想象力吧！我那颗对一切剧烈波动已经冷漠的心，今后只有敏感的事物才能触动它；我只剩下一点感觉了，尘世的痛苦或欢乐，只有通过这点感觉才能传达给我。”[②]

卢梭试图借助大自然和水来洗涤和净化人间的尘埃。花瓣因为雨露的滋润才烂漫，草地、绿荫、树丛因为水的滋养才青翠。鲜花的芬芳弥漫在遐思者的孤独漫步中，树木的绿荫释放了他的精神，水的晶莹净化了他的想象。卢梭的身心都迷醉在这种怡人状态里，得到净化与升华。

他越是感到生活孤独苦闷，就越需要一些事物来填补空虚，因此他写道：“我的生活越是孤寂，就越需要某种东西去填补其空虚。不受人力强制的大地把自然的产物从四面八方奉献到我的眼前，它们取代了我的想象力不愿意设想、我的记忆力不愿去追忆的东西。”[③]

在卢梭眼中，“在潺潺流水和百鸟啼啭中披上婚纱的大地生机勃勃，它通过自然三界的和谐，向人们献上一派充满生机、情趣盎然、妩媚无限的景象，这是世间唯一百看不厌、百感不倦的景象”[④]。

借助他的描绘，我们看到了一幅欣欣向荣的景象。大地像一位年轻、纯洁的新娘，正在用水梳妆打扮。梳洗完毕后，她穿上了婚纱，戴上了自然赠予她的花冠。水就是她的穿衣镜，映照出她姣好的容颜、满脸的喜悦和生机。在上帝的信使——鸟儿们的婚礼伴奏声中，她缓缓地步上红毯。大自然在卢梭的眼中是如此纯洁，他毫不吝啬地挥毫泼墨勾勒出它的无瑕形象。

卢梭的身心在这种迷醉中得到了净化，他忘却了外面的世界。“草地、河流、树林、孤寂、安宁，特别是从中得到的休憩，通过这条链子，不断地在我

---

① Gaston Bachelard. L'Eau et les rêves essai sur l'imagination de la matière [M]. Paris：José Corti，1942：20.

② Jean-Jacques Rousseau. Bernard Gagnebin et Marcel Raymond，Oeuvres complètes [M]. Paris：Bibliothèque de la Pléiade，1959—1964：1068.

③ Jean-Jacques Rousseau. Bernard Gagnebin et Marcel Raymond，Oeuvres complètes [M]. Paris：Bibliothèque de la Pléiade，1959—1964：1070.

④ Jean-Jacques Rousseau. Bernard Gagnebin et Marcel Raymond，Oeuvres complètes [M]. Paris：Bibliothèque de la Pléiade，1959—1964：1062.

的回忆中重现。它让我忘记了人们对我的迫害，忘记了他们对我的仇恨、蔑视、侮辱，忘记了他们对我一片诚挚温柔之情报以的种种迫害。它把我带回到静谧的住处，带回到那些曾和我生活过的淳朴善良的人之中。它唤醒了我的青春岁月，唤醒我纯真的乐趣，让我再次重新去品尝这一切，并使我在凡人从未遭遇过的最悲惨的命运中经常感到幸福。"①

在这段文字的一开始，卢梭将草地、河流、树林与孤寂、安宁相对应。笔者发现卢梭最偏爱的两种颜色出现在这段文字中：绿色和透明（因为很难界定水的颜色，它有时是透明的、单色调的；有时是多彩的，因为它像镜子一样可以映照出世界的多姿多彩。它可以呈太阳的金色、天空的蔚蓝、云朵的白色、树叶的绿色和鲜花的多色。忘却或者放弃了自己的本色，水重现了造物主的天赋。虽然笔者不能武断地说草地代表着孤寂，或者说河流代表安宁、树林代表休憩，但是可以肯定的是，卢梭就是在这样的自然环境中获得这些感触的。这些感触呈链状出现，一环扣一环，像一条项链将他的漫步链接起来。孤寂、安宁和休憩就是这串项链上的颗颗珍珠，卢梭微笑着将它们串连起来。它们驱散了卢梭长期遭受的迫害、憎恨、蔑视和陷害。

在写给马尔泽尔布的第三封信中，卢梭对自己在大自然中感受到的魅力进行了一番描绘，也极尽详细地描述了在这个既浩大又渺小的宇宙中一种幸福的自我迷失："精神迷失在这种无限中，我既不思考，又不推理，也不探讨；我感觉到一种脱离世界重负的满足，我放任自己为这种混沌而陶醉，我喜欢迷失在想象的空间，被限制在条条框框中的心被放松，我想要投身于这种无垠中。"②

卢梭认为，水是面积宽广的、无垠的、没有界限的，它一直延伸至天边，就像遐思一般无边无际。他的精神迷失在这片无垠中，狂喜将他牢牢抓住，心醉神迷取代了迷茫恍惚，愉悦让他几乎窒息。这是让他心跳加速的快乐感觉，他任由这种感觉将自己征服。

卢梭对自然风景的描绘和赞美几乎总是带着遐思的寓意，他所赞叹的风景

① Jean-Jacques Rousseau. Bernard Gagnebin et Marcel Raymond, Oeuvres complètes [M]. Paris: Bibliothèque de la Pléiade, 1959—1964: 1073.

② Jean-Jacques Rousseau. Bernard Gagnebin et Marcel Raymond, Oeuvres complètes [M]. Paris: Bibliothèque de la Pléiade, 1959—1964: 1141.

总是可以任由想象力发挥，任由幻想纵横驰骋。因为这些风景就是大自然提供给他的避难所。从《忏悔录》《新爱洛伊斯》到《孤独漫步者的遐想》，他笔下的风景都是耻辱消亡的地方、远离敌人监视的地方、逃离他人目光的地方、适合自我存在的地方，遐思在其中不会遭到误解。

关于“道”之宽广，老子写道：“衣养万物而不为主，可名于小；万物归焉而不为主，可名为大。以其终不自为大，故能成其大。”① 意思是（道）养育万物而不自以为主，可以称它为“小”；万物归附而不自以为主宰，可以称它为“大”。由于“道”不自以为伟大，所以才能显示出它的伟大。类似的意思还出现在《道德经》第六十六章中：“江海之所以能为百谷王者，以其善下之，故能为百谷王。”② 意思是江海之所以能成为许多河流所汇往的地方，是因为它善于处在低下的地位。

水往低处流，并最终汇入大海。它忘却了流往大海途中的艰难险阻，忘却了它带给生灵万物的滋润之恩。它不停地向低处流淌，最终在大海中汇集了巨大的能量。它始终是自己的主宰，因为它善忘。

在庄子看来，海洋的伟大在于它有容纳百川的胸怀气魄；圣人的伟大在于胸怀天地，甘于奉献却不居功自傲。“故海不辞东流，大之至也。圣人并包天地，泽及天下，而不知其谁氏。故生无爵，死无谥，实不聚，名不立。此之谓大人。”③

卢梭一直苦恼于自己不被世人所理解，被世人误解和唾弃的烦恼一直困扰着他。直到《孤独漫步者的遐想》第五章，他仍然希望自己被囚禁在圣皮埃尔岛上，忘记世间发生的一切，忘记他人的存在，直到忘记自我的存在。

老子似乎不受这种烦恼所困扰，在《道德经》中他说道：“知我者希，则我者贵。是以圣人被褐怀玉。”④ 老子自比穿着粗衣而内怀美玉的圣人，哪怕了解自己的人少，取法于他的人更少。可惜世人只羡慕虚华的外表，于是他感叹地说：“知我者希”，“道流，而不明居”。⑤ 这不正是水的高贵品质吗？

在中国古代，圣人们自比高洁清冷的璧玉。玉深埋地下，对于普通人来

---

① 陈鼓应．老子今注今译［M］．北京：商务印书馆，2003：203.
② 陈鼓应．老子今注今译［M］．北京：商务印书馆，2003：308.
③ 杨柳桥．庄子译注［M］．上海：上海古籍出版社，2006：413.
④ 陈鼓应．老子今注今译［M］．北京：商务印书馆，2003：318.
⑤ 杨柳桥．庄子译注［M］．上海：上海古籍出版社，2006：314.

说，它可能永远只是一块一文不值的石头，只有等到独具慧眼的人发掘打磨后，才能向世人展示它的无价可贵。玉与尘世繁华保持着距离，孤独寂寞地守护着自己的价值。虽然被世人遗忘，它也不艳羡俗世的华丽，与其自降身份地同流合污，不如忘却自己的价值，永远沉睡在地下。

庄子在文中也提到了老子的这一观点："忘乎物，忘乎天，其名为忘己。忘己之人，是谓之入于天。"① 忘掉万物，忘掉天然，这就是忘掉自己。忘掉自己的人，这就叫作返还天然。"泉涸，鱼相处于陆，相呴以湿，相濡以沫，不如相忘于江湖。"② 江湖的水源枯竭了，所有的鱼一同居住在陆地上，它们用湿气相互吹嘘，用唾沫相互滋润，与其这样相依为命，还不如它们在江湖之中互相忘却的好。"故曰：鱼相忘乎江湖，人相忘乎道术。"③ 所以，鱼要在江湖之中互相忘却，人要在道术之中互相忘却。这便是老庄的"忘己""相忘"哲学："君子之交，淡如水；小人之交，甘如醴。君子淡以亲，小人甘以绝。"④ 老子将君子之间的交情比作淡薄的清水，清澈不掺和任何杂质。"水之性，不杂则清。"⑤ 君子之间宁可相互淡忘或是将纯洁的友谊埋藏在记忆深处，也不愿意被世俗的利益所牵绊。庄子又一次发挥了他丰富的想象力，认为水不仅给鱼儿提供了广阔的天地，也为人类开启了相忘的空间。庄子所主张的这种相忘，并非真正意义上的遗忘，而是为了更好地保存美好的记忆，延长幸福的时刻，更加牢固地把握幸福。"若夫，不刻意而高，无仁义而修，无功名而治，无江海而闲，不道引而寿，无不忘也，无不有也，澹然无极，而众善从之；此天地之道、圣人之德也。"⑥ 不用崇高意志，而能够出名；不追求仁义，而能够修身；不追求功名，而能够治理天下；不留恋江湖，而能得清闲；不修仙炼道，而能够长寿；没有忘却不掉的事情，没有享受不到的幸福；淡泊无穷，可是许多美名都跟随着它；这便是天地之道、圣人之德。这也是庄子提出的处世之道："夫恬淡、寂寞、虚无、无为，此天地之平！而道德之质也。"⑦ 恬淡、

① 杨柳桥. 庄子译注［M］. 上海：上海古籍出版社，2006：180-181.
② 杨柳桥. 庄子译注［M］. 上海：上海古籍出版社，2006：92.
③ 杨柳桥. 庄子译注［M］. 上海：上海古籍出版社，2006：106.
④ 杨柳桥. 庄子译注［M］. 上海：上海古籍出版社，2006：316.
⑤ 杨柳桥. 庄子译注［M］. 上海：上海古籍出版社，2006：239.
⑥ 杨柳桥. 庄子译注［M］. 上海：上海古籍出版社，2006：238.
⑦ 杨柳桥. 庄子译注［M］. 上海：上海古籍出版社，2006：238.

寂寞、虚无、无为，乃是天地的平准，道德的本质。越是远离尘世喧嚣，过着清静无为的田园生活，越是让自己亲近自然，回归本源，"几近于道"。

这种存在方式或者生活方式与卢梭非常接近。卢梭同样投身于山林田园间，在水边以收集草本为乐，同时也在找寻自然与自我。他在这种天然纯真、田园牧歌般的生活中品味到了独特的激情。他认为，幸福存在于接近自然本源的物体上，这些物体可以将他带回到初生的幸福状态，让他的生命重新焕发青春活力，同时可以带走他所有需要忘记的忧伤，让他的灵魂得到洗涤。他透露了自我疗伤的秘方："喝下遗忘之水！"①

水的遗忘功效也有副作用，它意味着分离、远去和失忆。例如，在《爱弥尔》一书中，卢梭写道："我喝了遗忘之水。"② 事实上，主角爱弥尔确实忘记了索菲。在卢梭的作品中，大海扮演的往往就是这一负面角色。读者在《新爱洛伊斯》中读到波涛汹涌的大海分开了相爱的一对情侣；在《爱弥尔》中，暴风雨过后，爱弥尔被地中海的海盗掳到了阿尔及尔，与法国隔海相望：大海标志着爱情的终结。位于法国南部的地中海似乎没有给卢梭留下过好印象。当他年轻时经过地中海前往意大利，正值瘟疫横行，原本就酷热冗长的旅途因此拖延得更久，酷暑、狭窄的船舱、恼人的寄生虫让他度日如年。在长途跋涉之后，他终于抵达威尼斯，担任法国驻威尼斯大使的秘书一职。但是不久之后，他与大使间的争吵彻底粉碎了他的外交官梦想，他被迫回到法国。在这段不快的往事之后，地中海在卢梭的笔下被描绘成了凶险的海域，危机四伏。他无意识地将大海看成把他推向危险和陷阱的黑手。

在法国哲学家加斯东·巴什拉的著作中提到过水具有净化和帮助遗忘的功效。但是，水不仅可以帮助人们忘掉不幸，同时也可能会洗刷掉人们不愿忘记的回忆。

四、逍遥游的情趣

"一旦来到林木苍翠之间，我觉得自己走进了人间的天堂，我品尝着油然

---

① Jean-Jacques Rousseau. Bernard Gagnebin et Marcel Raymond, Oeuvres complètes [M]. Paris: Bibliothèque de la Pléiade, 1959—1964: 912.

② Jean-Jacques Rousseau. Bernard Gagnebin et Marcel Raymond, Oeuvres complètes [M]. Paris: Bibliothèque de la Pléiade, 1959—1964: 912.

而生的强烈欢欣，就像是芸芸众生中最幸福的一个人。”[①]

法国启蒙思想家狄德罗和达朗贝尔在《百科全书》中给出了幸福的定义，即“建立在某些快乐基础之上的一种宁静的状态”[②]。在该书的《美妙》一文当中，幸福被视作一种绝对的静止，一种深沉的休憩，犹如心醉神迷的状态，狄德罗称之为“美妙的寂静主义”。在卢梭很年轻的时候，老师盖姆先生给他上了一堂什么是幸福与智慧的课。很久以后，也或许是在那节课后，卢梭把自己想象成一位“人生导师”，给他的读者、给社会讲授同样一节课。关于智慧，他认为不仅仅是一种美德，更是可以后天培养的，智慧必须通过互相学习、培养自己的才智、提高修养、不断完善自己来实现。它必须以严格的标准要求自己，在无数的考验中增强自己，在实践经验中巩固自己。通过参考“哲学”这一词的词源，卢梭曾经将智慧定义为“幸福的艺术”。卢梭从不偏离不放弃自己幸福的智慧，而其他人却不知道或不能坚持这样的做法。他的原则很简单：成为一个既关注他人幸福而又无须刻意追寻幸福的人。卢梭在《新爱洛伊斯》一书中提及，人是一个高尚的存在，不尊重幸福的人，不尊重人类的人，自己也不会幸福。文学家马塞尔·雷蒙认为，“幸福的概念是十分复杂的；幸福是一种持久永恒的状态，它的指数取决于我们的认知……”[③]。

“儵鱼出游从容，是鱼之乐也。”[④] 庄子认为，儵鱼能够在水中自由自在、从从容容地游水，这就是鱼的快乐和幸福。表面看来，庄子描写的是鱼在水中游的幸福，深沉而宽广的水下世界为它们提供了一片无尽的天堂。其实，每个物种，具体到每个人，都有他们自己的天堂。他们在其中获得满足。一旦水干涸了，拥挤的环境让鱼儿缺氧窒息，幸福也随之蒸发了。相濡以沫的鱼儿也只是徒劳无功地寻求自我拯救，倒不如逍遥地畅游在广阔无垠的水中来得自在。

哲学家庄子向人们推荐的其实是一种新的幸福方式：与其在小水洼中拥挤地相依为命，不如相互保持适当的距离，自由自在地在江湖大海中逍遥游，忘

---

① Jean-Jacques Rousseau. Bernard Gagnebin et Marcel Raymond，Oeuvres complètes [M]. Paris：Bibliothèque de la Pléiade，1959—1964：1083.

② Denis Diderot，D' Alembert. Encyclopédie ou Dictionnaire raisonné des sciences des arts et des métiers [M]. New York：Pergamon Press，1969 ：322.

③ Marcel Raymond. Jean-Jacques Rousseau，la quête de soi et la rêverie [M]. Paris：Librairie José Corti，1962：138.

④ 杨柳桥. 庄子译注 [M]. 上海：上海古籍出版社，2006：269.

却所有的烦恼。他的“逍遥游”哲学将鱼儿的命运与人类的命运进行对比：人就像鱼儿一样，鱼儿生活在水中，人则生活在“道”中。“道”对于人的重要性就像水之于鱼。鱼儿离不开水，人离不开“道”。

道家哲学认为，人只有遵循“道”，才可能逍遥地游于宇宙天地间。《庄子》的《达生》篇中记载了一个关于孔子的小故事：

“孔子观于吕梁。县水三十仞，流沫四十里，鼋、鼍、鱼、鳖之所不能游也。见一丈夫游之。以为有苦而欲死也，使弟子并流而拯之。数百步而出，被发行歌，而游于塘下。

孔子从而问焉，曰：‘吾以子为鬼，察子，则人也。请问：蹈水有道乎？’

曰：‘亡。吾无道。吾始乎故，长乎性，成乎命。与齐俱人，与汨俱出，从水之道，而无私焉。此吾所以蹈之也。’

孔子曰：‘何谓始乎故，长乎性，成乎命？’

曰：‘吾生于陵，而安于陵，故也；长于水，而安于水，性也；不知吾所以然而然，命也。’”①

这个小故事中的泳者并没有什么奇门遁术，在激流汹涌的黄河水中，连鱼鳖之类都不敢游泳，泳者却随着漩涡进入水底，随着涌波浮出水面，顺从于水的理性，并不自作主张，一切就变得自然而然了，这便是他能够在水里行动的原因。就像人在“道”中，只有遵循它的自然规律，才能应付从容。

在这个小故事中，庄子用人取代了鱼。为什么在水中，人可以像鱼一样畅游？因为他遵循了大自然的规律，与自然合二为一。我们不能肯定故事中的孔子是否听懂了泳者的答复，但是法国的翻译家戴遂良已经明白了其中的含义，因为他把“从水之道”翻译成了“je suis le mouvement de l'eau”。没有读过中文原文的法国读者，会对这句话有两种理解：一种是，由于动词变位的原因，把“suis”理解成“être”（是、成为），意译过来就是“我就像水流动一样运动”；第二种是把“suis”理解成“suivre”（追随、遵循），意译过来就是“我遵循水的流动”，原文的引申意思“遵循自然规律，遵循道”也就体现出来了。使用这个一语双关的词，足见其高超的翻译技巧。

庄子不仅仅畅游于水中，而且逍遥游于天地宇宙之间。时而，他展开想象

① 杨柳桥．庄子译注［M］．上海：上海古籍出版社，2006：297-298.

的翅膀，有如大鹏展翅，腾云驾雾于天际，“鹏之背，不知其几千里也；怒而飞，其翼若垂天之云”“鹏之徙于南冥也，水击三千里，抟扶摇而上者九万里，去以六月息者也”①；时而，他“梦为胡蝶，栩栩然胡蝶也”②；时而，他又变成“儵鱼出游从容”③。虽然是不同方式的“游”，但是产生的逍遥自在效果却异曲同工。大鹏翱翔于天际，蝴蝶翩翩于花丛，儵鱼游弋于水底，这些不同的方式代表着“游”的幸福与快乐。自由自在、无忧无虑地畅游不正是人类有史以来一直在追寻的幸福生活吗？

在中文里，“游”这一词主要有以下含义：首先，它的本意是游泳，通常人们看到偏旁“氵”就会自然而然地联想到水，说明这个字与水有关；其次，意思是旅游、游览，欣赏风景、观光或者漫步行走；第三层意思是精神方面的，如神游、精神和思想的发散。法语中，“nager”一词主要有以下含义：首先，其本意是游泳，借助肢体的动作在水面或者水中运动，如：Le poisson nage dans l'eau.（鱼在水中游。）其次，有迷失、走神、不明白的意思，如：Elle nage complètement dans ce cours de chimie.（她在这堂化学课上完全没听明白。）它还有沉浸在某种情感或状态当中的意思，如：Elle nage dans les réflexions.（她沉浸在思考当中。）当然，还有许多其他关于“nager”一词的解释，但是从现有的几种解释来看，已经可以发现一些汉语与法语的交集：无论在哪种语言中，撇开它们共同的本意“游泳”不谈，“游”的含义都包括了游览观光、欣赏风景、神游等几种，涉及身体的和精神的两个方面。

“逍遥游”的幸福也在卢梭的生命中有多种方式的体现。首先，它是最原始的含义——游泳。在《孤独漫步者的遐想》第五章中，他坦言道：“有时候，我不走开阔的湖面，而是沿着小岛青翠的岸边徘徊，那里湖水清澈，绿荫宜人，吸引我忍不住下水畅游一番。”④

卢梭对声音、色彩和光线都非常敏感。在他的笔下，湖水是清澈透明的，纯洁干净的；绿树的浓荫将自然风景衬托得愈发生机勃勃。绿荫和湖水都给人带来清新的感受。湖水的清澈透亮与绿树的郁郁葱葱相呼应，一淡一浓，相得

---

① 杨柳桥．庄子译注［M］．上海：上海古籍出版社，2006：1.

② 杨柳桥．庄子译注［M］．上海：上海古籍出版社，2006：45.

③ 杨柳桥．庄子译注［M］．上海：上海古籍出版社，2006：269.

④ Jean-Jacques Rousseau. Bernard Gagnebin et Marcel Raymond，Oeuvres complètes［M］．Paris：Bibliothèque de la Pléiade，1959—1964：1044.

益彰，这让我们想起了中国的一句古诗："浓妆淡抹总相宜"①。卢梭的这种幸福感也得到了狄德罗的认可。后者曾将幸福认为是对大自然运行的尊重和忠诚。

其次，卢梭的"逍遥游"方式之二是遐思、遐想。他仰躺在小船里随波逐流，或在岸边漫步、静坐，沉浸在遐思联翩当中。以下是皮埃尔·诺丹在《启蒙时代初期至大革命时期的孤独情感与体验》一书中描写的关于遐思者和隐士们的情形："在离巴黎城门不远处，森林的边缘，一群好友们，包括某些思想杰出者，他们相约在昙花一现的天堂般的隐居处，企图找回古时智者们的宁静：有益的阅读、漫步、愉悦的交谈、慵懒悠闲构成他们的一天；他们想要重建世界，迷恋于幻想不可能的爱情，有时候还会祷告。"②

大自然在卢梭身上激起了始料未及的惊喜、赞叹和迷醉，让他品味到了前所未有的幸福与快乐。优美的大自然、美丽的风景，尤其是湖水，已经渗透了他的整个冥想、整个身心。这种深沉而极致的快乐幸福早在他年轻的时候已经萌芽，随着年纪的增长，集聚得越来越醇厚。沉浸在成千上万个美妙的遐想中，对于卢梭来说是高于其他一切快乐的幸福。他通过想象和遐思所获取的这种幸福不仅比现实生活中的其他幸福更加容易获得、更加稳固，而且更真实、更让人满足。因为，想象力使他不受约束地利用身边一切最完美、最令人向往的素材进行发挥。于是，卢梭通过拥有想象力创造的财富变得更加富有、更加幸福，甚至超过拥有现实的财富。

在比埃尔湖边的遐思被他记录在《孤独漫步者的遐想》一书中：

"那不是生活乐趣给我们带来的存在缺憾、贫乏、相对的幸福，而是一种充分、完满、丰盈的幸福。这就是我在圣皮埃尔岛，躺在随波逐流的小舟上，坐在波涛汹涌的湖畔，或是在景色秀丽的河边，看着流过沙砾的潺潺溪水，独自一人浮想联翩时所常处的状态。

在这样一种状态下，我们享受什么呢？绝不是享受任何身外之物，绝对没有，而是享受我们自己，享受我们自身的存在；只有这种状态持续着，我们便

---

① 陈迩冬. 苏轼诗选［M］. 北京：人民文学出版社，1984：78.

② Pierre Naudin. l'Expérience et le sentiment de la solitude de l'aube des Lumières à la Révolution［M］. Paris：Klincksieck，1995：18.

和上帝一样知足。”①

卢梭的整个灵魂被幸福盈满，然而“我们对外界事物的感受，也同事物本身一样，经常在变动”②，他必须将自己与外在纷至沓来的琐事隔离开来，不受感官和世俗的影响和误导。他只存在于唯一的状态中——“自己的和自身存在的世界”“和上帝一样知足”的世界——只有在这种状态中，他才能独自品味和感受幸福。在宇宙万物中，水是最能够让人体会到平静的元素。这就是卢梭能在湖边发挥最完美遐想，任凭意识被自我存在感所吞没的原因。受到外界的干扰越少，人就越接近纯粹的存在。最终，卢梭获得了真正的幸福。

“Délices”（高兴）、“ravissements”（狂喜）、“extases”（心醉神迷、惊叹）、“jouissances”（愉悦）等词汇相继出现在《孤独漫步者的遐想》一书中。除了悠闲自由的漫步以外，这种幸福的根源还能归结于什么呢？这些孤独的漫步给卢梭带来了五种快乐的收获：（1）身体上的快乐（事实上，他非常乐意步行：“我很乐于走过这片草地，宜人的风光总是激起我这样的喜悦和兴趣。”③）；（2）精神上的快乐（他的精神可以自由地发挥：“我打算把我心灵的通常状态描绘出来，它正处在普通人决不会遇到的最离奇的境地，我觉得实现此举最简单、最可靠的办法莫过于把我那些孤独的漫步以及漫步时充盈于心间的遐思忠实地记录下来，那时候我完全放松头脑，思想不受阻挠、没有拘束地驰骋。”④）；（3）情感上的快乐（大自然给他提供了避难所和栖身处：“有时候看着湖水，我会在刹那间想到世事无常，可是这种淡薄的想法很快消失在运动不息的湖水里，湖水给我抚慰，用不着我任何感情的投入，就能牢牢地吸引着我……”⑤）；（4）感官审美上的愉悦（大自然是美丽的：“宜人的风光”

① Jean-Jacques Rousseau. Bernard Gagnebin et Marcel Raymond, Oeuvres complètes [M]. Paris: Bibliothèque de la Pléiade, 1959—1964: 1047.

② 让-雅克·卢梭. 卢梭全集：第三卷 [M]. 李平沤，译. 北京：商务印书馆，2012：90.

③ Jean-Jacques Rousseau. Bernard Gagnebin et Marcel Raymond, Oeuvres complètes [M]. Paris: Bibliothèque de la Pléiade, 1959—1964: 1003.

④ Jean-Jacques Rousseau. Bernard Gagnebin et Marcel Raymond, Oeuvres complètes [M]. Paris: Bibliothèque de la Pléiade, 1959—1964: 1002.

⑤ Jean-Jacques Rousseau. Bernard Gagnebin et Marcel Raymond, Oeuvres complètes [M]. Paris: Bibliothèque de la Pléiade, 1959—1964: 1045.

使他“欣喜若狂”[①]）；（5）智力和知识方面的增长（漫步唤醒了他对搜集标本的好奇兴趣，想象力在幻想的天国起飞，思想变得更加活跃积极：“我已经过了六十五岁了……这种狂热却又在我身上萌发了。”“决心再编一本标本集，比第一本还要丰富，囊括所有海洋植物和阿尔卑斯山的植物，还包括所有的印度树木，我总是先从海绿、细叶芹、琉璃苣、千里光开始，毫不费劲，我熟练地在鸟笼里采集标本，每次碰上一株没见过的草，我便兴高采烈地自语道：‘瞧，又多了一样！’”[②]）。总之，卢梭独自一人自娱自乐，并深深陶醉在这种孤独的漫步中。难以言表的心醉神迷和欣喜若狂让他觉得自己与大自然已经合二为一了。

漫步途中的遐思让他得到放松和愉悦。“遐想使我身心放松，得到消遣，而思考却使我精疲力竭，心情沮丧；对我来说，思考总是一件艰辛而无趣的差事。有时候，我的遐想在沉思中结束，但更多的时候，则是思考变作遐想；在这样的神游时刻，我的心灵插上想象的翅膀，带着超乎一切快感的狂喜，在天宇徜徉翱翔。”[③] 在这段文字的法语原文中，作家使用了动词“errer”（游荡）、“planer”（飞翔、飘荡）来展现借助“想象的翅膀”在“天宇”中的自由翱翔，给人一种无边无际、辽阔天地的印象，使读者也产生了想要跟随他飞得更高、去得更远的向往。而这“超乎一切快感的狂喜”便是他在遐想中获得的珍宝。

研究植物和收集标本应该是一项非常认真严肃的科学研究，却被卢梭借来为个人审美所用——这也是他频繁地使用“amusement”（娱乐、消遣）等一些表示快乐、愉悦的词汇的原因。作为一个业余的植物标本和大自然的爱好者，他的特点是寓教于乐、劳逸结合，他注重的是研究过程中获得的快乐。

借助想象力，使自己知足常乐。这也是为什么在《孤独漫步者的遐想》第二章中，卢梭灵光一现地恍然大悟：原来幸福就在我们自己身上，它不依赖于任何其他人，而是取决于自己是否真正想要并且知道如何获得幸福。

---

① Jean-Jacques Rousseau. Bernard Gagnebin et Marcel Raymond, Oeuvres complètes [M]. Paris: Bibliothèque de la Pléiade, 1959—1964: 1003.

② Jean-Jacques Rousseau. Bernard Gagnebin et Marcel Raymond, Oeuvres complètes [M]. Paris: Bibliothèque de la Pléiade, 1959—1964: 1061.

③ Jean-Jacques Rousseau. Bernard Gagnebin et Marcel Raymond, Oeuvres complètes [M]. Paris: Bibliothèque de la Pléiade, 1959—1964: 1062.

卢梭"逍遥游"的第三种方式是旅行。早在1731年，年仅19岁的卢梭便已经体会到了旅行带给人的快乐和激情。在他步行前往巴黎的途中，他感觉到自身有一股"勇敢的思潮"受到周遭自然的哺育，正在慢慢地酝酿和升腾，试图掌握和控制这个世界的想法带给他心潮澎湃的快乐，视野覆盖之处和即将进入的新世界让他兴奋不已。大片的乡村田野景象让他感受到了天地的辽阔，他想无忧无虑地与之结合，融入其中。

在卢梭的所有旅途中，个人都占据着自然的主宰之位。每一件事物都被他赋予迷人的想象，他的心为一些美妙的感觉所陶醉，这些感觉只能意会，不能言传。他翻山越岭，沉醉在大自然和他的想象力、情感共同创造的世界里无法自拔。大自然向他开启情感审美的空间。

在《忏悔录》一书中，卢梭描绘了一段幸福的生活。每天伴随着日出而起，他感觉自己是幸福的；散步时他觉得自己是幸福的；在树林、山丘、山谷间游荡……幸福也随之而至。幸福如影相随，片刻都不曾离开他。

在卢梭生命的最后两年里，他愈加明显地表现出近乎狂热的迹象。《孤独漫步者的遐想》是他"最美丽、最本质、最为不朽的作品"①。《孤独漫步者的遐想》是他在大自然中"逍遥游"的印象、回忆和记录，是对自我意识的审视，也是对"逍遥游"的幸福追忆和怀念……想象力弥补的缺憾和带来的补偿对于他来说是真实的，而对于个人之外的世界则是虚幻的。快乐的时光被封存在记忆里，因此，作家对于一片宁静湖水的回忆总是带着一丝淡淡的忧伤和忧虑的幸福。

《庄子·秋水》中有一则寓言提到"望洋兴叹"这个成语，笔者脑海中会自然地浮现出河伯对着大海感叹自己渺小的片段。典故中暗含的情趣之美是有灵气、有智慧的。

"昔者，庄周梦为胡蝶，栩栩然胡蝶也；自喻适志与，不知周也。俄然觉，则蘧蘧然周也。不知周之梦为胡蝶与？胡蝶之梦为周与？周与胡蝶，则必有分矣。——此之谓物化。"② 如果说"望洋兴叹"故事冗长且相隔已久，那么这篇短小的《庄周梦蝶》应该记忆犹新，而且"梦蝶"这个典故颇受后人喜爱，成了诗文中的一个意象。李白就曾写道："庄周梦胡蝶，胡蝶为庄周。一体更

---

① Jules Lemaitre. Jean-Jacques Rousseau [M]. Paris: Calmann-Lévy, Éditeurs, 1973: 328.

② 杨柳桥. 庄子译注 [M]. 上海：上海古籍出版社，2006：45.

变易，万事良悠悠。”[①] 李商隐也有名句“庄生晓梦迷蝴蝶”[②]。这些都是流传千古的经典名句。

的确，《庄周梦蝶》这个故事充满了梦幻迷离的色彩。庄子并未平铺直叙表达人生如梦、故国之思、恬淡闲适等的思考，而是给人们留下了一个引发无限想象的思考：到底是庄周变成了蝴蝶还是蝴蝶变成了庄周？庄子的“蝴蝶梦”就像那只翩翩起舞的蝴蝶萦绕心头。短短的几行字却因独具一份灵动的“情趣之美”使后世为之陶醉。正是这份迷离的“情趣”让我们获得了心灵的愉悦、视觉上的美感，而不会感到“道”是那么的枯燥乏味、令人望而生畏。难怪闻一多先生说：“庄子的思想本身就是一首绝妙的诗。”所谓“出新意于法度之中，寄妙理于豪放之处”[③]。

当然，“情趣之美”如果只存在于生动的典故描述中，未免流于表面。其实细读道家思想，你会发现它蕴含更多内在的“情趣之美”。的确，庄子的“逍遥游”任情挥洒、不拘一格，他那份“明白、入素、无为、复朴、体性，抱神以游世俗间”[④] 的游世情怀也是一种令人羡慕的生活情趣。

子谓庄子曰：“吾有大树，人谓之樗……”庄子曰：“今子有大树，患其无用；何不树之无何有之乡、广莫之野？彷徨乎无为其侧，逍遥乎寝卧其下……”[⑤] 对于常人眼里的一棵“无用之树”，庄子能描绘出一份“情趣之美”：如果担心一棵大树“无用”，何不把它种在什么也没生长的地方，栽种在无边无际的旷野中，人可以悠然自得地徘徊在树旁，逍遥自在地寝卧在它的树荫之下。庄子的“游世”并非只是游玩在尘世间，更多的是“游心”。“庄子一心追求审美的生存，孜孜以求在现实生活中达到精神的飞跃，超越世俗的观念而游于方外，超越时间和空间而游于无限之境。”[⑥] 庄子以一种豁达的心胸面对抱怨、困苦、磨难乃至人世间的一切纷纷扰扰，最终“诗意地栖居”在大地上，享受内心安宁富足的“情趣之美”。

---

① 李白. 李白全集［M］. 上海：上海古籍出版社，1997：64.

② 李商隐. 李贺歌诗编李商隐诗集［M］. 董乃斌，校点. 沈阳：辽宁教育出版社，1997：1.

③ 闫晓东. 苏轼诗文选［M］. 海南：南海出版公司，2011：204.

④ 杨柳桥. 庄子译注［M］. 上海：上海古籍出版社，2006：185.

⑤ 杨柳桥. 庄子译注［M］. 上海：上海古籍出版社，2006：14.

⑥ 胡家祥. 庄子美学的基本特点及其现代意义［J］. 中南民族大学学报，2003（1）：99.

五、水之差异

卢梭的水与老庄的水并非完全等同，两者之间也存在差异：确切地说，卢梭的水更为细腻，更为精致，更注重细节。他将目光集中在湖泊、池塘、溪流、瀑布上，例如日内瓦湖、圣皮埃尔湖、阿尔卑斯山区的小溪和瀑布等等。他将小说《新爱洛伊斯》的美丽故事置于他最喜爱的风景之一：莱芒湖畔。这部小说问世之后，便在社会上掀起品味自然、回归田园生活的热潮。相形之下，老庄的水更为博大，更为粗犷，更有气势。老庄将目光集中在河流、大海、大洋上，例如黄河、东海、北海，等等。

这种差异的存在与作家们的生活环境必然息息相关。卢梭在阿尔卑斯山区生活过很长时间：在日内瓦、安纳西、里昂、洛桑、沙尔麦特、尚贝里、圣皮埃尔岛，他在这些地方的崇山峻岭间、在湖光山色中都品味到了如诗如画的生活。这也是他总是将小说情节设置在青山绿水中的原因。小说《新爱洛伊斯》就是最好的实证。在小说当中，他借助男主角圣普乐的口吻，描写了阿尔卑斯山区的美景，希望美景可以帮助男主角忘却爱情的不幸、摆脱感情的伤痛。卢梭仿佛变成了一位画家，鹅毛笔变成了画笔，纸张变成了画布。他的想象力在回忆的基础上挥毫泼墨，激发了一波又一波的创作激情。

尽管由于种种原因，卢梭不得不多次离开自己的祖国，他大部分时间还是生活在欧洲内陆地区。1743 年，他曾经途经地中海，抵达威尼斯，远赴大使德·蒙泰居的秘书一职。这份外交官的差使最终没能留给他任何美好的回忆。1744 年 8 月 22 日，他与大使的关系破裂，离开威尼斯。1766 年 1 月 13 日，他应好友休谟之邀，乘船穿越英吉利海峡，前往英国。但是大西洋的景色也没能吸引他，这是可以理解的。通常在一月份的冬季，海水不像在夏日的阳光照耀下波光粼粼，冰冷刺骨的海风更是雪上加霜。此时的卢梭也没有一份好心情去欣赏大西洋的波澜壮阔。在一次次的避难、逃离和被驱逐中，颠沛流离、背井离乡前往英国是不得已而为之。在接下来的一年中，他与休谟产生了误会，最终与之决裂。休谟在他人的怂恿下，发表了一本诽谤性的小册子攻击卢梭。1767 年 5 月 21 日，卢梭在多弗尔登船返回法国。这又是一次穿越英吉利海峡的伤心又绝望的旅程。试问：大西洋怎么可能吸引这位被疾病和焦虑缠身的老人？

另外一个原因可能存在于淡水与海水的区别上：淡水是万物生长发育的生命之源，人类也依赖于它存活。在这一点上，海水无法取代。海水不能直接用于灌溉与滋润万物。由于卢梭自身异于常人的特殊经历，在他眼中，海水是黑暗、寒冷、衰老、贫瘠的象征。除此之外，正如笔者在前面的文字中谈到的水的副作用——水具有遗忘的功效——海水暗示着分离的苦痛。他所需要的是纯洁的、清澈的、滋润万物的淡水，如湖泊和溪流。

卢梭在巴黎度过的岁月曾是他的噩梦之一。作为法国的首都，巴黎是当时世界的中心之一，在许多人眼中它是浪漫之都。它曾是卢梭年轻时所向往的地方，雄心万丈的他梦想在那里一展自己的文学、哲学、音乐才华。他也曾憧憬过成功、荣誉、地位、财富和爱情，然而，事与愿违，这座城市回馈他的是失败、孤独、阴谋、背叛和憎恨。在巴黎，他攀登到了荣誉的巅峰，也跌到了失败的低谷。从 1750 年 8 月 23 日参赛第戎学院的论文《论科学与艺术》一举成名，到 1761 年小说《新爱洛伊斯》的巨大成功，再到 1794 年 11 月他的骨灰被迁入先贤祠，卢梭享受到了巴黎这座城市赋予他的荣耀，乃至全世界投向他的钦佩目光。但是，他也遭遇了种种不幸：由于贫困等原因，他被迫将与泰蕾丝生下的 5 个孩子相继送入育婴堂；狄德罗发起对他的批判与挑战；伏尔泰的讽刺与嘲笑；他出版的作品遭到社会的误解：《爱弥尔》一书被焚毁，《社会契约论》一书被禁。巴黎成就了他，也毁了他。

在这种背景下，巴黎的母亲河塞纳河在卢梭的眼中也丧失了魅力。塞纳河举世闻名，从古至今曾经激发了无数文人和艺术家的灵感，在他们眼中，如果没有塞纳河，巴黎的美丽与浪漫将大打折扣。塞纳河是能量、灵感与创作的源泉。尽管如此，塞纳河并不是卢梭眼中的瑰宝。

与卢梭情况相反的是，老子和庄子生活在大陆海岸线绵延长达 18000 公里的中国。根据考古学家的发现，大致认同老子出生于现在的山东省，庄子出生于现在的河南省。山东省位于黄海与渤海之滨，属于沿海地区，也是中国的母亲河黄河的入海口。庄子出生在涡河畔（淮河的主要支流之一）。庄子也曾经在山东地区生活过。两位哲学家都对大河大海的波澜壮阔习以为常，并且深深地被它们吸引和震撼。所以，在老子和庄子的作品当中，经常会提及中国的著名河流与海洋，而无暇顾及一些无名小溪、湖泊或者是池塘。在戴遂良翻译的法文版《庄子》中，有 33 处使用了“海洋”（mer）一词，而这个数据恰好与

《庄子》的 33 篇相等，平均每篇都会用到一次。主要被提及的有北海、南海、东海等。“河流”（fleuve）一词的使用也高达 32 次，主要提及的有黄河及一些无名的河流。而提到“湖泊”（lac）的仅有 6 处，唯一有名字的就是洞庭湖。除此之外，只有 2 处提到了“溪流”、1 处提到了“池塘”。据统计，庄子几乎提到了中国所有著名的海洋与河流：东海、南海、黄海、北海、黄河等。当时，长江流域还是荒蛮未开发的地区，相对于富饶肥沃的中原地区，它显得相对落后，人烟罕至。有实例为证，中国战国时期的伟大诗人屈原由于得罪了权贵，被逐出宫廷，发配到现在湖南省境内的洞庭湖畔（长江的重要支流之一）。如今的鱼米之乡在当时是荒蛮之地，被视作朝廷发配边疆的区域。屈原在当地投江自溺，后来的传统节日端午节就是为了纪念这位诗人的。在节日的当天，人们划龙舟，向河中抛洒粽子，希望鱼儿不要啃食诗人的遗体。尽管长江是中国最长的河流，但是，当时的人们相对更加了解黄河，所以，庄子没有提及长江是情理之中的事情。

假如把卢梭比作一位西方世界的油画家，道家的哲学家们则更像是中国古典画家。道家的作品就像中国绘画艺术中最具代表性的水墨画。之所以称之为水墨画，原因之一是画家们只使用了水和墨等比较简单的材料进行绘画。通常情况下，这种水墨画是黑白的单一色调。画家们创作出明与暗、浓与淡、虚与实构成的距离与空间。几根看似极其简单的线条便勾勒出崇山峻岭或是大江东去的磅礴气势，大片的留白让观赏者自由地幻想天空、云彩、阳光、烟雾、波涛，等等。这种画派的画家们极少使用色彩细腻的、具体地描绘山水风景的细节，这种风格的作品往往忽视或有意地省略不必要的细节。这种东西方的差别也存在于道家与卢梭对于水的描写当中。卢梭往往在水边布置了鲜花、草地、绿树、浓荫、飞禽、走兽，在水中央安置一座岛屿，仿佛是在建设一块殖民地。为了抵达这块殖民地，他通常会借助一艘小船。在《孤独漫步者的遐想》第五章中，他写道：“这个小小殖民点的建立俨然成了一个节日。我得意洋洋地把同伴和兔子从大岛带到小岛，比阿尔戈号的领队还要神气……”① 这段文字讲述的是他在圣皮埃尔岛生活的短暂时光，在那里他发现了一座小岛非常适合养兔子，于是说服税务官，连同税务官的妻子和妹妹，还有卢梭的伴侣泰莱

① Jean-Jacques Rousseau. Bernard Gagnebin et Marcel Raymond. Oeuvres complètes [M]. Paris: Bibliothèque de la Pléiade, 1959—1964: 1044.

丝，一起浩浩荡荡地开赴小岛安置兔子。通过这样一件小事情，卢梭感受到自己是小岛的主人，有责任和义务让它繁盛起来。因此，小岛变成了他的"殖民点"，他的所有物。

中文里有两个词非常适合描述水在老庄和卢梭之间的两种不同风格——浓墨与重彩。相形之下，老庄的水可谓浓墨，即使用浓厚的笔墨，但是缺乏色彩的区分和使用；卢梭的水可谓重彩，即色彩各异，但是缺乏恢宏博大的气势。一个胜在气势，一个胜在细节，两者各有所长。老庄的水注重神似，卢梭的水注重形似；老庄的水注重内在神韵，卢梭的水注重外在表象。

二者的另外一个区别在于对水的状态及运动的描写。水的运动对卢梭似乎没有太大的影响。"当湖面波涛汹涌无法行船时，我整个下午就在岛上东走西跑，随处采集标本，有时在最僻静而迷人的地方坐下来尽情遐想，有时坐在土台或山丘上，环视美丽的湖水和岸边的迷人景色。湖岸的一侧近山环绕，另一侧是丰腴肥沃的平原，纵目远眺，直到视线被远处淡淡的青山挡住为止。"① 卢梭已经表明了他的心愿：即使水波汹涌，他也不愿远离水边。他与水似乎是永不分离的。他愿意始终停留在水边，与它相依相伴；涛声吸引着他的注意，驱赶了他的邪思杂念；涛声不断地拍打着他的耳膜，将他的目光引向无边无际的美妙遐思：这一切可以填补他每日的空虚与无聊。时而，他会"刹那间想到世事无常"，可是这种想法"很快消失在运动不息的湖水里"，足以使他"欢欣地感到自身的存在，而无需费神思索"。② 然而，他在水边所感受到的这种快乐仅仅停留在欢乐和愉悦的层面上，因为它稍纵即逝，让他难以掌握。更高层面上的幸福则相对持久、恒定、深刻。如果说幸福是一种持续的状态，那么这样的快乐只是一些快闪镜头。

在道家的描述中，宁静祥和的水与动荡起伏的水是有区别的。"水静，则明烛须眉；平中准，大匠取法焉。水静犹明，而况圣人之心静乎？天地之鉴也，万物之镜也。夫虚静、恬淡、寂漠、无为者，天地之平，而道德之至。故帝王、圣人休焉。休则虚，虚则实，实者伦矣。虚则静，静则动，动则得矣。静则无为，无为也，则任事者责矣。无为则俞俞。俞俞者，忧患不能处，年寿

---

① Jean-Jacques Rousseau. Bernard Gagnebin et Marcel Raymond，Oeuvres complètes [M]. Paris：Bibliothèque de la Pléiade，1959—1964：1044-1045.

② 让-雅克·卢梭. 孤独漫步者的遐想 [M]. 钱培鑫，译. 南京：译林出版社，2006：59.

长矣。夫虚静、恬淡、寂漠、无为者，万物之本也。”① 这段文字认为，静定的水是天地的明镜，是万物的明镜。安息，就能够虚无；虚无，就能够充实；充实，就顺乎理性。这虚静、恬淡、寂漠、无为，便是万物的本源。只有静处，才能够成为圣人——“静而圣”。“故曰：其动也天，其静也地；一心定，而王天下。其魄不祟，其魂不疲；一心定，而万物服。言以虚静推于天地，通于万物，此之谓天乐。天乐者，圣人之心以畜天下也。”② 庄子把水的虚静推行于天地之间，流通于万物之中，一心凝定，万物悦服，天下归往。真正的乐趣便是用圣人的心来包容天下。“人莫鉴于流水，而鉴于止水。唯止，能止众止。”③ 只有本身是静止的，才能寻求静止的其他人。因此，人不在流动的水里照自己，而是去静止的水里照。

老庄和卢梭都认为，水具备明镜的功能，让人能够看清自我。老庄的水反照出人的形象与精神，促使人端正形象和自我反省；而卢梭的水反照出他的历史与回忆，激起他的思念之情。这种差异的存在是有其自身缘由的。老子和庄子偏爱的大江河流往往更加动荡、汹涌。看着奔流向前的滚滚波涛，一波盖过另一波，使人不禁为逝去的光阴以及过往的美好伤感叹息。他们试图阻挡水的奔腾向前，哪怕只是让它放缓速度，好让人们可以心平气和地回过头来好好反省，因为只有宁静的水才能帮助人们将自己看清楚。

卢梭所偏爱的恰好是这种宁静祥和的湖水和池塘。他有更多的机会用于沉思、反省和忏悔。当水宁静的时候，他的心也跟着静了下来。在尘世的喧嚣中度过了一段颠沛流离的生活之后，卢梭的心中最渴望的应该是平静的生活。“它（我们的利益）是微小的，却是真实的。让我们逃离激情，它的危险性从来只会带来麻烦和痛苦；让我们去寻找宁静。”④ 于是，他享受着孤独，享受着它所带来的宁静。他不需要汹涌的浪花，也不需要激荡的水波。湖水的轻轻摇曳、池塘的微波拍岸已经让他心满意足。他称心如意地躺在水的怀抱中，聆听着水波轻柔的拍打声，他的精神随之展开想象的翅膀。或者，他选择坐在水边，凝视着水面和微微的涟漪，他在水中顾影自怜，完全沉浸在自己的思索

① 杨柳桥. 庄子译注［M］. 上海：上海古籍出版社，2006：197-198.

② 杨柳桥. 庄子译注［M］. 上海：上海古籍出版社，2006：198.

③ 杨柳桥. 庄子译注［M］. 上海：上海古籍出版社，2006：76.

④ Paul Hazard. la Crise de la Conscience européenne 1680—1715［M］. Paris：Librairie Arthème Fayard，1961：275.

当中。

在埃皮奈夫人家的花园深处，临近蒙莫朗西森林的地方，有一处刚刚翻新的小屋被称为归隐庐。“虽然天还很冷，甚至还有些残雪，大地却已经开始萌动了；紫罗兰和迎春花已经开了，树木的苞芽也开始微绽。”① 卢梭“急于要住进归隐庐，等不及明媚的春季来临，住宅一收拾好，就赶紧搬进去了。”② “到的当天晚上，差不多就在我的窗前，在毗连住宅的一片林子里就听到了夜莺的歌唱。我蒙眬地睡了一阵之后醒来。忘记了已经迁居，还以为是在格勒内尔路呢。忽然一阵莺声叩动了我的心弦，我在狂喜中叫道：‘我全部的心愿终于实现了！’我首先关心的就是我对周围的那些乡村景物的印象如何。我先不安排我的房间，而是先出去散步。在我的住宅周围，没有一条小径，没有一片修林，没有一丛灌木，没有一块僻壤，不是我在第二天就跑遍了的。我越观察这个媚人的幽境，就越觉得它是为我而设的。这地方僻静而不荒野，使我恍如遁迹天涯。它具有那种都市附近难以找到的美丽景色；你突然置身其中，就绝对不能相信这里距巴黎只有四里约之遥。”③ 卢梭终于找到了自己心仪的住处，被它深深地吸引：他可以自由地享受山林和乡村的悠闲和宁静。这个住所首先引发他好感的就是它的名称。归隐庐让人立刻联想到远离尘世的乡间小屋，或者是一处避难所，甚至是伊甸园，人类找寻已久的人间天堂。至少，在度过了数年囚牢般的生活后，卢梭终于可以远离社会的迫害，无忧无虑地陶醉在大自然中。他的这些思索并不完全是思念之情，也包含精神、灵魂、幸福、命运等各个层面的。“一天当中，只有在这些孤独和沉思的时刻，我才是完全意义上的我，才属于我自己，没有牵挂，没有羁绊，真正可以说成了符合大自然心愿的人。”“那时候我完全放松头脑，思想不受阻挠、没有拘束地驰骋。”④ 这就是卢梭在孤独时刻流露的心仪之情，他不再为孤独伤神忧愁；相反，他品味享受孤独。这个时刻，卢梭的自我顺应了大自然的规律，真正意义上地属于自

① Jean-Jacques Rousseau. Bernard Gagnebin et Marcel Raymond，Oeuvres complètes［M］. Paris：Bibliothèque de la Pléiade，1959—1964：403.

② Jean-Jacques Rousseau. Bernard Gagnebin et Marcel Raymond，Oeuvres complètes［M］. Paris：Bibliothèque de la Pléiade，1959—1964：401.

③ Jean-Jacques Rousseau. Bernard Gagnebin et Marcel Raymond，Oeuvres complètes［M］. Paris：Bibliothèque de la Pléiade，1959—1964：403-404.

④ Jean-Jacques Rousseau. Bernard Gagnebin et Marcel Raymond，Oeuvres complètes［M］. Paris：Bibliothèque de la Pléiade，1959—1964：1002.

己。这一刻，他才终于找回了自我，不再有纷纷扰扰，不再有障碍，不再有任何人能够阻止他找寻和发现自我。卢梭承认，他创作《孤独漫步者的遐想》一书仅仅是为了他自己，因为写作能够唤起他的美好回忆，证明他存在的价值。

"所有的这些享受中，难能可贵的 *far niente* 是我想尽情体味的最首要、最基本的一种。"① 在法语原文中，卢梭使用的斜体字 *far niente* 是意大利语，意思是"闲逸"。这句话出现在《孤独漫步者的遐想》第五章中，当他回想起自己在圣皮埃尔岛上度过的美好岁月时，他"把这两个月看成一生中最幸福的时光"，"真的太幸福了，足以使我满意一生，心里片刻也不作他想了"。②

在水这个主题上，老庄与卢梭的第三个主要区别在于季节性方面。确切地说，卢梭作品中的水是有季节性的，而老庄的水却是季节模糊的。

我们先来谈谈卢梭作品中的秋季。秋季提醒了卢梭，他的生命正处于衰退阶段。"到处呈现冬天临近时孤独的景色。眼前的情景给人一种既温柔又凄凉的印象，与我的年龄、我的命运太相似了，我怎能不动情呢？眼看着自己无辜而不幸的一生走向了暮年，可是心中依然充满着活泼的情感，精神仍然饰有几朵小花，不过已因忧伤而凋谢、因烦恼而枯萎了。我孑然一身，无依无靠，已经感到初霜的寒冷步步逼近，我那日渐枯竭的想象力再也无力塑造合我心愿的人，填充我心头的孤寂。我常常叹着气问自己：我在世上究竟做了些什么呢？我为了生活而降生，然而我未曾生活过就将死去。但这至少不是我的过错，对于缔造我生命的上帝，即便不能报以人们没容许我完成的善举，我至少可以献上那蒙受愚弄的善意，那圣洁但未生效的感情，以及经受了人们蔑视考验的耐心。"③ 在这段文字中，缔造生命的上帝也成了卢梭的庇护者，让他免于"日渐枯竭的想象力"带来的绝望伤感。1776 年，卢梭开始着手撰写他的最后一部作品《孤独漫步者的遐想》。当年 10 月 24 日意外事故发生前，作家"沿着林荫道一直走到绿径街"，前往夏罗纳村，"一路欣赏两村庄之间的宜人景色"，"田野依然翠绿宜人，但有些地方已经开始凋零，几乎光秃了，到处呈现冬天

① Jean-Jacques Rousseau. Bernard Gagnebin et Marcel Raymond，Oeuvres complètes [M]. Paris：Bibliothèque de la Pléiade，1959—1964：1042.

② Jean-Jacques Rousseau. Bernard Gagnebin et Marcel Raymond，Oeuvres complètes [M]. Paris：Bibliothèque de la Pléiade，1959—1964：1042.

③ Jean-Jacques Rousseau. Bernard Gagnebin et Marcel Raymond，Oeuvres complètes [M]. Paris：Bibliothèque de la Pléiade，1959—1964：1004.

临近时孤独的景象”。[①] 一种温柔而又伤感的情怀在他心底涌现，他感叹迷人的景色和丰收的秋季。这种母亲般成熟丰腴的美将他牢牢吸引住，他像个孩子似的迷恋着母亲的魅力：成熟、慷慨、奉献、忘我。同时，他又为季节的短暂扼腕痛心，为冬季的临近感到恐慌，为日渐衰减的美和“日渐枯竭的想象力”感到手足无措。最终，忧郁征服了他，将他吞噬。尽管“心中依然充满着活泼的情感”，他只得“眼看着自己无辜而不幸的一生走向了暮年”。这是一个难忘的秋季，在他的记忆中留下了难以磨灭的伤痕。在遭遇 1776 年 10 月 24 日的事故之后，他开始转向关注生命的真正价值所在、命运、上帝和自我。“我究竟是谁?”在事故发生后的当晚，他仰望星空，勇敢地向自己提问。上帝仿佛就在他身边。他向自己，同时也向上帝发问。这个秋季的夜晚也是哲学家思想丰收的时刻。“我觉得全身洋溢着一种美妙的宁静感觉，每当我回想这一时刻，我在平生所有乐趣中找不出任何能与之相比的东西。”[②] 秋季的确是一个丰收的季节，卢梭最具代表性的作品《新爱洛伊斯》恰好也是在 1756 年秋季开始撰写的，同样是在 1758 年的秋季，他完成了写作。

1765 年 9 月 12 日至 10 月 25 日，卢梭在圣皮埃尔岛上度过了近两个月的时光。那个秋天，他全身心地陶醉在比埃尔湖中。湖水被岩石、树林、绿荫、草地环绕，这位孤独的漫步者沉醉在一派大自然的美丽风景中，悠闲地享受着静默。虽然这片静默时而被“雄鹰的尖叫、小鸟叽叽喳喳的啼啭、山涧飞流直下的轰鸣”[③] 打破。根据《卢梭全集》后面的注释，尽管两个世纪以来，人们对当地不断地进行开发改造，但是卢梭有意地在他的文字中加深了当地风景的原始自然韵味。在那里，人类的文明与原始大自然的完美融合、和谐相处让他实现了自己的乌托邦梦想。因此，在描写那片湖水的时候，他使用了“浪漫的”（romantique）这一形容词。虽然现在这个词在文学作品中随处可见，但是在当时，这个词的使用使他成了法国 18 世纪先浪漫主义文学作品的先驱之一。那片湖水、那些岛屿无不吸引他驻足观赏并决意定居此地“两个月、两年，甚至一生”。这短短的两个月也构成了他一生最幸福的片段。

---

① Jean-Jacques Rousseau. Bernard Gagnebin et Marcel Raymond，Oeuvres complètes [M]. Paris：Bibliothèque de la Pléiade，1959—1964：1004.

② 让-雅克·卢梭. 孤独漫步者的遐想 [M]. 钱培鑫，译. 南京：译林出版社，2006：14.

③ 让-雅克·卢梭. 孤独漫步者的遐想 [M]. 钱培鑫，译. 南京：译林出版社，2006：53.

冬季的水在卢梭眼中无疑是最残酷、最冰冷、最缺乏魅力的。在某一个相当寒冷的二月，卢梭几乎每天都会登上一座城堡的主楼，眺望整个山谷和蒙莫朗西的池塘。在这个冰冷刺骨的场所，既没有遮挡风雪的建筑，也没有生火取暖的壁炉，作家心中燃烧着的火焰促使他写下了《关于戏剧演出给达朗贝尔的信》。令人伤心的处境、寒冷抑郁的季节、众叛亲离等等，所有的一切将他推向了最后的极端。他在萎靡不振和忧郁中度过了1758年，他甚至认为自己已经接近了职业生涯的尽头。他被无边无际的迫害和灾难重重围困，精神一蹶不振。在蒙莫朗西的山谷和池塘面前，他感觉到“我的心灵失去了它的活力”①。这个季节不仅是大自然的冬天，也是他生命、职业、社会关系中一个相当难挨的严冬。

卢梭认为春季是一个“美丽的季节”。“我得到了这种幸福，我就尽量享受这种幸福。当我看到草木萌蘖发芽的时候，心中的喜悦真是难以形容。重新看到春天，对我说来，等于天堂里的复活。……当我觉得身体比平时还坏的时候，我就说：‘你们看见我要死的时候，就请把我抬到橡树的树荫下，我保证会复原的。’”②

通观卢梭的一生，春季是一个冒险的季节，不仅是生命的历险，也是爱情的历险。以下笔者摘录了几个重要事件：1728年3月14日傍晚，在日内瓦城外的一次散步之后，卢梭发现城门紧闭，于是选择了背井离乡、浪迹天涯的生活。1728年3月21日，他被华伦夫人收留。这位刚刚放弃新教皈依天主教的年轻单身夫人让他一见倾心。当他最终在她家安顿下来之后，发现周遭的景色变得尤为赏心悦目，小溪、花园、乡村，华伦夫人置身鲜花和绿荫之间，她的美貌与春天的美景合二为一，融化在年轻人的眼中。“这种新奇的景象该是多么优美、多么感人啊！它大大加深了我对柔情的倾心。我把这种动人的景色也看作是我那亲爱的保护人的一种恩德，我觉得这种景色是她特意为我布置在那儿的；我想象着自己悠闲恬静地追随在她的身旁；在花红柳绿之间，我处处都能见到她；她的美和春天的美融合在一起，映入我的眼帘。我那颗到现在一直

① 让-雅克·卢梭. 卢梭全集：第五卷［M］. 李平沤，译. 北京：商务印书馆，2012：45.

② Jean-Jacques Rousseau. Bernard Gagnebin et Marcel Raymond，Oeuvres complètes［M］. Paris：Bibliothèque de la Pléiade，1959—1964：233.

感到压抑的心，在这样的环境中舒展开了，我的呼吸在这果树园中间也更为自由了。”[①] 他的足迹踏遍了安纳西、里昂、弗里堡、洛桑、纳沙泰尔、伯尔尼、索洛图恩等地。春天也是他写作生涯的历险季节。1749 年 1 月至 3 月，应达朗贝尔之邀，卢梭撰写了《百科全书》中关于音乐的文章。1756 年 4 月 9 日，在泰莱丝的陪伴下，他搬进了蒙莫朗西森林边缘的归隐庐，迫不及待地等待着一年最美好季节的到来。“虽然天还很冷，甚至还有些残雪，大地却已经开始萌动了；紫罗兰和迎春花已经开了，树木的苞芽也开始微绽。”[②] 春寒料峭依然掩饰不住勃勃的生机，新的生命有待开始。对于卢梭也是一样，他满怀期待地开始新的乡村生活。在这个僻静舒适的住所，他过着独立、平等、宁静的生活，他感觉获得了新生。“现在我总算得其所哉了，住在一个幽静宜人的地方，过着自由自在、平平稳稳、安安静静的生活，我觉得自己生来就是过这种生活的。”[③] 1757 年 3 月，他爱上了乌德托夫人，这是一次新的爱情历险。1766 年 3 月，他在乌顿定居，撰写了《忏悔录》，这是一次文学史上的历险和创新。在这部作品中，他首次进行自我揭露、自我分析、自我批判，将整个内在自我毫无保留地展现在全世界面前，这一做法是史无前例的。从卢梭开始，文学史上出现了一种新的形式——自传体。1778 年春季，卢梭进行了《孤独漫步者的遐想》最后一章的创作，这是他生命的绝唱，遗憾的是最终未能完成。令人欣慰的是，这个始于春天的篇章是他最美好的遐思和最甜蜜温情的回忆。同年的 5 月 20 日，他接受了吉拉丁侯爵的盛情相邀，来到了埃尔蒙诺维尔。从此，他大部分时间都将自己沉浸在采集和研究植物标本中，与世隔绝。

夏天的水让卢梭迷醉并带给他灵感。“有一天，黎明的景色十分美丽，我赶紧穿上衣服跑到野外去看日出。我尽情地享受了这种快乐，那是圣约翰节以后的那个星期。大地披上了华丽的衣装，花草遍地，色彩斑斓；夜莺啼春已近尾声，唱得仿佛格外卖劲；百鸟用大合唱送别残春和迎接美丽夏日的降临。这是我这样的年纪不可再见的一个美丽的日子，是我现在居住的这块凄凉的土地

① Jean-Jacques Rousseau. Bernard Gagnebin et Marcel Raymond, Oeuvres complètes [M]. Paris: Bibliothèque de la Pléiade, 1959—1964: 105.

② Jean-Jacques Rousseau. Bernard Gagnebin et Marcel Raymond, Oeuvres complètes [M]. Paris: Bibliothèque de la Pléiade, 1959—1964: 403.

③ Jean-Jacques Rousseau. Bernard Gagnebin et Marcel Raymond, Oeuvres complètes [M]. Paris: Bibliothèque de la Pléiade, 1959—1964: 413.

上的人们从来没有见过的一天。”[①]“我记得有一次是在城外，不知是在罗尼河畔还是在索纳河畔的一条蜿蜒曲折的小路上过了一个十分愉快的夜晚。对岸的那条路沿途都是一些垒成高台的小花园。那一天白昼非常热，傍晚的景色却令人陶醉：露水滋润着萎靡的花草，没有风，四周异常宁静，空气凉爽宜人；日落之际，天空一片深红色的云霄，映照在水面上，把河水染成了蔷薇色；高台那边的树上，夜莺成群，它们的歌声此呼彼应。我在那里漫步，恍若置身仙境，听凭我的感官和心灵尽情享受；使我稍感遗憾的是我一个人独享其乐。我沉浸在甜蜜的梦幻中，一直走到深夜也不知疲倦。但是最后还是感到疲倦了。……浓密的树梢构成了我的床帐，我上面正好有只夜莺，我随着它的歌声进入了梦乡。我睡得很甜，醒来时更觉舒畅。天大亮了，睁眼一看，河水、草木尽在目前，真是一片美妙的景色。”[②] 根据卢梭本人的回忆，在六月这个一年当中最美丽的时候，他经常坐在树荫下、在夜莺的歌声中、在溪水潺潺中进行冥想。在六月里，总是阳光灿烂，天空蔚蓝，夜莺在涓涓流水的伴奏下展现它最美的歌喉。卢梭不止一次地提到过，自己受到风景如画的大自然诱发，进行遐思与冥想。白天，卢梭总是忙于采集植物标本，日落后，他无法清晰地发现、辨别和观察植物，继而又会被落日余晖的美景所吸引。在法国，六月的太阳总是很晚下山，大约在夜间 9 点钟才会完全天黑。读者可以想象出这样一幅景象：老人在草地或者田间漫步，在驱逐了白天炎热后带来夜间凉意的晚风中，他时而驻足聆听枝头的婉转嘤鸣，时而歇息在清澈的溪水边注视着潺潺流水，时而眺望远处的青山和绯红的余晖。远处的村庄里升起袅袅炊烟，透过村民家的窗户依稀可见跳跃的微微烛光，就像夜幕中的点点星光。村民们在一日的劳作后都回到了自己家中，世界突然安静了下来，只能听见树枝上的鸟叫、脚下的潺潺流水和草丛间的虫鸣。多么优美的交响曲！在那一刻，他真正体会了乡村生活的乐趣，他更加厌倦巴黎上流社会的沙龙、浮华的雕梁画栋、人造的喷泉、花坛和树丛，更加排斥贵族们骄淫奢侈的生活：豪华的羽冠键琴、华服的蕾丝花边、情人间的献媚和矫揉造作、小人恶毒的诽谤中伤。所有这些在

---

① Jean-Jacques Rousseau. Bernard Gagnebin et Marcel Raymond，Oeuvres complètes [M]. Paris：Bibliothèque de la Pléiade，1959—1964：135.

② Jean-Jacques Rousseau. Bernard Gagnebin et Marcel Raymond，Oeuvres complètes [M]. Paris：Bibliothèque de la Pléiade，1959—1964：168-169.

他心中还不如一堆简单的灌木丛、一道绿篱、一座金色的谷仓，或者一片生机盎然的草地。农家香草炒鸡蛋的芬芳、田园牧歌比起高级定制的服装、香水、香料、珠宝都显得珍贵。他品尝了自然生活的真正乐趣，体会了简单生活的幸福和平凡人的快乐。

1750年8月23日，卢梭的参赛论文《论科学与艺术》在第戎学院荣获桂冠，并即将在当年年底至第二年年初发表。他一夜之间成了令全国瞩目的明星，他的言论震撼了整个国家并激发了许多探讨言论。在他眼前，一条功成名就的道路瞬间铺开，他仿佛看到了自己年轻的梦想即将实现。这一切始于一个令人印象深刻、难以忘怀的夏天。1749年的夏天，酷暑难当，卢梭步行去看望被囚禁的朋友狄德罗。由于路途遥远，他随身携带了一本名为《法兰西信使》的文学刊物，忽然看到其中刊登的第戎科学院征文启事：《科学和艺术的进步对改良风尚是否有益》。“一看到这个题目，我顿时就看到了另一个宇宙，自己变成了另一个人。”“我的情感也以最不可思议的速度激扬起来，提高到跟我的思想一致的地步。我的全部激情都被对真理、对自由、对道德的热爱窒息掉了；而最足惊人的是这种狂热在我的心田里持续达四五年之久，也许在任何别人的心里都不曾那样激烈过。”① 虽然他在《忏悔录》中认为，“从这一刹那起，我就陷于万劫不复的境地。此后，我的一生，我所有的不幸，都是这一刹那的狂妄产生出来的不可避免的后果。”② 但是，这是他生命中的一个重要转折点。也是因为这篇论文的发表，我们才更有理由将他加入伟大哲学家的行列。卢梭是夏日之子。他生于1712年6月28日，死于1778年7月2日。他的生命开始于夏天，也同样在夏天结束。

卢梭在他的作品中，根据个人的喜好将一年四季划分得非常清晰，既有美丽宜人的季节，也有残酷艰难的季节。因此，四季中的水也被披上了季节色彩的外衣：夏季的水最美、最富有生机活力；秋季的水是富饶多产的，它象征着丰收；冬季的水严酷残忍，冰冻了他的身体和灵魂；春季的水变得柔和，重新焕发生命力，赋予世界勃勃生机。在卢梭眼中，一年四季的水各有特色。

---

① Jean-Jacques Rousseau. Bernard Gagnebin et Marcel Raymond, Oeuvres complètes [M]. Paris: Bibliothèque de la Pléiade, 1959—1964: 351.

② Jean-Jacques Rousseau. Bernard Gagnebin et Marcel Raymond, Oeuvres complètes [M]. Paris: Bibliothèque de la Pléiade, 1959—1964: 351.

道家的水在细节上则显得相对弱化，四季也没有这样分明。老子往往笼统地提到水，他很少关注某个季节的水，甚至很少在作品中提及季节。庄子在自己的作品中引用了老子的言论："夫春气发而百草生，正得秋而万实成。夫春与秋岂无得而然哉？天道已行矣。"①

这几句话提到了春华秋实，肯定了两个季节的生命力，也提到"道"在大自然中起到的作用。季节在老子的作品中没有占据很重要的地位，无论是万物复苏的春季、蓬勃发展的夏季、丰收多产的秋季还是严酷肃杀的冬季，万物从萌生、成长、发展到收获、败落、死亡都得严格遵循"道"的规律，都无法回避大自然的规律。

相形之下，庄子将更多的注意力放在了季节上面，他的作品中专门有一章节被命名为《秋水篇》。除此以外，他也提到了其他的几个季节：

"春雨日时，草木怒生。铫鎒于是乎始修，草木之到植者过半，而不知其然。"②

"天子之剑，以燕谿、石城为锋，齐岱为锷，晋、卫为脊，周、宋为镡，韩、魏为夹；包以四夷，裹以四时，绕以渤海，带以常山，制以五行，论以刑德，开以阴阳，持以春夏，行以秋冬。"③

然而，庄子在描写四季上花费的笔墨是相当有限的。根据道家的观点，一年四季的变换遵循大自然的规律、"大道"的规律。笔者在老子和庄子的文章中很少看到关于四季的详细描述，它们之间也没有具体清晰的划分界线。

在《庄子》的《天运》一章中讲到这样一个故事：北门成问黄帝说："帝王在广漠的原野演奏《咸池》这部乐章，我开始听了，感到惊惧；继续听下去，又感到疲倦；听到末尾，又感到迷糊，飘飘荡荡、沉沉默默的，就不自在起来。"黄帝的回答是："（这种声音如同）四时迭起，万物循生，一盛一衰，文武伦经；一清一浊，阴阳调和，流光其声。……吾又奏之以阴阳之和，烛之以日月之明，其声，能短能长，能柔能刚，变化不一，不主故常；在谷满谷，在阬满阬。……吾又奏之以无怠之声，调之以自然之命。"④

---

① 杨柳桥. 庄子译注［M］. 上海：上海古籍出版社，2006：368.
② 杨柳桥. 庄子译注［M］. 上海：上海古籍出版社，2006：464.
③ 杨柳桥. 庄子译注［M］. 上海：上海古籍出版社，2006：527.
④ 杨柳桥. 庄子译注［M］. 上海：上海古籍出版社，2006：220.

上段话的意思是："（这种声音）如同四时的交相更替，如同万物的顺序生成，巡回着盛衰之理，交织着文武之道，清浊错综，阴阳调理。……接着又用阴阳的冲和演奏它，用日月的光辉照耀它；它的声音，能够短促，能够曼长，能够柔和，能够刚强，变化其一，不守恒常；临到山谷，就布满山谷；临到洼坑，就布满洼坑。……我接着又用奔流不息的声音演奏它，用自然时命的节奏调和它。"①

庄子描述的这段声音包罗万象：五行相冲、四季交替、生老病死、清浊错综、阴阳调理，等等。只有真正的智者，才能够明白其中的和谐之音。正如他这一篇章末尾写下的一句话："道，可载而与之俱也。"②

如果我们将卢梭作品中的风景比作一幅西方油画，那么道家的风景则是一卷中国水墨画。前者如同法国博物馆里珍藏的镶框油画，总是受制于金属或者木质的边框；后者则像中国博物馆里收藏的卷轴，它的风景是裱在另一张厚纸或者锦缎上的。前者希望可以吸引观赏者的眼球，使他们的注意力集中在画面上，聚精会神地观察画中每个细节：色彩、形状、神态、动作；后者则向外延展，试图冲破画卷的范围，有意地留白，给观赏者腾出想象的空间。这一点也构成了二者的第四个主要区别：卢梭的作品更注重外在形式，老庄的作品更注重内在神韵。水虽然在二者的作品中都占据重要的位置，但是各有千秋，各具特色。例如，卢梭笔下的水可以是欢快的、忧伤的、温柔的、残酷的、色彩丰富的；而老庄笔下的水没有这么复杂的感情色彩，相对简约。

道家的处理方式就是放任自流，让水随性任意地流淌、奔腾、动荡。他们尊重水的自然状态和存在方式。表象的细节并不能引起他们的兴趣和关注。他们更注重水的神韵和气势。在描写水波、浪花、色彩等细节方面，他们惜墨如金，正如在画卷上的适当留白。观赏者和读者可以通过这些留白体味画面背后所隐藏的深意。画家与观赏者、作家与读者之间透过纸张和笔墨进行交流与沟通。而隐藏在笔墨纸张背后的世界则是无边无际的。在这个世界里，水依然是水，保留了它本身的自然状态和特征。让水保持原貌，让观赏者和读者天马行空地去想象，这就是道家作品的绝妙之处。不同的欣赏者拥有不同的习惯，他们可能因此获得不同的体验：升华与坠落、繁荣与衰败、生命与死亡，等等。

---

① 杨柳桥. 庄子译注［M］. 上海：上海古籍出版社，2006：222-223.

② 杨柳桥. 庄子译注［M］. 上海：上海古籍出版社，2006：220.

每个人眼中的水应该都是不同的，因为，人们具有不同的视角、不同的性格、不同的文化背景，所有的因素都可能影响人们的观察和品位。在人们眼中，水可以是温柔的，也可以是残忍的；可以是宁静的，也可以是动荡的；可以是顺从的，也可以是叛逆的。但是谁能够准确无误地定义它呢？恐怕没有人可以做到，作家不行，画家也不行。不同于卢梭的是，老子和庄子不会将自己的性格强加于水，也不会强加于读者。在卢梭的水中，读者读到的不仅是水，还有卢梭的内心。

这也是情理之中的事情。因为，卢梭将他的水局限在他的画框中，他在写作过程中必须好好观察和处理水，这就要求他不得不深入渗透进水中，与之合二为一，他难免会赋予水一些个人的情绪因素。或者说，他与水之间是相互渗透、相互影响、相互作用的，最后不分彼此。作家赋予了水人性，作家也被水所淹没。

第二章　崇高之道

第一节　山之崇高

一、道之崇高

古往今来，道家以“道”为宗。老庄的“道家思想”被奉为中国传统文化的瑰宝，它因自身由内而外散发的“崇高之美”注定不甘平凡，注定能在岁月长河中熠熠生辉，在百舸争流的思想中始终高高在上，不被湮灭。

“道”到底为何物？可能人们通读多遍《老子》《老庄》，也无法准确下定义，但读者一定会感叹“道”之“大”。“大方无隅，大器晚成，大音希声，大象无形……”[①] 仅是这些含有“大”的词语就足以使读者印象深刻。老子以“大”论“道”，其中也蕴含着“道”的“崇高之美”。

《道德经》有言：“道生一，一生二，二生三，三生万物。”[②] 可见，“道”生成万物、孕育万物，是宇宙的本源，不止是一个“大”字所能概括的，因而这种自然而成的“道”具有至上性，伟大而崇高。

“道常无名”“道可道，非常道。”[③] 意思是“道”永远是无名的，道如果可以说出来，就不是恒常之道。老子用“无名”来形容“道”，“无”显示出了“道”之“大而深”，不能用言语表达；“道”之“无限”，也无法用一个名字来限定它、规范它。“道”之“崇高”是绝对的高高在上，不是一般事物所能比拟的。神秘而深邃的“道”始终透露出一种令人仰视的“崇高之美”。

---

① 陈鼓应. 老子今注今译［M］. 北京：商务印书馆，2003：229.

② 陈鼓应. 老子今注今译［M］. 北京：商务印书馆，2003：233.

③ 陈鼓应. 老子今注今译［M］. 北京：商务印书馆，2003：73.

作为万物之母的“道”具有不可替代性，尽管我们可以用“朴”喻“道”，以“德”显“道”，但这些都只是读者从“道”中得出的些许见地，它们都不可能真正去替代“道”。“道”是唯一的，故“天下皆谓我‘道’大，似不肖。夫唯大，故似不肖。若肖，久矣其细也夫!”[①]

品读老庄的道家思想，读者们不能囿于一个“道”字，而要用心去体验“道”，在“道境”中感受那份“崇高之美”。

“道”是无形无象、无边无际、惟恍惟惚的，但它并非模糊不清，只是多了一种似有若无的美感罢了。《道德经》有言：“大象无形。”宏大的气势景象似乎没有一定之形，就好比朦胧的月光总给人以无限的遐想、思考甚至期待。“朦胧状态在人的视知觉中的呈象所蕴含着的含蓄幽深、空灵变幻的情志趣味，是它赋予了朦胧美的丰富内涵。”[②] 正是在这种朦胧美中读者才能感受到无限的壮美，才能感受到神圣的崇高之美。

“道无始终，物有死生，不恃其成；一虚一满，不位乎其形……论万物之理也。物之生也，若骤若驰；无动而不变，无时而不移。”[③] 大道没有起始和终点，万物都必须经历生死，岁月不可挽留，时间不会停息。万物的生长，犹如快马奔驰一般，无时无刻不在变化。庄子不只着眼于身边的世界，而是将个体对生命的感知与宇宙生命运行之道相交融。衰退、生长、丰盈、空虚，是宇宙生死循环往复的规律，生命的灵动蕴藏其中。此时，庄子将自己置身于“宇宙万物与我同在”的“道境”中，“宏大、雄壮、开阔”都无法言尽这番大美，“庄子之‘道’体现出一种空阔辽远的生命美学精神，这也是一种壮美。”[④] 庄子给我们描绘的是一种超感官的“壮美”，在无限空阔、无限辽远的生命境界中去追寻自由、和谐、幸福。

“道”孕育着宇宙万事万物，却不主宰占有它们。因为不自大，因而成其大。这种无欲奉献的精神何尝不是一种伟大？我们通过心灵感受到的天地与我并生、万物与我为一的“道境”何尝不是如此崇高？庄子的这一论点还预言了海德格尔存在主义哲学的核心观点“此在”。西方已有学术研究表明，海德格

① 陈鼓应. 老子今注今译［M］. 北京：商务印书馆，2003：310.
② 方勇. 庄子学史［M］. 北京：人民出版社，2008：180.
③ 杨柳桥. 庄子译注［M］. 上海：上海古籍出版社，2006：251.
④ 赖永兵. 论庄子的生命美学［J］. 四川师范大学，2005（2）：46.

尔借鉴了东方思想，尤其是庄子和禅宗的哲学思想，在西方发起了一场划时代的哲学革命，彻底改变了西方哲学自柏拉图以来一直处于统治地位的形而上学基础，为东西方思想的交流找到了一座形而上学的桥梁。① 所以也不难理解为什么在西方道家接受史上曾经出现了欧道思想（Eurodaoism）甚至是“德里达道家”（Derridaoism）等说法。西方接受道家比儒家晚得多，却热烈得多。西方世界对老子的“道”给予了充分的关注，他们积极地探索“道”的内涵。“道”曾被译为“道路”，也可以译为“自然规律”，还有人将“道”译成“理”，意为神的最高理性、正确的道理，等等。虽然众说纷纭，但是西方人在对“道”的理解上把握了几个基本要点：第一，“道”是真实存在的，是宇宙万物之本源；第二，“道”是“无”与“有”的统一体；第三，“道”具有母性的特征。欧洲人常将基督教和道家思想进行比较，可见道家思想之重要性。王尔德在他的《艺术家批评》的论文中就提到了“智慧的庄子”以及善意而进取的矫造行为会毁灭人之淳朴和本能的美德。可见“道”在中西方哲学世界之崇高地位。

二、山之元素

“我再也看不到这美丽的风光，森林、湖泊、灌木、岩石，还有山峦，它们的景象始终打动着我的心。”② 卢梭最偏爱的风景应该是日内瓦湖畔的湖光山色，“最合他心意”的风景是具有地理和文学双重意义的田园风光，因此，他将小说故事中的主角置身其间。

卢梭认为，人迹罕至的高山同样也是独孤漫步者的庇护所之一，因为它使受伤的心灵得到抚慰和平静；同时，它也是一块富饶丰产之地。在高山中，大自然总是竭尽所能地去满足人类的所有需求。他对高山的景色描写总是结合了错落丛生的树丛、城墙般高耸峻峭的岩石、山林枝头上的鸟啼婉转、芬芳鲜花的争奇斗艳……这些元素配合着光影游戏完美地结合在一起。高山凭借着所有这些元素成了一个标志：和谐的宇宙循环。在日内瓦长大的卢梭从小被熏陶成一个对高山的美景如痴如醉的欣赏家：“大家也知道什么样的地方才是我所说

① 顾明栋. 跨越东西方思想交流的鸿沟 [J]. 北京大学学报（哲学社会科学版），2015（2）：159.

② Jean-Jacques Rousseau. Bernard Gagnebin et Marcel Raymond，Oeuvres complètes [M]. Paris：Bibliothèque de la Pléiade，1959—1964：1073.

的景色宜人的地方。一个平原，不管那儿多么美丽，在我看来决不是美丽的地方。我所需要的是激流、峰岩、苍翠的松杉、幽暗的树林、高山、崎岖的山路以及在我两侧使我感到胆战心惊的深谷。”① 这是卢梭当年从意大利都灵返回法国萨伏瓦途中所看到的情景。一个二十岁不到的年轻人就已经拥有如此独特的审美实在令人惊叹！事实上，他所提到的“激流、峰岩、苍翠的松杉、幽暗的树林、崎岖的山路”以及令人“感到胆战心惊的深谷”等等元素都包含在高山当中，它们是高山的组成元素，高山囊括万千。在《新爱洛伊斯》一书中，卢梭对瓦莱山区的描写已经流露出他对高山的迷恋之情。有别于其他作家的同类描写，卢梭作品中的山，无论是位于故乡的高山、勃朗峰，还是他攀登过的高山，往往是匿名的或者是无名的。这些高山的真正价值不在于名气，而在于它们的雄伟高大、多元的构成、丰富多样的内涵。

高山的第一个重要元素就是树木，因为树木在高山上通常占据大的面积，而且具有重要的地位。树木不仅数量多，而且很常见。卢梭是一位情感细腻、观察敏锐的作家，他总是很轻易地被细节所触动，如从窗口误闯入房间的燕子、停留在手上的一只苍蝇、沙沙作响的树叶，这些都是他认真观察的对象，他无法忽视这些细节。

卢梭笔下的树木往往是高大坚挺的：“且看那山巅绿草丛中长出的橡树、黑松和山毛榉，它们头顶着天，高入云霄。”②

树木是顽强勇敢的象征。它深深地扎根泥土，屹立挺拔，虽然树干一动不动，但是树枝、树叶以及树梢上的小鸟还是在风中自由摇摆。卢梭梦想着把自己漂泊不定的心系挂在树木之上。树木生长繁茂、开枝散叶，有着与生俱来的向上、向外扩展的张力。当卢梭看到笔直坚挺的树干时，他经常会感受到树木这种直指苍穹的魄力。树木给人一种高大、庄严的印象，一直积极向上、坚定不移的勇气。

在《忏悔录》第一章中，卢梭回忆起过去的“一座花园，地势很高，那里有许多覆盆子树，不仅树荫遮住了窗子，甚至有时树枝一直钻到窗户里面来”，

① Jean-Jacques Rousseau. Bernard Gagnebin et Marcel Raymond，Oeuvres complètes [M]. Paris：Bibliothèque de la Pléiade，1959—1964：172.

② Jean-Jacques Rousseau. Bernard Gagnebin et Marcel Raymond，Oeuvres complètes [M]. Paris：Bibliothèque de la Pléiade，1959—1964：79.

以及“那土台上胡桃树的伟大历史”，还有自己亲手种下的“占据了我们的整个心灵，弄得我们干什么也不能专心，一点书也念不下去，我们简直就像发了疯”的柳树。虽然只是一些稀疏平常的树木，但是“所有在这幸福岁月里的一些轶事，现在想起来还使我喜欢得跳跃起来”。多年以后他回忆起来，苦涩地写道：“我差不多可以断定，假如一旦我能回到那心爱的地方，看到那棵心爱的胡桃树还活着的话，我一定会用我的眼泪浇灌它的。”①

树木为人们提供荫凉，为人遮风挡雨，甚至可以形成一片浩瀚的林海，这是大自然抵御外界入侵的一道天然屏障。因此，树木的枝繁叶茂成了保护欲的象征。这种保护欲同时也惠及它周围的人和事。

“我觉得在树林的浓荫下我被世人遗忘了，我自由自在、心境平和，好像不再有什么敌人了；我还觉得茂密的树叶挡住了他们对我的攻击，使我不去想这事了，我甚至还傻乎乎地认为，我不去想他们，他们也不会想到我了。我从这样的幻想中尝到了一种莫大的甜蜜，如果我的处境、我软弱的性格和我的需求允许的话，我会全身心地沉溺于这种幻想中的。”②

卢梭产生了一种柔和的幻觉，并且整个人全身心地沉溺其中。绿树的浓荫帮他遮挡住了敌人，郁郁葱葱的树叶帮他清醒头脑，让他从敌意与迫害中得到舒缓。他被森林或者树林隐藏保护，枝叶带给他平静和安全感，他终于达到了忘记所有甚至忘我的境界。

这种面对危机的逃避方法让卢梭找到了莫大的幸福感，也激发了他的写作动力：他将自我反省时的内心独白和感受作为自己文学作品的主题。他在写作中描述了当时所发生的具体细节，以及自己的精神状态、内心活动。写作将卢梭带回到了自我，最终帮助他达到了内心的平衡。

树木与植物携手为卢梭搭建了一片创作的天堂。靠近树木、靠近鲜花让他更深刻地感受到遐思的世界：“乔木、灌木，各种植物是大地的装饰和衣裳。再也没有比布满乱石、泥泞、沙土的光秃秃的不毛之地更为凄凉的景象了。而在潺潺流水和百鸟啼啭中披上婚纱的大地生机勃勃，它通过自然三界的和谐，

① Jean-Jacques Rousseau. Bernard Gagnebin et Marcel Raymond, Oeuvres complètes [M]. Paris: Bibliothèque de la Pléiade, 1959—1964: 56.

② Jean-Jacques Rousseau. Bernard Gagnebin et Marcel Raymond, Oeuvres complètes [M]. Paris: Bibliothèque de la Pléiade, 1959—1964: 1070.

向人们献上一派充满生机、情趣盎然、妩媚无限的景象，这是世间唯一百看不厌、百感不倦的景色。”① 作家不得不承认“沉思者的心灵越敏感，就越能投入因自然的和谐而产生的心醉神迷的境界。甜美深沉的遐想占据了他的所有感官，他带着美妙的陶醉融入这片广袤美丽的天地里，感到自己已同天地浑然一体”②。

卢梭撰写了人生的最后一部作品《孤独漫步者的遐想》，这部作品是一部散文集，也是卢梭“所有遐思的日记”。

卢梭认为，摆脱所有苦难遭遇的方法就是寄情于大自然，寄情于山水之间。采集植物标本就是他的寄情方式。它能聚集并唤起许多美丽的回忆：“它把令人快慰的想法都聚集起来，注入我的想象。草地、河流、树林、孤寂、安宁，特别是从中得到的休憩，通过这条链子，不断地在我的回忆中重现。它让我忘记了人们对我的迫害，忘记了他们对我的仇恨、蔑视、侮辱，忘记了他们对我一片诚挚温柔之情报以的种种迫害。它把我带回到静谧的住处，带回到那些曾和我生活过的淳朴善良的人之中。它唤醒了我的青春岁月，唤醒我纯真的乐趣，让我再次重新去品尝这一切，并使我在凡人从未遭遇过的最悲惨的命运中经常感到幸福。”③

植物标本既是悲惨回忆的驱赶者，也是美好回忆的承载者。因此，“植物标本集俨然是一部采集日记，它使我怀着新的喜悦重温当年的一切，它能产生类似光学仪器的作用，把往事再次重现在我的眼前。”④ 植物标本为卢梭过滤掉了悲惨的回忆，也转换成了一种文学形式。卢梭满怀好奇与兴趣地探索这种文学形式。他将收集到的植物分类、对比，“得意洋洋地”将它们保存起来。“跟满天的星斗一样，植物也仿佛被慷慨地播撒在大地上，用欢乐的诱惑和好奇吸引人们去研究自然。”⑤ 卢梭“兴致勃勃地、好奇地观察每一朵花，一旦领悟到花朵的构造规律，他就能毫不费劲地品尝到观察的乐趣，跟以付出高昂代价才取得的乐趣相比，绝不逊色”⑥。其他“具有功利性质的书”与它相比，

① 让-雅克·卢梭. 孤独漫步者的遐想 [M]. 钱培鑫，译. 南京：译林出版社，2006：77-78.
② 让-雅克·卢梭. 孤独漫步者的遐想 [M]. 钱培鑫，译. 南京：译林出版社，2006：78.
③ 让-雅克·卢梭. 孤独漫步者的遐想 [M]. 钱培鑫，译. 南京：译林出版社，2006：90.
④ 让-雅克·卢梭. 孤独漫步者的遐想 [M]. 钱培鑫，译. 南京：译林出版社，2006：90.
⑤ 让-雅克·卢梭. 孤独漫步者的遐想 [M]. 钱培鑫，译. 南京：译林出版社，2006：85.
⑥ 让-雅克·卢梭. 孤独漫步者的遐想 [M]. 钱培鑫，译. 南京：译林出版社，2006：85.

则缺乏“温馨的魅力”。因为“植物学是悠闲懒散的孤独者的专业……这种悠闲的工作自有一种魅力，惟有激情完全平息的人才能感受到，只要有了这种魅力，就足以使生活变得幸福和甜蜜了……”① 正如让·斯塔罗宾斯基所说，“通过储存幸福的满足感来弥补想象力的枯竭所留下的空虚”。通过干枯的植物标本，卢梭建立了一条回忆的纽带：“我虽然不能重游这些可爱的地方了，但我只要翻开我的标本簿，它马上就会把我带回那些地方去。”②

写作也具有同样的功效。卢梭认为，写作是一种手段，而不是目的。写作是为了重温遐思美梦。通过《孤独漫步者的遐想》的写作，回忆重现，卢梭进一步深入自我观察和自我发掘；通过写作，他记录了自己的精神状态和内心感受。写作是他将过去的感情重新再现的手法，为了写作，他必须对过去的感情清楚定义，这样才能让它得到真正的理解。一旦被写作方法表达出来，这种感情可能会再次焕发生机。《忏悔录》就是一个成功的实例。

1771 年至 1773 年，为了谋生，卢梭宣布放弃植物研究，并于 1776 年 7 月 11 日致信波特兰公爵夫人，说他卖掉了所有的植物学书籍。但是在 1776 年的秋季，他开始撰写《孤独漫步者的遐想》，他又恢复了平静，重拾对植物学的兴趣。1777 年春季，生活重返正轨之后，他对植物学的激情再次被点燃，他确信采集植物标本可以给生活带来许多快乐。植物学在他的思想中最初只是一项消遣，后来逐渐转变成一种证明的方式，它可以证明卢梭已不再关心那些政治与哲学方面的讨论。他燃起了对植物学的激情烈火，培养了独特的兴趣爱好。在《孤独漫步者的遐想》第七章中，卢梭使用了大量的篇幅来肯定幸福来自于回忆。写作的艺术让记忆的时光重新拼凑、充满活力，标本采集让卢梭重新发现植物学的魅力所在。他“全身心地陶醉在对那只给我缔造这一切享受的生命之手的赞叹和感激之中”③。周遭枯萎的植物枝叶将卢梭又重新带回那些他无法再次返回的幸福的地方，从前感受到的印象再次得到了更新。通过植物采集，卢梭又重新建立起了与树木、水流、草地、鲜花等之间的紧密联系，又一次在想象中与那些宁静的地方重逢，在那里，他可以幸福地与“单纯善良”的人们共同生活。

---

① 让-雅克·卢梭. 孤独漫步者的遐想 [M]. 钱培鑫，译. 南京：译林出版社，2006：85.
② 让-雅克·卢梭. 孤独漫步者的遐想 [M]. 钱培鑫，译. 南京：译林出版社，2006：90.
③ 让-雅克·卢梭. 孤独漫步者的遐想 [M]. 钱培鑫，译. 南京：译林出版社，2006：85.

在卢梭的作品中，乡村往往是对高山的点缀。乡村处于隐居生活和尘世生活的交接地带，是人类社会文明与大自然风景的完美结合。卢梭在《忏悔录》中讲述，当他还是个孩子的时候，他这个只知道自己家乡的小日内瓦公民就在法国波塞体验到了大自然的快乐。“两年的乡村生活，把我那罗马人的严峻性格减弱了一些，恢复了童年的稚气。……乡村对我真是太新奇了，我不知厌倦地享受着它。我对它产生了一种非常浓厚的兴趣，这种兴趣一直没有减退过。此后，在我所有的岁月中，我一想起在那里度过的幸福时日，就使我对这些年代在乡村的逗留和乐趣感到怅惘，直到我又返回乡村时为止。”① 在卢梭的作品中，乡村就是人间的天堂。

从 1736 年夏季开始，华伦夫人在沙尔麦特租下了一所房子，这所房子坐落在尚贝里南部的一个有树林的小山谷中。这是个有点原始、偏僻的住所。后来卢梭满怀热情地在《忏悔录》一书和《孤独漫步者的遐想》第十章中记录了在沙尔麦特的那几年幸福时光。孤独却又幸福的宁静、愉快的学习、对大自然的探索，这些都是卢梭生活中的调味品。沙尔麦特的时光在卢梭的记忆中始终占据制高点，成了他毕生回忆的伊甸园：“我得到了这种幸福，我就尽量享受这种幸福。当我看到草木萌蘖发芽的时候，心中的喜悦真是难以形容。重新看到春天，对我来说，等于天堂里的复活。积雪刚刚开始融化，我们就离开了那所监牢般的住宅，为了听那夜莺的初啭，我们去沙尔麦特是相当早的。从那时起，我已不再相信我快要死了，实际上也很怪，我在乡间时从未真的病倒过。我在那里感到过不舒服，但始终不曾缠绵病榻。当我觉得身体比平时还坏的时候，我就说：‘你们看见我要死的时候，就请把我抬到橡树的树荫下，我保证会复原的。’”②

小说《新爱洛伊斯》也是一出“乡村生活剧”，远离都市中动荡和腐朽的生活。小说召唤简朴生活、田园家庭生活和纯洁家庭关系的回归。卢梭在春季开始构思《新爱洛伊斯》，在鲜花的芬芳中、绿树的浓荫下创作，在狂热激昂的遐思中获取灵感。男主角圣普勒游历的瓦莱山区就是一处世外桃源。女主角

---

① Jean-Jacques Rousseau. Bernard Gagnebin et Marcel Raymond, Oeuvres complètes [M]. Paris : Bibliothèque de la Pléiade, 1959—1964: 12-13.

② Jean-Jacques Rousseau. Bernard Gagnebin et Marcel Raymond, Oeuvres complètes [M]. Paris: Bibliothèque de la Pléiade, 1959—1964: 233.

朱莉精心打理的爱丽舍也是她理想中的花园。那里有“浓密的树荫，绿茵茵的草地，周围盛开的鲜花，一道潺潺的流水，许许多多鸟儿的鸣唱……”① “没有发现任何从外地引进的花草，也没有看见来自印度的植物；一切都是就地取材，把当地产的花草树木搭配得非常好看，看起来特别舒服。草地绿油油的，长得浅而密，还间杂有欧百里香、薄荷、芸香、茉乔栾那和其他的芳草。地上有许许多多盛开的野花；我还吃惊地发现，其中有几种是园艺花卉，看来，它们原本就是在这里和其他的野花一起生长的。”② 这个花园保留了大自然的原始风貌：“一些既无一定行列而且又不对称的零零散散的花丛，如玫瑰花、覆盆子和醋栗；还有一些灌木丛，如丁香、榛树、接骨木、山梅花、染料木和三叶木，把这块地方装点得像荆棘丛生的荒野似的。我循着弯弯曲曲的和不规则的小路前进，小路两边有开花的小树，路上还有数不清的花饰，如野葡萄、爬山虎、啤酒花、旋花、马兜铃、铁线莲和其他类似的植物，甚至还有忍冬和茉莉花。它们像我有时候在森林中看到的情形一样，漫不经心地从这棵树长到那棵树。”③ 总之，大自然的美，这里面全都有了。

小说中，收获葡萄不再是一项辛苦的农业劳作，而是一个集体狂欢的节日。卢梭将丰收的场景描绘成一场盛大的派对或是一张巨幅画卷：“这一个月以来，秋天的阳光催促着欢乐的收获葡萄的时刻早日到来；已开始下了几次霜，为收获工作拉开了序幕；葡萄架上挂着一串串的葡萄，把里埃老人送来的礼物展现在人们的眼前，好像是在邀请大家都去摘取。所有的葡萄园都结满了上天为了让穷苦的人们忘掉忧愁而赐予他们的美好的果实；酒桶和酒缸发出碰撞的响声；人们从四面八方搬来勒格列发斯；收葡萄的姑娘们的歌声传遍了各个山冈；川流不息的人把收获的葡萄运到压榨机那里去；乡村制作的乐器发出催人们加油干的粗里粗气的声音；人人皆大欢喜的情景此时已到处呈现；最后，那浓雾迷漫的烟幕，宛如戏台的幕布一样，在早晨被太阳拉开，让人们观赏那动人的戏剧；所有这一切，使收获葡萄的工作具有节日的气氛。这节日的

① Jean-Jacques Rousseau. Bernard Gagnebin et Marcel Raymond, Oeuvres complètes [M]. Paris : Bibliothèque de la Pléiade, 1959—1964: 471.

② Jean-Jacques Rousseau. Bernard Gagnebin et Marcel Raymond, Oeuvres complètes [M]. Paris : Bibliothèque de la Pléiade, 1959—1964: 472-473.

③ Jean-Jacques Rousseau. Bernard Gagnebin et Marcel Raymond, Oeuvres complètes [M]. Paris: Bibliothèque de la Pléiade, 1959—1964: 417.

气氛，事后回想起来更加有趣，因为，只有在这种场合，人们才能把劳动的乐趣和效益结合在一起。”①

“农村的活儿，谈起来是很有意思的，其实它本身并不辛苦到需要人家表示怜悯。它既对大众有益，也对个人有益，所以是很有趣味的；它是人应尽的第一个天职：它使我们心中感到愉快，回想起黄金时代的美。看到耕作和收获的情景，我们的想象力是不会一点也不活动的；田园生活的朴素无华，的确有它感动人心之处。你看：人们在牧场上一边翻晒牧草一边歌唱，远处有成群的牛羊；我们的心不知不觉地受到了感动，而感动的原因何在，连自己也不清楚，所以说，大自然的声音有时候能软化我们残忍的心。尽管我们听到它的时候，心中有一种不必要的惋惜的感觉，但它是那样的柔和，使人听了不能不感到快乐。”② 在卢梭眼中，劳动者和他们辛勤的付出都是美丽的。因为，“美的事物，只有在田间劳动中才最能表现出它们的魅力。在田间，执掌美和欢乐的女神坐在她们的宝座上，她们朴朴素素，表情十分欢乐；不论你愿意或不愿意，你都将敬拜她们。”③ 一天劳作结束之后，每个人“带着对一天的劳动感到满意、高兴和没有枉过一天的心情回房间去睡觉；大家第二天，第三天，一辈子这样干下去，也不觉得累。”④

卢梭笔下的另外一座天堂位于舍威特的埃皮奈夫人家。在果园深处，蒙莫朗西森林的边缘地带，一所刚刚被翻新过的小屋，当时人们叫它“归隐庐”。埃皮奈夫人把它作为友谊的见证赠送给卢梭时说道：“这就是你的退隐地点，你自己选了它，现在是友谊把它献给你。我希望这份友谊能使你放弃你要离开我的那个残酷无情的念头。”⑤

这个地方幽静而又不失可爱，早在卢梭第一次游历日内瓦的时候就引起了

---

① Jean-Jacques Rousseau. Bernard Gagnebin et Marcel Raymond, Oeuvres complètes [M]. Paris: Bibliothèque de la Pléiade, 1959—1964: 604.

② Jean-Jacques Rousseau. Bernard Gagnebin et Marcel Raymond, Oeuvres complètes [M]. Paris: Bibliothèque de la Pléiade, 1959—1964: 603.

③ Jean-Jacques Rousseau. Bernard Gagnebin et Marcel Raymond, Oeuvres complètes [M]. Paris: Bibliothèque de la Pléiade, 1959—1964: 604.

④ Jean-Jacques Rousseau. Bernard Gagnebin et Marcel Raymond, Oeuvres complètes [M]. Paris: Bibliothèque de la Pléiade, 1959—1964: 611.

⑤ Jean-Jacques Rousseau. Bernard Gagnebin et Marcel Raymond, Oeuvres complètes [M]. Paris: Bibliothèque de la Pléiade, 1959—1964: 396.

他的注意。当时兴奋的卢梭情不自禁地感叹道："啊！夫人，多么美妙的住所啊！这才是为我天造地设的一个退隐地点呢。"① 友谊让卢梭深受感动，这个幽静舒适的住所深深地吸引了他。在那里，几乎有他所需要的一切：森林、水流、山谷、植物、乡村、孤独、宁静。"我不相信我这一辈子曾经历过比这更强烈、更愉快的感动：我的眼泪沾满了我那女友的慈惠之手；虽然当时我没有完全被征服，却已经极端动摇了。"② 1756 年春季，卢梭搬进了归隐庐，在那里他感觉自己获得了重生。他可以随心所欲地选择自己的生活方式，远离"堕落腐朽"的社会，在孤独中重新找回真正的自我，并且自由自在地工作。他上午抄写曲谱，下午写作。在与大自然的接触中，他尽情地幻想爱情，并从中获得灵感，《新爱洛伊斯》就是在当时构思完成的。归隐庐是卢梭的灵感来源之一，是他自由幻想和创作的天堂之一。

乡村是卢梭的避难所。乡村是大自然这个开放式空间中的一块封闭场所，通过它，卢梭从虚幻的乐土过渡到了现实的伊甸园，他无忧无虑地生活在那里。现实中的归隐庐是具象的避难所，虚构的爱丽舍更像是情感性精神方面的乐土，它们都让卢梭的情感触角变得更加敏锐。

《孤独漫步者的遐想》一书认为，人类的庇护所应该就在大自然中。卢梭毕生都在他的写作和生活当中寻找着它。通过这部作品，卢梭眼前的疑惑终于烟消云散了。人自身存在的幸福感就是对于眼前生活的自足，这种感觉是脱离了一切其他利益干扰的。人只有对现状感到自足，才会珍惜自身的存在和已经拥有的一切。

在卢梭对自然风景的描绘中总是有遐思的痕迹：这些风景往往是想象力自由徜徉的地方，是幻想自由驰骋的疆域。从《忏悔录》到《新爱洛伊斯》，再到《孤独漫步者的遐想》，卢梭作品中的风景抹去了作家生活中忍受的屈辱，其中没有监视、阴谋、迫害、毁谤，遐思不会被曲解，完全符合个人存在的需求。卢梭的想象力在回忆、激情和希望中游荡，给他带去了透视美景的快乐和体验自我的幸福。

---

① Jean-Jacques Rousseau. Bernard Gagnebin et Marcel Raymond, Oeuvres complètes [M]. Paris: Bibliothèque de la Pléiade, 1959—1964: 396.

② Jean-Jacques Rousseau. Bernard Gagnebin et Marcel Raymond, Oeuvres complètes [M]. Paris: Bibliothèque de la Pléiade, 1959—1964: 396.

三、山之崇高

1776年10月24日，卢梭被一条丹麦狗袭击之后，身受重伤。这一事故决定了卢梭人生最后一段时光的思想方向。当他再次苏醒过来，“这最初的感受真是美妙的时刻，只是由此我才感到自己还活着。从那个瞬间起我开始关注生命了，仿佛觉得我将自身微弱的存在注入我隐约看见的一切物体。”① 1776年的秋季或者是冬季的时候，卢梭开始撰写《孤独漫步者的遐想》。在该书的第二章中，他专门提及了这起事故。这起事故已经成了他命运的一个决定性的转折点，启迪了他的思想，使他对人生大彻大悟。1860年之前，梅里蒙丹曾经是巴黎市郊的一个小村庄。它的名称来自于“Mesnil mau temps”，意思是天气糟糕的房子，但是在16世纪由于它的地势特点，“mau temps”逐渐转变成了“montant”。“montant”一词无论是从地理特征上还是从精神感觉层面来说，都给人一种向上、升腾、升华的感觉。

尽管梅里蒙丹名不见经传，尽管梅里蒙丹不是什么巍峨的高山，可能仅仅是一座小山岗或者一个小土坡，但这是卢梭在《孤独漫步者的遐想》中首次提到的山。也许它没有阿尔卑斯山出名，名气也不及法国其他山脉。然而，它是卢梭发出的一个信号——一个积极向上的、升华的信号。这种向着高处攀升的牵引力引导卢梭发现了一个新的天堂②。18世纪，人们在当地种植葡萄，附近是大片的葡萄园和草地。事故发生的当天，卢梭“从那里走小路穿过葡萄园和草地，来到夏罗纳村，一路欣赏两村庄之间的宜人景色”③。

卢梭在《孤独漫步者的遐想》中第二次提到的山出现在第五章中，位于比埃尔湖畔。这是一座无名山。但是，它凭借“自然的葱茏、绿地、林木掩映的幽静处”以及“雄鹰的尖叫、小鸟叽叽喳喳的啼啭、山涧飞流直下的轰鸣”为湖岸增姿添彩，使之显得“更原始些，也更浪漫一些”。尽管它已经历了两个多世纪人类文明的开发，卢梭还是有意识地夸大了这片湖光山色的原始韵味。在后面的一段文字中，卢梭继续写道：“湖岸的一侧近山环绕，另一侧是丰腴

---

① 让-雅克·卢梭. 孤独漫步者的遐想[M]. 钱培鑫，译. 南京：译林出版社，2006：14.

② 中英伦葩. 论卢梭作品中的山与道家的修养[J]. 法国研究，2010（3）：97.

③ 让-雅克·卢梭. 孤独漫步者的遐想[M]. 钱培鑫，译. 南京：译林出版社，2006：11.

肥沃的平原，纵目远眺，直到被远处淡淡的青山挡住视线为止。”[1] 卢梭的视野由近及远，从水面投向青山。根据后来文学家的研究发现，在初稿中，卢梭并没有提到远山的色彩，“淡淡的青色”是后来加上去的。作家并没有使用草地、平原、高山的绿色，也没有采用天空的蔚蓝色或者灰蓝色，而是使用了一种比较中性化的色彩——青色。这是绿与蓝的混合产物。[2] 在这一点上，卢梭与道家之间又一次产生了共鸣。

在中国古代，“东方谓之青，西方谓之白，南方谓之赤，北方谓之黑，天谓之玄，地谓之黄”[3]。在阴阳五行学说基础上建立的“五色观”是一个完整的色彩体系，原色按照五行相生的规律得到间色（由两种原色调配而成的颜色称为间色或二次色）和再间色（以两种第二次色相混合所得的颜色称为再间色或称复色），生生不息，源源不绝。正如《淮南子》中所载：“色之数不过五，而五色之变，不可胜观也。”[4] 虽说色彩无穷，但等级的划分相当森严。原色为尊，间色为卑，尊卑有序，不可逾越。其中，青色是最为尊贵崇高的色彩。青色的定义主要有两种：第一种就是比较接近卢梭使用的色彩，介于蓝色和绿色的中间色。在中国古典文学中，天空、山、草木经常被描绘成青色的。我们常常用青山绿水来形容风景秀丽的地方。例如，王希孟著名的《千里江山图》。虽然历千年之久，部分颜色已经脱落，但是其画法仍然清晰可辨：山石用淡墨加赭石或花青渲染，渲染之后再罩染赭色，并在石头顶部以汁绿接染，最后以石青或石绿罩染，山石下部保留赭石色，层层青绿的自然渐变，流畅变幻。水天交界处以赭色接染，远山也以赭色为主。石绿的柳叶，赭墨的天空，上深下浅，还原天空真实的透视变化，将色彩的表现力发挥到极致。第二种就是指黑色。在中国古代，黑色是皇家的色彩，代表尊贵、庄严的地位。在道家文化中，青色也是比较常见的颜色。例如：老子的坐骑就是一头青牛；道家的大师往往身着青袍。在中国现代诗人中，戴望舒是受道家思想影响最深的诗人之一。在他的诗集中，我们发现灵魂、思想、天空、内心、双眼都是青色的。这个颜色在诗人的作品中也很常见：“我呢，我渴望着回返，到那个天，到那个

---

① 让-雅克·卢梭. 孤独漫步者的遐想［M］. 钱培鑫，译. 南京：译林出版社，2006：58.

② 中英伦葩. 论卢梭作品中的山与道家的修养［J］. 法国研究，2010（3）：98.

③ 周礼：下册［M］. 徐正英，常佩雨，译注. 北京：中华书局，2014：939-940.

④ 刘安. 淮南子：上册［M］. 陈广忠，译注. 北京：中华书局，2012：32.

如此青的天"[①]；"不，它只有青色的橄榄的味"[②]；"她是羞涩的，有着桃色的脸，桃色的嘴唇和一颗天青色的心"[③]。

阿尔卑斯山脉在卢梭的作品中占据首要位置。卢梭热爱在山间小径上漫步，欣赏沿途的峻峭、岩石、激流。在山里，他发现了大自然原生态的美景。高高耸立的山石是高傲纯洁的象征，低洼的山谷则被烙上了人类文明的痕迹。《新爱洛伊斯》将文学与阿尔卑斯山的风景完美地结合在一起了。卢梭爱山，不仅爱它们本身，也爱它们身后所蕴含的意义，因为山在他眼中始终保留了一种匿名的神秘感。

在《爱弥尔》一书中，神甫约年轻的信徒在一座高高的山冈上见面，在那里，能眺望阿尔卑斯群山和波河两岸。波澜壮阔的风景打开了，也放飞了他们的精神思想。这个作品中的山给人们以启迪。

在《圣经》的世界里，关于山的传说故事被幻化成了一架天梯："雅各梦见一个梯子立在地上，梯子的头顶着天，有神的使者在梯子上，上去下来。耶和华站在梯子以上（或作站在他旁边）说："我是耶和华你祖亚伯拉罕的神，也是以撒的神。我要将你现在所躺卧之地赐给你和你的后裔。你的后裔必像地上的尘沙那样多，必向东西南北开展。地上万族必因你和你的后裔得福。我也与你同在。你无论往哪里去，我必保佑你，领你归回这地，总不离弃你，直到我成全了向你所应许的。"[④] 雅各梦中的这架天梯不仅是神的意旨，也是人类渴望上升至天堂的心愿。这种类似天梯或者高山的场所，往往都是上帝、神仙的居所。

与山有关的故事往往以人类的基本需求为主题：摆脱束缚羁绊、不受奴役、渴望自由。"看来，站在比人居住之地高的地方，就会抛弃一切卑下的尘世情感；当我们越接近苍穹时，我们的心灵就越会濡染苍穹的永恒纯洁。人到了高处，心境变得凝重无忧，平静而不消沉，对自身的存在和能思想感到愉快；非分的欲念淡漠了，内心的痛苦也就消失了，全身都有一种轻松和甜蜜的

---

① 戴望舒. 雨巷中的伊人：戴望舒诗歌全集 [M]. 北京：西苑出版社，2005：27.

② 戴望舒. 雨巷中的伊人：戴望舒诗歌全集 [M]. 北京：西苑出版社，2005：9.

③ 戴望舒. 雨巷中的伊人：戴望舒诗歌全集 [M]. 北京：西苑出版社，2005：4.

④ L'École biblique de Jérusalem. La Bible de Jérusalem [M]. Paris：les Éditions du Cerf，1998：63.

感觉。"① 卢梭认为，是社会压迫了人类，但是人的天性就应该是向往高处，而不是任由社会摆布，随波逐流。②

水流、高山、浪漫如诗的风景，这些都是《新爱洛伊斯》一书中卢梭有意的安排。因此，卢梭赋予了小说新的气息和进步的思想。小说故事发生在阿尔卑斯山脚下，壮观的景象让人流连忘返。南岸的葡萄枝上累累硕果垂向水面，与高山顶上的积雪构成一幅令人心旷神怡的画卷。《新爱洛伊斯》一书将阿尔卑斯山中的瓦勒地区风景描绘得如诗如画："这块奇异的地方之所以变得处处有如此奇妙的对比，不仅是因为有人手的劳动，而且大自然也好像愿意在这里有一些与它相陪衬的景观；它在同一个地方就千姿百态，面貌处处不同！东边盛开着春天的花，南边正在结秋天成熟的果子，而北边却还在刮凛冽的大风；它在同一个时间汇集着四季的景色，在同一个地方有各种各样的气候，有各种不同的地形，平原的景致和阿尔卑斯山的景致配合得十分神奇。此外，还有光学的幻象；在山顶上，有些地方有阳光，有些地方没有阳光，阳光和阴影相同，上午和下午照射的地方也有所不同。你可以想象得到，这一个接一个的景致不断地吸引着我的注意力；在我看来，宛如剧场的布景；山峰的景色从上到下，可以一览无余，比平原的景色更为醒目；平原的景色呈倾斜状，愈远愈模糊，一个景物挡着另一个景物，使你看不清楚，看不真切。"③ "总之，山区的风光有一种难以名之的神奇和巧夺天工之美，使人心旷神怡，忘掉了一切，甚至忘掉了自己，连自己在什么地方都不知道了。"④

在西方文化中，人类的智慧、精神、思想都有向上帝、向伊甸园、向福地等能令灵魂获得升华之处靠拢的倾向。长久以来，人类都习惯将教堂、庙宇修建在高处或者在山上，因为人们认为这些高地是天堂与人间连接的纽带。卢梭也认为智慧就是通往天堂的道路。

高山在卢梭的作品中担当了升华灵魂的重任。山本身就具有一种向上、向着高处、向着天堂和上帝的张力。在它身上，我们感受到一种与生俱来的自我提高、自我升华的潜力。

---

① 让-雅克·卢梭. 卢梭全集：第八卷[M]. 李平沤，译. 北京：商务印书馆，2012：82.

② 中英伦葩. 论卢梭作品中的山与道家的修养[J]. 法国研究，2010（3）：98.

③ 让-雅克·卢梭. 卢梭全集：第八卷[M]. 李平沤，译. 北京：商务印书馆，2012：81.

④ Jean-Jacques Rousseau. Bernard Gagnebin et Marcel Raymond, Oeuvres complètes [M]. Paris: Bibliothèque de la Pléiade, 1959—1964: 77-79.

“有时坐在土台或土丘上，环视美丽的湖水和岸边迷人的景色。湖岸的一侧近山环绕，另一侧是丰腴肥沃的平原，纵目远眺，直到被远处淡淡的青山挡住视线为止。”[①] 远山吸引了作家的目光，将他带向更远处：“我翻山越岭，深入幽谷丛林，图的就是尽量忘却人类，尽量躲避坏人对我的伤害。”[②]

在卢梭的价值观中，只要心存善良，摒除恶念，就能够在高山中寻求自我的升华。上善若水的性格能引导人走向通往上帝的道路。“坏人的地狱就是孤独的一人生活，但却是好人的天堂，因为那里除了他的自我意识以外，没有比它更好的风景了。”[③] 山中独自一人的生活会给坏人带来孤独，然而这份孤独却是好人难得的享受。因为，卢梭始终坚信上帝就陪伴在他身旁，即使被全世界抛弃了，他还拥有真理、善良、上帝的公正。为了寻求自我升华，他离群索居。上帝无处不在却又难以找寻，在头顶、在天堂、在奥林匹亚山上。上帝就在我们当中，我们却对他视而不见。上帝既是永恒的，又是千变万化的。

在这一点上，中国文化中的神仙也不例外。民间传说中的神仙们总是住在天庭，或是在深山老林中修炼，他们过着腾云驾雾、行踪飘渺、清心寡欲的生活。然而，尘世间发生的一切被他们尽收眼底。只有至善之人或者圣人才有机会遇见神仙或是自己得道成仙。[④] 但是在此之前，往往需要经过一番磨砺和考验。在东西方的文化当中，想要得道成仙的人往往都必须先克服自己，几经磨难，被一个又一个的地方驱逐，直到找到属于自己的理想天堂。中国古典四大名著之一《西游记》讲述的就是这样一个故事。唐僧师徒四人翻山越岭西去印度取经，其实在某种意义上来说就是寻求个人的升华，他们历经佛祖为他们备下的九九八十一种磨难考验，终于修成正果。他们遇到的艰难险阻和克服困难的勇气让读者不禁为之感叹。可见要想修成正果、得道成仙，都不是件轻而易举的事情。

高山、天梯、巴比伦塔都象征着升华。卢梭最终明白，人都要对自己的行为所产生的结果负责，正如他的人生格言所说：“真理是把双刃剑”，它既能攻击敌人，同时也会伤害自己。追求真理的道路永远都不会是一帆风顺的。卢梭

---

① 让-雅克·卢梭. 孤独漫步者的遐想［M］. 钱培鑫，译. 南京：译林出版社，2006：58.

② 让-雅克·卢梭. 孤独漫步者的遐想［M］. 钱培鑫，译. 南京：译林出版社，2006：86.

③ Jean-Jacques Rousseau. Bernard Gagnebin et Marcel Raymond，Oeuvres complètes［M］. Paris：Bibliothèque de la Pléiade，1959—1964：1124.

④ 中英伦葩. 论卢梭作品中的山与道家的修养［J］. 法国研究，2010（3）：99.

的作品如《论科学与艺术》《论人类不平等的起源》《爱弥尔》和《新爱洛伊斯》，横跨了科学、艺术、教育、风尚等领域，但是这些作品都有一个共同的心声：追求自我的超越与升华。这种追求是向着高山、向着高处、向着幸福的。这是卢梭通过作品向世人的布道，是他奉献给人类的新“圣经”，他将传述的真理描绘得如此诱人，让人无法抗拒。这也是卢梭写作的目的之一。

在中国幅员辽阔的土地上，高山的形象不胜枚举，它也同时出现在了神话故事、民间传说当中，自古以来就激发了人们关于宗教、文化的猜想。高山代表着中国三大思想派系之间的微妙关系：它是儒家礼仪习俗中祭拜、封禅的场所；它是道家文化中仙人的居所；它是佛教中世界的中轴，暗喻虚空与宁静。高山同时也对人们的日常生活有多方面的影响，如对园林艺术、书法艺术、绘画艺术等的影响。

高山是大自然在世间的完美形象代表。山峰穿越云霄，与天相连，山脚盘踞泥土，与地相交，水流淌穿插其中，或是由山顶飞流直下，或是在山间细细流淌，或是在山洞里、岩石上嘀嗒，构成天与地之间的纽带。高山与水完美和谐地交织在一起，拼出大自然的美丽画卷。高山坚韧刚强，与流水的柔弱形成强烈的反差。在二者的关系中，高山是阳刚的，流水是阴柔的，二者阴阳和谐，完美融合。

在中国，有些与道教文化相关的高山甚至是闻名世界的，如武当山、龙虎山、茅山、崆峒山等等。在它们当中，武当山是保存道教建筑最完好的地方。据传说，这些山之所以著名，是因为在那里曾经有道家的大师实现了自我升华，也就是道教所说的“得道成仙”。仙人具有法术，无所不能，他们风餐露宿、腾云驾雾，而且可以长生不老。他们之所以具有不死之身，就是因为他们在深山老林中修炼，在人与山之间达成了和谐默契，人吸取了山中的精华、大自然的精髓，便可以与天地同寿。虽然这只是传说，但是人们将他们修炼成仙的山洞、福地或是海中央的岛屿都视为神圣之地，供后人瞻仰朝拜。在中国汉字中，“仙”就是“人”和“山”合并而成的，以此描绘在山中腾云驾雾、来去无影的神仙。凡人必须放弃尘世的生活，修行修炼，高山往往可以给他们提供所需要的宁静绿洲。一方面，人在山中找到祥和的庇护所，吸取大自然的精华，与世隔绝，将忧愁烦恼都抛之脑后。从养生学的角度来看，这也是延年益寿的生活方式；另一方面，山中富含矿物质，植物品种繁多，其中不乏治病疗伤的中草药，这对于道家的修炼也是必不可少的。在修炼时，人不仅要研究道家的经典理论，也要研究大自然和自己。在这个过程中，人可以静心地思考世界、宇宙、生命和自身的价值，从而达到思想的飞跃。除此之外，如果将"仙"这个字的两部分拆开，对换一下位置，就变成了"山人"，指的就是隐居在山中的人。在中国古代就有很多"山人"，他们在山水之间过着田园般的生活，无忧无虑、无拘无束。这些山人在退隐山林之前，往往都在尘世中遭遇过一番挫折，迷失自我，最后回归大自然，重新发现自我，过上闲云野鹤般的生活。而他们选择这种生活方式的目的之一就是保持自己的纯洁。因为在高山的丛林流水之间，越接近简朴的事物，不受功名利禄的干扰，他们越能清晰地感受到自身的存在。这样，人与山便紧密地联系在一起，不分彼此了。

修身养性一说在道家思想中已经有很长的历史。修身就是保持内心的纯洁和宁静；养性则要求保持本性不受外界干扰。借助自省和体会观察，人可以拥有完美的身心状态。修身养性不仅要求我们拥有为人、修身、处事的智慧，而且教导人对待日常生活中的苦恼和不幸时保持平常心态。通过修养身性达到身体和精神的双重提升。这是一条通往纯洁和真理的道路，通过提升自我，最终达到忘我境界。在这个过程当中，大自然扮演的是辅助角色。最理想的修身养性场所也是在大自然中。这一观点已经在老子的《道德经》中有所体现：

"上善若水。水善利万物而不争，处众人之所恶，故几于道。居善地，心善渊，与善仁，言善信，政善治，事善能，动善时。夫唯不争，故无尤。"①

"知其雄，守其雌，为天下谿。为天下谿，常德不离，复归于婴儿。知其白，守其黑，为天下式。为天下式，常德不忒，复归于无极。知其荣，守其辱，为天下谷。为天下谷，常德乃足，复归于朴。朴散则为器，圣人用之，则为官长，故大制不割。"②

"譬道之在天下，犹川谷之于江海。"③

在《庄子》中，让读者感兴趣的是那些与山有关的寓言故事和成语故事。自负吹牛、自不量力的人被视作"螳臂当车"；鼠目寸光的人被称为"井底之蛙"；至死不渝、忠贞不贰的爱情可以和"相濡以沫"的鱼儿情相媲美。池塘

① 陈鼓应. 老子今注今译［M］. 北京：商务印书馆，2003：102.
② 陈鼓应. 老子今注今译［M］. 北京：商务印书馆，2003：183.
③ 陈鼓应. 老子今注今译［M］. 北京：商务印书馆，2003：198.

中的鱼，泥塘中的乌龟，梦中的蝴蝶，树上的蝉、螳螂、鸟儿都被庄子汇聚在他的作品中。据历史考证，庄子曾经担任过一段时间的漆园吏。在山中生活的岁月是由各种动物、昆虫，还有流水、岩石、植物、树木陪伴的，他的注意力被这些简单而又纯粹的事物所吸引。看守漆园的同时，他也在山中修身养性。在大山的怀抱中，他重新找回了在尘世中失去的宁静。流水施展它的魔力，反射出他的过往岁月以及眼下周围的美好，激发了他对大自然的浓厚兴趣。他呼吸着山中新鲜的空气，畅饮着甘甜纯净的溪水，身体得到了净化；他通过观察山中的一草一木，灵魂得到了升华，最终达到了自我陶冶的目的。

在卢梭的作品中，“研究大自然”和“观察宇宙”帮助他提升灵魂，更接近上帝：观察造物主的杰作，让他联想到上帝。这种充满柔情的关注，让他陷入深深的感动之中。他对于上帝的信仰是铭刻在灵魂中的，没有任何事物可以将信仰磨灭。

山中的风景也被卢梭和老庄视为一种精神的状态，它能接收包罗所有新的信息。风景在卢梭和老庄作品中都被赋予了一种个性。无论是以哪种方式修身养性，无论是吸取大山的精华、研究大自然，还是采集植物标本或者观察宇宙，所有这些都起因于对真理的执着追求。正如佛教中类似的话，“一花一世界，一草一天堂。”

高山在卢梭的作品中也具有休憩抚慰的功能，它安抚人焦躁的心灵，让人获得宁静，享受孤独，体味幸福。

“我就是在这个一边是树林、一边是池水的幽静的环境里，在各种各样鸟儿的鸣啭声中，闻着橘子树的花香，心醉神迷地撰写《爱弥儿》第五卷的。这卷书中的清新色彩，大部分都来自我写作的那个环境给我的鲜明印象。”①

“每天早晨，在太阳上山的时候，我是多么急于到那条明廊上去呼吸馨香的空气啊！我在那里，和我的泰莱丝面对面，吃到了多么好的牛奶咖啡啊！我的那只猫和那只狗都陪着我们。这样的陪伴够叫我一辈子都满足的，绝不会感到一刻的厌烦。我在那里真像是住在人间天堂；我生活得跟在天堂一样纯真，品尝着天堂一样的幸福。”②

---

① 让-雅克·卢梭. 卢梭全集：第二卷［M］. 李平沤，译. 北京：商务印书馆，2012：310.

② Jean-Jacques Rousseau. Bernard Gagnebin et Marcel Raymond, Oeuvres complètes［M］. Paris: Bibliothèque de la Pléiade, 1959—1964：521.

这是卢梭回忆在蒙莫朗西度过的时光。在回首这段岁月时，卢梭不惜笔墨地将它神化成“人间天堂”。“这个深沉恬静的幽境里”的“清新色彩”和“馨香的空气”多么令人向往!

在《忏悔录》第一部中，卢梭使用了大量的文字讲述他在萨伏瓦地区受教育的经历。在这个阿尔卑斯山区的湖光山色中，卢梭平生第一次感受到了爱情——对华伦夫人的爱以及他对大自然的激情。在萨伏瓦，他学会了欣赏大自然中的生活。因此，萨伏瓦地区在作家的记忆中始终与大自然给予的温柔幸福紧紧联系在一起。他甚至选择了萨伏瓦的村庄梅耶里作为小说《新爱洛伊斯》的故事背景之一。

在《孤独漫步者的遐想》中，卢梭“觉得在树林的浓荫下我被世人遗忘了，我自由自在、心境平和，好像不再有什么敌人了；我还觉得茂密的树叶挡住了他们对我的打击”[①]。他似乎更愿意躲在树荫深处，而不是被暴露在世人面前。树荫为他提供了所需要的安全感。因此，他宁愿“只身一人，独自走在山间曲折的小道上，穿过一片片树林，跨过一块块岩石”，“来到杳无人迹的地方，我更加纵情地呼吸，仿佛是到了不再受他们仇恨折磨的避难所”。[②] 他集聚全身的力量，或是向着高处攀登直达山顶，或是下到山底山谷之中。在那里，他能感觉到被大山环抱，他可以隐匿其中。“我被周围的景物深深感染了，竟不知不觉地忘了研究植物和花草，我坐在柔软的石松和苔藓上恣意遐想起来；我以为自己是在一个与世隔绝的隐蔽处，迫害者们再也找不到我了。骄傲之情油然而生，很快融入了这种遐想。我把自己比作是发现某个荒岛的旅行家，洋洋自得地思忖道：我一定是进入此境的第一人；我差不多把自己看成哥伦布第二了。”[③] 卢梭已经把高山变成了他的人间天堂。拥有欧洲最高峰——勃朗峰的阿尔卑斯山脉是法国与瑞士的国境线。卢梭曾多次攀爬过这些山脉，深入山区，感受那里淳朴的民风。在《新爱洛伊斯》一书中，男主角圣普勒因阿尔卑斯山区的风景心醉神迷。“这些变化多样的美景，使我心中恢复了宁静。我赞赏这些毫无知觉的事物对我们激动的情欲产生的镇定作用；我觉得哲学真是一文不值，因为它对心灵的影响，还不如这些没有生命的东西。这种宁静的

① 让-雅克·卢梭．孤独漫步者的遐想［M］．钱培鑫，译．南京：译林出版社，2006：86.
② 让-雅克·卢梭．孤独漫步者的遐想［M］．钱培鑫，译．南京：译林出版社，2006：86-87.
③ 让-雅克·卢梭．孤独漫步者的遐想［M］．钱培鑫，译．南京：译林出版社，2006：87.

状态持续了一夜，到第二天我心里更加安宁，因此，我认为，其中必然有一些我尚不知道的原因。这一天，我翻越了一些不算太高的山，游览了它们或高或低的峰峦，并且登上了我能攀登的最高的山峰。在这个地方，在我周围的清新空气中，我找到了我心情变化的真正原因，而且明白了为什么我又恢复了久已失去的内心的宁静。的确，尽管任何人到了这里都有这种感觉，但并不是每个人都能觉察其原因；高山上的空气清新，使人的呼吸更加畅快，身体轻松，头脑非常清醒，心情愉快而不激动，情欲也得到了克制。在这样的地方，心中思考的问题，都是有意义的大问题，而且随着所见到的景物的大小而增减其重大的程度，感官也得到一种既不令人过于兴奋、也不令人产生肉欲的美的享受。看来，站在比人居住之地高的地方，就会抛弃所有一切卑下的尘世感情；当我们愈来愈接近穹苍时，人的心灵就会濡染穹苍的永恒的纯洁。人到了高空之地，心境变得凝重而不忧虑，平静而不消沉，对自己的存在和能思想感到快乐：非分的欲念淡漠了，内心的痛苦也就消失了，全身都有一种轻松和甜蜜的感受。因此，风景宜人之地，可以使人的情欲有益于人，而不像在其他地方使人受到折磨。我不相信人们在这样的地方长住，会产生骚动的情绪和无病呻吟的心情；人们没有把山区有益健康的清新的空气浴，当作医治疾病和整饬风尚的良药之一，这使我感到吃惊。”①

这些描述是卢梭对阿尔卑斯山区最贴切的回忆了。他曾于 1744 年离开威尼斯后游历过上瓦勒（上瓦勒与下瓦勒是阿尔卑斯山区的组成部分）。又于 1754 年和德吕克兄弟一起游历了下瓦勒。他对这几次穿越瓦勒山区和萨伏瓦地区的长途旅行充满激情，因为旅途让他欣赏了山区的如画风景以及它的科学研究价值。

“那些变化多样的风光，广阔的天地和千百处使人感到惊骇不已的景观，看到周围都是鲜艳的东西、奇异的鸟和奇奇怪怪叫不出名字的草木，处处另有一番天地，另有一个世界，心里真是快乐极了。眼中所看到的这一切，五色斑斓，远非言词所能形容；它们的美，在清新的空气中显得更加迷人。清新的空气使颜色更加鲜艳，事物的轮廓更加分明，处处都有观赏风景的好地方。”②阿尔卑斯的风光是大自然三界的完美融合。在卢梭的羽毛笔下，瓦勒人沉浸在

① 让-雅克·卢梭. 卢梭全集：第八卷［M］. 李平沤，译. 北京：商务印书馆，2012：81-82.
② 让-雅克·卢梭. 卢梭全集：第八卷［M］. 李平沤，译. 北京：商务印书馆，2012：83.

宁静的幸福中，徜徉在无边无际的和平绿洲里，他们不为外界的物质诱惑所动。“在上瓦勒，钱是很稀少的，然而，正是由于这个缘故，居民们才非常愉快；这里的食物很丰富，但不外销，在他们内部也没有奢侈的消费；山里的庄稼人把劳动看成一种乐趣，没有一个人不勤劳耕作。如果有朝一日他们的钱多了，他们肯定会变得比现在穷的。这一点，他们是看出来了的，因此，这里虽有金矿，也不让任何人开采。”① 他们过着心满意足的田园生活，既能自由自在地生活，又能保持一定的社会交际；既能满足独立生活的需求，又不切断社会的纽带。在这里，现实与理想、记忆与写作相互包容融合，并创造出了一块新的幸福之地。

“草地、河流、树林、孤寂、安宁，特别是从中得到的休憩，通过这条链子，不断在我的回忆中重现。”②

“摆脱恶人纠缠的那一时刻真美妙，一旦来到林木苍翠之间，我觉得自己走进了人间的天堂，我品尝着油然而生的强烈欢欣，就像是芸芸众生中最幸福的一个人。”③

高山中的风景胜过别处的原因之一是它的高深幽静。山中五彩斑斓的颜色、变幻莫测的景象和纯洁清新的空气也是它的优势之一。在卢梭笔下的山林深处，风景本身其实已经变得不再重要，重要的是观赏者的精神状态和心境。卢梭使用了许多带有感情色彩的词汇来描述自己当时的心境：“美妙的”“心醉神迷”“惬意”“安慰”“心旷神怡”“愉快”“凝重”“平静”等等。

在道家的眼中，大自然是刚毅与柔韧的强烈对比。它的优质气候与地理环境有益于身体健康，它的淳朴风俗有益于陶冶人的心境。

“圣人之静也，非曰静也善，故静也；万物无足以铙心者，故静也。水静，则明烛须眉；平中准，大匠取法焉。水静犹明，而况圣人之心静乎？天地之鉴也，万物之镜也。夫虚静、恬淡、寂漠、无为者，天地之平，而道德之至。”④ 加斯东·巴什拉曾经说过：“对于每一个人来说，大自然仅仅是我们原始自恋

① 让-雅克·卢梭．卢梭全集：第八卷［M］．李平沤，译．北京：商务印书馆，2012：84.

② Jean-Jacques Rousseau. Bernard Gagnebin et Marcel Raymond，Oeuvres complètes［M］. Paris：Bibliothèque de la Pléiade，1959—1964：90.

③ 让-雅克·卢梭．孤独漫步者的遐想［M］．钱培鑫，译．南京：译林出版社，2006：101.

④ 杨柳桥．庄子译注［M］．上海：上海古籍出版社，2006：197.

情结的延续。"① 我们的心灵以及我们的灵魂都需要自省。我们渴望看得更清楚、更多，包括世间万物和人类世界。但是，在世俗社会中，很难将一切都看得清清楚楚、明明白白。正如中国宋代诗人苏轼所写："不识庐山真面目，只缘身在此山中。"高山往往是人迹罕至的。中国古代不少的诗人费尽笔墨地描述和赞扬深山中的宁静："山光悦鸟性，潭影空人心。万籁此皆寂，惟闻钟磬音。"② "木末芙蓉花，山中发红萼。涧户寂无人，纷纷开且落。"③ "人闲桂花落，夜静春山空。月出惊山鸟，时鸣春涧中。"④

高山为我们提供了休憩的场所，它把我们的双眼擦亮，让我们看得更清楚，使我们的眼中不仅能看到他人，也能看到我们自己，不带任何偏见、不受任何干扰。一旦从尘世中抽身而出，我们会将尘世中发生的一切看得更透彻。这也正是智者的心境：虚空而平静。虚空是为了宽容地对待他人和自己，平静是为了公正、理性地判断。

卢梭在山中采集植物标本的同时，也批评了某些植物学家研究动机过于功利性。他在《植物学信札》和《孤独漫步者的遐想》中，都严肃地表明植物学应该被视为一项令人愉悦的知识，而不是被利用的手艺。因为，"这些药用的观点……它们只会使绿茵失去润泽，使花朵失去鲜艳，树林失去清新，连自然的葱茏、摇曳的树阴都变得淡而无味，令人讨厌；而那些只知道把植物放进臼中捣碎的人，当然不会对优美迷人的自然产生什么兴趣，当然也不会在用来灌肠的草药里寻找牧羊女的花冠。"⑤

庄子也反对这种功利主义。他主张人们享受高山中的宁静，获得休憩。"庄子行于山中，见大木，枝叶盛茂；伐木者止其旁，而不取也。问其故。曰：'无所可用。'庄子曰：'此木以不材得终其天年！'"⑥ 故事中的树木之所以可以长得枝繁叶茂，"终其天年"，恰恰是因为它没有可用之处。因此，庄子认为可用与不可用都是天命所在，没有必要强求一定有用或无用，不能将功利主义

---

① Gaston Bachelard. L'Eau et les rêves essai sur l'imagination de la matière [M]. Paris: José Corti, 1942: 88.

② 转引自曾冬. 唐诗漫步 [M]. 北京：九州出版社，2005：134.

③ 转引自曾冬. 唐诗漫步 [M]. 北京：九州出版社，2005：24.

④ 转引自曾冬. 唐诗漫步 [M]. 北京：九州出版社，2005：180.

⑤ 让-雅克·卢梭. 孤独漫步者的遐想 [M]. 钱培鑫，译. 南京：译林出版社，2013：71.

⑥ 杨柳桥. 庄子译注 [M]. 上海：上海古籍出版社，2006：306.

套用在每一件事情上。人类恰恰没有做好这一点，歪曲了许多事物的天性，让它们符合自己的心愿、遵守自己定下的法则，以便更好地为己所用，达到一定的功利目的。人类美其名曰“研究和开发大自然”，其实只是自欺欺人，这种做法往往改变了事物的本质特征，结果事与愿违、得不偿失。

道家认为，在山中，所有一切社会活动都被无为所取代。大自然为人的审美开辟了广阔的空间。人的灵魂和思想受到山中环境的影响而改变。在雄伟的山顶、在密林深处、在杳无人迹的孤岛，大自然更能施展它的非凡魅力，吸引和感化人的心灵。山幻化成了自由的象征，心灵在完全的愉悦中得到放松和休憩。这便是卢梭和老庄花费笔墨描述赞美高山的共同原因，因为它为人类提供了世上别处无法寻觅的宁静、和平、休憩与快乐。

四、山之想象

“当我所有的遐思转换成了现实，它们将不能满足我；我还需要继续想象、梦想、渴望……”① 在卢梭的作品中，人一旦获得了休憩，想象力就开始施展它的魔力。“亚当在梦醒过后见到了夏娃：这就是为什么女人如此美丽。因为，想象力与遐思将她美化了。现实世界是有界限的，而想象力是无边无际的。”②

“其实，敏感的卢梭将丰富大自然的感情，提供风景欣赏的建议，唤起湖光山色的诗意和梦幻，追忆原始田园的生活，推崇淳朴善良的风俗。大自然与它的装饰物被放逐于梦想、遐思、创造性想象和自我能量之中，在其中，我们能欣赏真实的大自然以及我们自己。通过外界的风景，我们进入灵魂深处的风景。”③ 法国文学评论家戴德朗还说道：“遐思将灵魂的各种状态链接起来。它让灵魂通过创造性的想象力进入梦境。过往被他随性地修改、纠正……希望与未来交织在一片美妙绝伦的风景中，在这个天堂里，卢梭就是主宰。”④

卢梭成了在遐思中寻求庇护的成功典型之一。在遐思王国里，他宣称自己

① Jean-Jacques Rousseau. Bernard Gagnebin et Marcel Raymond, Oeuvres complètes [M]. Paris: Bibliothèque de la Pléiade, 1959—1964: 668.

② Gaston Bachelard. L'Eau et les rêves essai sur l'imagination de la matière [M]. Paris: José Corti, 1942: 26.

③ Charles Dedeyan . Jean-Jacques Rousseau et la sensibilité littéraire à la fin du XVIIIe siècle [M]. Paris: Centre de Documentation Universitaire, 1958: 75.

④ Charles Dedeyan . Jean-Jacques Rousseau et la sensibilité littéraire à la fin du XVIIIe siècle [M]. Paris: Centre de Documentation Universitaire, 1958: 154.

是唯一有资格居住其中的，并且随心所欲地往这个王国填充自己所需要的事物。梦想与想象就是这个休憩状态的重要组成。“只要达到足够的思考，我们就能忘却所有的痛苦，把自己回忆起来。这种遐想在所有我们能安静下来的地方都能细细品尝；我经常在想，如果在巴士底狱，哪怕在看不见任何东西的单人囚室，我照样能尽兴地做梦。”①

1728 年，年仅 16 岁的卢梭在华伦夫人的安排下动身前往意大利都灵。这是他生平第一次翻越阿尔卑斯山。“我觉得像我这样的年岁就能爬山越岭，登临阿尔卑斯山的高峰俯视朋辈，真是件美事。各处遨游乃是日内瓦人几乎无法抗拒的诱惑。”②

这次旅途不仅是身体上的，也是一次心灵的旅行。他如此年轻就可以跨越国界线——阿尔卑斯山脉，进行长途旅行，这是朝向他的新生活和美好光明未来迈出的第一步。卢梭当时满脑子都是对未来的幻想和憧憬，沉浸在自己的无边遐思当中。满怀冒险的惊喜与刺激之情，他踏上了旅途。眼中所有的一切似乎都在为他的前程道喜庆祝。在穿越山脉和乡村，看到茅屋、高山、森林的同时，想象力的翅膀开始挥舞：

“我心里充满了青春的愿望、美妙的期待和灿烂的远景。我所看到的一切，好像都是我那即将来临的幸福的保证。我在幻想中看到家家都有田舍风味的宴会；草场上都有愉快的游戏；河边都有人洗澡、散步和钓鱼；树枝上都有美果；树荫下都有男女的幽会；山间都有大桶的牛乳和奶油，惬意的悠闲、宁静、轻快以及信步漫游的快乐。总之，凡是映入眼帘的东西，都令我内心感到一种醉人的享受。这种景象的雄伟、多彩和实际的美都足以说明其所以如此引人入胜是不无理由的；于是，我的虚荣心也露出了锋芒。”③

远离故土在异乡漂泊多年后，卢梭于 1756 年 4 月抵达了归隐庐。当时的他感觉非常沮丧潦倒，对生活十分失望。既没有梦想中的成就，也没有美好光明的未来，没有亲密无间的朋友，没有嘘寒问暖的家人，他感觉自己已站在了年迈的门槛前，“还未曾活过即将死去”。他渴望伟大的爱情、理想的社会、常

① 让-雅克•卢梭. 孤独漫步者的遐想［M］. 钱培鑫，译. 南京：译林出版社，2006：61-62.

② Jean-Jacques Rousseau. Bernard Gagnebin et Marcel Raymond，Oeuvres complètes［M］. Paris：Bibliothèque de la Pléiade，1959—1964：54.

③ Jean-Jacques Rousseau. Bernard Gagnebin et Marcel Raymond，Oeuvres complètes［M］. Paris：Bibliothèque de la Pléiade，1959—1964：58.

伴身侧的好友。“幻想破灭与不满足，拒绝由不公正、矫揉造作的社会提供的一切生活条件，心灵与精神的放抗，敏感内心的激烈斗争掀起狂风暴雨……自我的内倾，自身独一性的意识，各种复杂的情感交织将他搬上了自导自演的舞台；他与原始的力量相一致，对万事万物的博爱让他像上帝一样。”①

通过《新爱洛伊斯》一书，大自然凭借着阿尔卑斯山的风光诱发了新一轮的想象。群山、山谷、湖泊、田地、果园在男女主角的书信往来中都占有大量篇幅。可以说，《新爱洛伊斯》一书是因作家的内心缺失而诞生的：

“我不能求得实在的人物，便把自己投进了虚幻之乡；我既看不出一点现存的东西值得做我的狂热的对象，我就跑进一个理想世界里去培养我的狂热，而我那富于创造力的想象不久就把这理想世界配上了恰如我意的人物。这种办法从来也没有来得这么及时，这么富有活力。在我的不间断的冥思默想之中，我畅饮着人心从所未有的那种最甜美的情感激流。我完全忘掉了人类，我创造出了一群既美若天仙、品德又超凡入圣的完美无缺的人物，都是些在尘世永远也找不着的可靠、多情而忠实的朋友。我就喜欢这样翱翔于九霄之上，置身于旁边的那许多可爱的对象之中，在那种境界里流连忘返，不计时日。我将一切其他的事都抛开了。”②

缺少真正的朋友，让卢梭成了一名伟大的遐思家。遐思让他抛开了所有的烦恼，一头扎进了这个任意妄为的理想空间。遐思和想象就是他现实生活遗憾的安抚剂。“当我离开漫长、温馨的遐想，看到周围一片苍翠，鸟语花香，纵目远眺，浪漫的湖滨，清澈晶莹的开阔水面尽收眼底时，我一时间竟把这些可爱的景色看成出于我的虚构；等到我慢慢认出自我和周围的一切，我已经分不清虚构和现实的界线了：所有的一切都在让我感到，在这段美好的日子里，我度过的孤独沉思的生活是多么珍贵。这样的生活为何不能重现？……摆脱了喧闹的社会生活所孕育的种种尘世欲念，我的灵魂将频繁飞跃现世的氛围，提前开始跟天使们交谈，并希望不久之后加入他们的行列。我知道，人们不会把这个美妙的避难所还给我，他们起初就不愿让我去那儿。但是他们至少阻止不了

① Charles Dedeyan . Jean-Jacques Rousseau et la sensibilité littéraire *à* la fin du XVIIIe siècle [M]. Paris: Centre de Documentation Universitaire, 1958: 154.

② Jean-Jacques Rousseau. Bernard Gagnebin et Marcel Raymond, Oeuvres complètes [M]. Paris: Bibliothèque de la Pléiade, 1959—1964: 427.

我每天展开想像的翅膀飞到那里，无法阻止我一连几个小时品尝如同仍然住在岛上的那份喜悦。在岛上，随心所欲的遐想是我做的最惬意的事。……而现在，遐想越深入，景色也就描绘得越生动。跟我当年身临其境相比，我现在更加融入其中，心情更加舒畅。”①

想象对于卢梭是一种恳切的需求，能够有效地帮助他度过悲伤。正如他在《忏悔录》一书中分析的，一旦接触过美好的事物，人就会产生将它占为已有的念头。“我不能求得实在的人物，便把自己投进了虚幻之乡；我既看不出一点现存的东西值得做我的狂热的对象，我就跑进一个理想世界里去培养我的狂热，而我那富于创造力的想象不久就把这理想世界配上了恰如我意的人物。这种办法从来也没有来得这么及时，这么富有活力。在我的不间断的冥思默想之中，我畅饮着人心所从未有的那种最甜美的情感激流。我完全忘掉了人类，我创造出了一群既美若天仙、品德又超凡入圣的完美无缺的人物，都是些在尘世永远也找不着的可靠、多情而忠实的朋友。我就喜欢这样翱翔于九霄之上，置身于旁边的那许多可爱的对象之中，在那种境界里流连忘返，不计时日。我将一切其他的事都抛开了。”② 除此之外，卢梭别无他求，“因为他的内心渴望感情，他为自己制造了一些想象的朋友；他只有在人群中找到真正应该去爱的人才不会去逃避他们”③。卢梭认为想象力是认知的工具之一。在经过一番精神和风尚的加工之后，想象力已经不仅仅是一种恩赐，更是一种幸福。当努力获得成功之后，想象力也是智慧的证明。卢梭在《孤独漫步者的遐想》一书中的自我回归便是自发想象力的一种成功见证。

作为中国道家思想的代表，庄子应该算得上一位伟大的遐思家。庄周梦蝶的故事几乎家喻户晓。究竟是庄子进入了蝴蝶的梦境还是蝴蝶在庄子的梦中翩翩起舞？在深山中，许多事物都是庄子遐思的对象：树林、植物、飞禽、昆虫、游鱼等等。高山在他眼前展开了一片更为宽广的空间，同时又披着一层神秘的面纱。高山可以顶天立地，是人与天空、与自然交流沟通的纽带。这个空间辽阔深沉、高深莫测，它进一步加深了大自然的神秘感并唤起人们更多的想

① 让-雅克·卢梭. 孤独漫步者的遐想［M］. 钱培鑫，译. 南京：译林出版社，2006：62-63.

② Jean-Jacques Rousseau. Bernard Gagnebin et Marcel Raymond，Oeuvres complètes［M］. Paris：Bibliothèque de la Pléiade，1959—1964：427.

③ Philip Knee，Gérald Allard . Rousseau juge de Jean-Jacques Études sur les Dialogues［M］. Paris：Honoré Champion，2003：824.

象。遐思往往站在想象的双翼之上。高山丰富了人的想象力，遐思也让人汲取了更多的灵感。

在庄子的世界中，读者为相濡以沫的鱼儿所动容，为高深莫测的鲲鹏所惊叹，为翩翩起舞的蝴蝶所陶醉。人们也鄙视井底之蛙，嘲笑蝉与螳螂。但是在欢笑与泪水、感动与鄙夷之后，这些小故事却引人深思。这也是庄子的绝顶聪慧之处：润物细无声。

“想象力的王国诞生了道德与邪恶、人类生活的美与丑，还有让人类变得善或恶、获得幸福或不幸的生活方式。”① 我们的想象力从未远离过，回忆、激情与希望交织在一起，让我们透过美好的风景寻找到一种快乐。跨越自我的界线之后，这个想象力的空间将是无边无际的。古往今来，老庄的道家思想都被奉为中华传统文化之瑰宝，它因自身散发的崇高之美注定不平凡，在岁月长河中熠熠生辉，在百舸争流的思想中始终高高在上，不被湮灭。

第二节　山之悲壮

一、山之孤独

卢梭曾经坦言，为了营生而写作摧毁了他精神内在的天赋。他的写作往往是从精神出发，目的在于最终回归精神。在卢梭的晚年生活中，他与伏尔泰、狄德罗和休谟绝交后，迫于政府的摧残、社会的唾弃，他在人世间感觉只身一人，无亲无故。《孤独漫步者的遐想》一书从某种意义上来说是一本私密日记，唯一的读者就是作家自己。该书的每一章都围绕一个主题揭露他的情感并展示他在静静等待死亡时刻的泰然，原本并不打算留给后人阅读的书反而成了最能代表他天赋的作品之一。卢梭在孤独中写作仅仅是为了他自己，他在人世间没有找到真正友谊和情感，只得转向大自然寻求安慰。

卢梭试图将周围的一切事物集中在他身边，以自身为中心抓住和掌控一切，而大自然就是他的外在包裹与保护。他将自己置于中心位置，在周围编织了一张巨网。这个中心具有排他性，杜绝一切外人与他分享。卢梭自己就像蜘

① 申英伦葩．“逍遥游”——让-雅克·卢梭作品中的道家幸福［J］．湖南社会科学，2012（6）：204．

蛛停留在中心地带，注定独享孤独。最理想的孤独场所应该是在高山中，在高人一等的山顶，他确信自己可以比世人看得更远、更清晰。高山是大自然三界的完美结合体，是大自然的微缩版。“我的生活越是孤寂，就越需要某种东西去填补其空虚。不受人力强制的大地把自然的产物从四面八方奉献到我的眼前，它们取代了我的想像力不愿意设想、我的记忆力不愿去追忆的东西。我乐呵呵地到荒野寻找新的植物，这种快乐盖过了摆脱那些迫害我的人所带来的快乐；来到杳无人迹的地方，我更加纵情地呼吸，仿佛是到了不再受他们仇恨折磨的避难所。”①

卢梭自诩为唯一将世事看得透彻、众人皆醉我独醒的人。因此，他注定孤独。他的所思所想从未被同时代的人真正地理解或者接受，因为，他将自己居于高位。高瞻远瞩的思想往往很难被人理解，他只得一人享受孤独。而他本人也坚持自己的这种立场，不愿做出丝毫的妥协与退让。他将社会的排斥视为一种磨砺、一种净化身心的历练，可以将自己尽可能地带回自然生活之中。根据卢梭的观点，幸福是通过“勇气”和“意志”来实践的。无论个体的身体和精神状态如何，坚持自己的意志就有机会获得幸福。这种内心的力量，来源于心灵深处的意志坚信：我的幸福是我自己的。

高山往往是归隐者的福地，而归隐者通常都是孤独的。一个孤独者对于他以外的世界来说是个没有生命的存在，没有人看得见他的祷告与冥想，他们对社会也没有什么影响，因为社会更需要道德的范例而不是森林中的遐思。因此，山的孤寂能够成全智慧的冥思，在完成自我修炼之前必须承受孤独。

“一天当中，只有在这些孤独和沉思的时刻，我才是完全意义上的我，才属于我自己，没有牵挂，没有羁绊，真正可以说成了符合大自然心愿的人。”②

“在这个随心所欲创造的理想社会中，卢梭只身一人。他是孤独中唯一的居民，他在其中逃避现实社会。没有任何迹象显示他因山中岁月的孤独而感到苦恼，因为现实社会早已将他逼进了孤独的境地。于是，他将自己封闭在以自我为核心的环境中，与外界切断了一切联系，坚持只对自己负责的态度，他努力地在这个环境中用自己的遐思与想象营造理想中的天堂，无论是天上的还是

① 让-雅克·卢梭. 孤独漫步者的遐想［M］. 钱培鑫，译. 南京：译林出版社，2006：86.

② 让-雅克·卢梭. 孤独漫步者的遐想［M］. 钱培鑫，译. 南京：译林出版社，2006：10.

人间的。”[①]

在卢梭营造的这个环境中，美丽的风景总是伴随着高山出现。在这些山中，他通过孤独找回了自我。他凭借着自己的双腿和双眼翻山越岭，览尽山中风光。“在《孤独漫步者的遐想》中，孤独是一种实验性的修炼。无论作家是自由的选择还是命运的安排，孤独让他投入自己的思想和创作当中；自此以后，孤独不再是生活中的障碍或者煎熬，而是作家反省自己的渠道之一。周围的景致也跟随他的节拍发生变换，最终达到时间与空间的完美协调。”[②]

“漂泊的生活正是我需要的生活。在天朗气清的日子里，不慌不忙地在景色宜人的地方信步而行，最后以一件称心的事情结束我的路程，这是各种生活方式中最合我口味的生活方式。另外，大家也知道什么样的地方才是我所说的景色宜人的地方。一个平原，不管那儿多么美丽，在我看来绝不是美丽的地方。我所需要的是激流、峰岩、苍翠的松杉、幽暗的树林、高山、崎岖的山路以及在我两侧使我感到胆战心惊的深谷。”[③]

孤独对他来说不是一种灾难，而是一种幸福。孤独并没有让他感到被驱逐和排斥的不幸，它被看作一种愉快，一种终于可以回归自我、自由自在的愉快。卢梭以他独有的新颖方式预言了许多伦理学家认同的观点：幸福在于我们自身，而不是在别处。

天生的深刻钻研精神以及满腔幸福的回忆使作家乐于独处，寻找僻静之处，聆听来自上帝的声音。他的心似乎从孤独中汲取养料。因此，他渴望孤独与静默，渴望没有任何言语来打搅的孤独。他创作《孤独漫步者的遐想》一书为的就是将孤独与写作完美结合，并且让阅读唤醒他写作时体味到的温柔之情。通过这些写作与漫步，他从未停止自我找寻和重新认识自我。这是一趟回归自我的旅途，他不需要任何人的陪伴，他必须独立地完成这趟旅途。在该书第七章，他写道：“我把自己比作是发现某个荒岛的旅行家，洋洋自得地思忖道：我一定是进入此境的第一人；我差不多把自己看成哥伦布第二了。”[④] 作家把自己与发现新大陆的哥伦布相提并论，因为他认为自己也发现了一块属于

---

① 中英伦葩．心斋——卢梭悲剧意识的自我救赎［J］．法国研究．2014（2）：82.

② 中英伦葩．心斋——卢梭悲剧意识的自我救赎［J］．法国研究．2014（2）：82.

③ Jean-Jacques Rousseau. Bernard Gagnebin et Marcel Raymond，Oeuvres complètes［M］. Paris：Bibliothèque de la Pléiade，1959—1964：172.

④ 让-雅克·卢梭．孤独漫步者的遐想［M］．钱培鑫，译．南京：译林出版社，2006：87.

自己的新大陆，这块对于外人来说不知名的地域是他内心深处的一片空间。[①]

尽管他在现实社会中居无定所，但是他在真理中寻找到自己的居所。一个接一个的避难所、一次又一次地归隐，他始终徘徊在社会的边缘。社会将人的原始本质掩盖和篡改，扰乱了意识间的交流。卢梭渴望的是心灵之间完全透明和直接的交流。他必须切断所有与纷扰世界联系的纽带，因为这个世界中充斥着让人担忧的阴谋、被面具遮盖的嘴脸和晦涩昏暗的视线。卢梭一旦获得孤独，覆盖在大自然之上的纱幕将被撩开，遮掩林荫小道的昏暗晦涩也将消失，遗失的幸福也将被归还。重新体味自然风景的代价就是与身边人的决裂。身处社会边缘以外的位置，孤独让他回归了透明状态：

"尽管是独自一人，自负的迷雾和尘世的喧嚣却使清新的灌木在我的眼中黯然失色，它们扰乱了遁世隐居的宁静。我逃进树林深处也是枉然，一大群讨厌的人到处跟着我，把我面前的大自然整个儿遮住。只是在摆脱了社交界的狂热和他们可悲的纠缠之后，我才重新体会到大自然的全部魅力。"[②]

一旦他遗忘了社会，摆脱了所有其他人带来的忧虑和困扰，旅途就将重新焕发原始的生命力。这就是他重新找回的魅力，真正的魅力所在。卢梭可以直接面对大自然，无需担忧其他的纷纷扰扰干涉他的视线：

"我以更加轻盈的脚步在森林中寻找原始的地方，寻找没有被人类的控制欲染指的僻静场所，寻找让我相信自己是第一个进入并且不会有第三者来打扰我与大自然沟通的避难所。"[③]

归隐山林、重返俭朴生活的念头并非卢梭心血来潮的产物。西方历史上，在先知、圣人、诗人和哲学家当中就曾先后涌现过归隐的现象。在卢梭生活的年代，一些宗教的虔诚教徒和思想家（例如16世纪法国著名作家蒙田）也提倡这种生活方式，为的是重新找寻自我和冥思。17世纪的法国掀起一股远离社会回归上帝的热潮，"准确说来就是保留自我"，18世纪，一些真正的虔诚教徒继续寻求孤独与宁静。1690—1700年，越来越多的法国人将先祖们在乡村山林中的生活的幸福与道德理想化，并且参与到构建回归乡村的神话当中：

① 中英伦葩. 心斋——卢梭悲剧意识的自我救赎 [J]. 法国研究，2014 (2)：82.

② 让-雅克·卢梭. 孤独漫步者的遐想 [M]. 钱培鑫，译. 南京：译林出版社，2006：101.

③ Jean-Jacques Rousseau, Bernard Gagnebin et Marcel Raymond, Oeuvres complètes [M]. Paris: Bibliothèque de la Pléiade, 1959—1964: 1139-1140.

例如法国作家拉封丹和普雷沃都为此做出过贡献。普吕什神父曾通过科学研究发现，通过研究一颗谷粒可以了解大自然潜藏的张力。他的这一观点也受到了卢梭的欢迎，因为卢梭本人也是植物学爱好者。

当卢梭谈起在比埃尔湖的圣皮埃尔岛上度过的幸福几周时，他回忆了岛屿全景，然后是汝拉山和瑞士，由“近处的山”眺望至“更远处”。他眼中的风景画卷一点一点地展开。他为自己的风景画卷镶入了以群山为线条的画框。这些线条作为与外部世界的分界线，包裹着他的美好回忆。但是这并不是一幅色彩斑斓的画卷。众所周知，卢梭是近视眼，他对色彩并不敏锐。然而，他却能出彩地使用“淡淡的青色”来描绘远山，这是他文学作品的一个创新点。这种颜色在之后被法国作家夏多布里昂借用于《基督教真谛》一书：“青色的白昼与天鹅绒般的月光”。除了这种色彩之外，卢梭使用的描绘性词语也相当有限。他擅长于使用“明媚的、宜人的、孤独的、华美的、壮丽的、令人陶醉的”等形容词，但是这些词都无法给人具体的形象感。读者只能透过这些形容词感觉到一点：作家在孤独中寻找失去的幸福。

年轻时期的卢梭早已产生逃离“世间纷扰”的观念，而山中的孤独宁静恰好符合了他的这一需求。通过想象力和遐思重新组建起来的万物让他更加确信自己无法适应这个社会。从童年开始，卢梭身上就潜藏着一股流浪的冲动和彻底地逃避的念头，这股冲动和念头从未受到过社会干扰。在他的理念中，那些厌世的不朽者总是居于高处。例如奥林匹亚山上的诸神，他们大多择高山而栖。对年轻卢梭影响颇深的书籍之一当属《圣经》，他承认自己曾经完整地阅读过五六遍。该书为他讲述了许多受到神的指引或拯救最终抵达神圣福地的英雄故事。上帝是孤独的，上帝是永恒的孤独，不是所有人都能认出他，也不是所有人都能明白理解神谕。上帝作为万物的中心与准则，他的伟大将他置于无人能与之相提并论的高度。所有一切都是上帝万能力量的作品，上帝临驾于万物之上，超越一切。上帝是独一无二的又是孤独的，保持孤独，就是维护自己的独一无二。

卢梭便是从《圣经》一书中吸取了经验。他并无野心开发新的疆域，却试图踏遍人类共同的领土即大自然。他的孤独旅途期盼的是回归本源、回归真理。他离群索居为的是修身养性，与大自然和谐同步、合二为一。他的孤独既不来自于上帝的挑选安排，也不是厄运的诅咒。孤独不是为那些社会杰出精英准备的，它却能让平凡普通人成为圣人智者。

因此，孤独在卢梭的作品中作为一剂良药随处可见。社会对卢梭的误解逼迫他不得不对孤独产生了依恋之情。这份在大自然中的孤独让他尝到了“与自己灵魂对话的柔情”。他在世上虽然孑然一人，但是真正幸福的根源还在自己身上。《孤独漫步者的遐想》第八章高度赞美了孤独：“如今我孑然一身，真的只有用自身的养料来充实自己，但是这种养料是不会枯竭的；……我还是能自给自足的。”[①] “我以前还努力抓住成千上万的东西，在这些依托都相继落空、只剩下孤零零一个人之后，我才恢复了我的常态。我能在四面八方的压力下保持平衡，那是因为我不再依附任何东西，依附的只是我自己。”[②] “我只有孤身一人时才完全属于我自己，出了这个范围，我就成了周围所有人的玩偶。……我走上街头，立刻就看到令人心碎的事物把我围住；我只好大步朝田野走去；只要看见一片翠绿的景色，我便能缓过气来。所以说，我喜欢孤寂的生活，那又何足为奇呢？在人们脸上，我看到的只有敌意，而大自然却永远冲着我微笑。”[③] 孤独的境地是卢梭唯一可能获得自由的环境。在与社会的每一次接触中，他都沦为他人目光和言语的牺牲品，就像许多其他的归隐者一样，他并不适应这个社会。在卢梭的漫漫人生旅途中，他并非忍受孤独，而是努力去寻找孤独，同时也在寻找自我。

因此，卢梭在作品中赋予了山区居民众多优良品质：热情、质朴、无私、简朴风尚、不追名逐利，等等。他们几乎成了作家眼中的圣人。卢梭偏爱和推崇朴素自然的山区生活，反感上流社会奢华萎靡的风俗，两者在他的书中形成了强烈的反差。

“在《道德经》一书中老子所提到的‘圣人’则更加与世隔绝、难以捉摸。他们有着至高无上的社会地位，人们顶礼膜拜，对于自身的修养与追求在中国文化中留下了难以磨灭的痕迹。这些圣人往往淡泊功名，归隐山林，行踪飘渺，追求身心的修炼境界、自身的修养，试图回归本源。这也是一趟孤独的行程。”[④]

---

① 让-雅克·卢梭. 孤独漫步者的遐想 [M]. 钱培鑫，译. 南京：译林出版社，2006：92.

② 让-雅克·卢梭. 孤独漫步者的遐想 [M]. 钱培鑫，译. 南京：译林出版社，2006：94.

③ 让-雅克·卢梭. 孤独漫步者的遐想 [M]. 钱培鑫，译. 南京：译林出版社，2006：114.

④ 中英伦葩. 心斋——卢梭悲剧意识的自我救赎 [J]. 法国研究，2014 (2)：82-84.

如果在道家思想中我们只读到了“逍遥”“自由自在”“至乐”，看到的只是老庄游于世间、不拘于万物的开阔胸襟，那么此时我们就应该静下心来再仔细翻读一遍，或许会发现这背后还藏着老庄的另一种感情，甚至是另一种不被挖掘的美。

老子生活在动荡不息的年代，战争不断，诸侯纷争，平民百姓备受剥削与压迫。老子在《道德经》中写道：“民之饥，以其上食税之多，是以饥。民之难治，以其上之有为，是以难治。民之轻死，以其上求生之厚，是以轻死。”①人民饥饿，是由于居上位者吞吃赋税太多。人民难于管理，是由于居上位者政令繁苛，人民难以治理。人民轻视生命，是由于居上位者贪求生活的奢侈，搜刮民脂民膏。在看似无关政治的《道德经》中，在老子看似云淡风轻的描绘中，我们反而更能感受到他内心的沉重与对国家深深的担忧。但是他纵有安邦定国之志，遭遇乱世却无能为力，最终选择隐退成全自己。

老子的隐退并非消极避世，而是洁身自好，甘愿清贫。在自然之美中感悟“无为而治”的真谛。“无为而无不为，取天下常以无事；及其有事，不足以取天下。”② 无为不妄为，则任何事情都可以做到有所作为。治理国家的人，要时常以不扰民为治国之本，以无事而取天下。如果居上位者政令繁苛，那就不配治理国家。

老子既有处世的无奈、不施抱负的扼腕叹息，也有强烈的批判与呼声，这是在社会悲剧之中顽强挣扎的傲然之美。这种美来自于老子的“吾所以有大患者，为吾有身”③。其中。“吾”是超越自在的“自我”，将超越自身而统一在“自在的存在”中。

“夫虚静、恬淡、寂漠、无为者，万物之本也。明乎此以南乡，尧之为君也；明乎此以北面，舜之为臣也。以此处上，帝王、天子之德也；以此处下，玄圣、素王之道也。以此退居而闲游，则江湖山林之士服；以此进为而抚世，则功大名显，而天下一也。……与人和者，谓之人乐；与天和者，谓之天乐。”④

① 陈鼓应. 老子今注今译：道德经［M］. 北京：商务印书馆，2003：330.

② 陈鼓应. 老子今注今译：道德经［M］. 北京：商务印书馆，2003：250.

③ 陈鼓应. 老子今注今译：道德经［M］. 北京：商务印书馆，2003：121.

④ 杨柳桥. 庄子译注［M］. 上海：上海古籍出版社，2006：198.

与天和谐也就是与天、地、道合而为一。“天地虽大，其化均也；万物虽多，其治一也……通于一，而万事毕；无心得，而鬼神服。”① 然而，这种和谐统一并不是轻而易举就能达到的。它必须达到两方面的条件：一方面抵御外界的干扰诱惑；另一方面坚持自我内在的修炼。山林与河泽为隐士们的生活与自我修炼提供了僻静之处。大自然能够驱散人对外界的贪欲，能够纠正迷途的思想，能够帮助思想自由地呼吸。

庄子的“忘我、忘物”是有名的超越理论。“今者，吾丧我，汝知之乎?”② 郭象注云：“吾丧我，我自忘矣，我自忘矣，天下有何物足识哉！故都忘内外，然后超越俱得。”丧就是忘，忘却自我之身，进入无身之我，回到自在的自我，就是“与道通”的境界。因为，“我自身”是生之累，如果“无身”便可实现物我两忘的超越，达到“物物而不物于物”的理想境界。

由此，庄子提出的“心斋”与“忘我”的修身养性理念，为的是解放身心，让精神能够在大自然中获得自由，并最终体会生命的真谛。什么是“心斋”呢？庄子做出了如下解释：

“若一志；无听之以耳，而听之以心；无听之以心，而听之以气。耳止于听，心止于符；气也者，虚而待物者也。唯道集虚。虚者，心斋也。”③

这段话的意思就是说要纯一内心，对于一切事物，不是光用耳朵去听，而是要用心去聆听；不是用心去听，而是要用气去听。耳朵只限于听取事物，心只限于符合事物；只有气才是用虚无淡漠来对待事物的主宰。“道”是完全集结在虚无淡漠之中的。虚无淡漠，就是内心的斋戒。④

心斋既是一种生活方式，也是一种思考方式。在庄子生活的年代，心被人们认为是可以思想的器官之一，而且它十分容易受到传统观念的影响。庄子在《天道》篇中写道：“世之所贵道者，书也。书不过语。语有贵也。语之所贵者，意也。意有所随。意之所随者，不可以言传也。而世因贵而言传书。……悲夫！世人以形色、名声为足以得彼之情！夫形色、名声不足以得彼之情，则‘知者不言，言者不知’，而世岂识之哉?”⑤ 世俗之人以为形体、色彩、名称

① 杨柳桥. 庄子译注 [M]. 上海：上海古籍出版社，2006：169.
② 杨柳桥. 庄子译注 [M]. 上海：上海古籍出版社，2006：16.
③ 杨柳桥. 庄子译注 [M]. 上海：上海古籍出版社，2006：53.
④ 杨柳桥. 庄子译注 [M]. 上海：上海古籍出版社，2006：59.
⑤ 杨柳桥. 庄子译注 [M]. 上海：上海古籍出版社，2006：213.

和声音足以得到客观世界的真实，其实并非如此。世俗之人珍惜宝贵的东西，其实那些宝贵的东西并不值得他们如此看重。庄子所主张的仅仅是聆听精神的声音。这也是一种回归本源、排除外界干扰的方式之一。从纷扰中自我解脱，超越耳朵与双眼所闻所见，聆听内心，最终我们将找到真正的“道”之所在。这个过程中，没有任何人可以帮助我们。只有当我们远离社会生活，过上孤独宁静的归隐生活，才能忘记得失，并最终忘记自我，达到与自然的和谐同步。也就是说，“以圣人之道，告圣人之才，亦易矣；吾犹守而告之，参日，而后能外天下；以外天下矣，吾又守之，七日，而后能外物；已外物矣，吾又守之，九日，而后能外生。已外生矣，而后能朝彻；朝彻，而后能见独；见独，而后能无古今；无古今，而后能入于不死不生”①。“独与天地精神往来”，庄子在“逍遥自在游于尘世”的背后隐藏着对命运与生死的无可奈何，但又有对命运与生死的顺应通达。

“受命于地，唯松柏独也正，在冬夏青青；受命于天，唯尧舜也正，在万物之首。”② 庄子认为万物皆秉受天命而生，命之为命，人都不能左右的。“游于羿之彀中，中央者，中地也，然而不中者，命也。”③ 自古以来，人类一直寻求长生不死，人对于死亡极度敏感与哀愁。对于生与死这种亘古不变的人生大问题，庄子仍旧抱着顺应自然的态度。生不值得可喜，死也不值得可悲，故有“鼓盆而歌”的典故：庄子的妻子去世，他敲着瓦盆唱歌。庄子认为人的生死就像是四季交替一样，循环往复。“妻子生来从无到有，死去从有到无，这是一种自然的变化，又何须为之悲伤哭泣？”

在《庄子》的字里行间，读者可以感受到一种对命运、生死的无可奈何。但庄子并非是消极悲伤的，也没有将他自己的“游世”情怀蒙上怅然若失的心绪。“知其不可奈何，而安之若命，德之至也。”④ 人既然无法无力抗拒命运，那就以一种泰然自若的态度听从命运的安排，那么就会达到“修德”的境界。庄子之所以持这样一种态度，就是想以这种顺应和通达来保持心灵的逍遥自由。

---

① 中英伦葩. 心斋——卢梭悲剧意识的自我救赎［J］. 法国研究. 2014（2）：84-85.
② 杨柳桥. 庄子译注［M］. 上海：上海古籍出版社，2006：76.
③ 杨柳桥. 庄子译注［M］. 上海：上海古籍出版社，2006：79.
④ 杨柳桥. 庄子译注［M］. 上海：上海古籍出版社，2006：61.

"且夫，得者，时也；失者，顺也。安时而处顺，哀乐不能入也。"① 生命的获得，是因为适时；生命的丧失，是因为顺应；安于适时而处之顺应，悲伤和快乐都不会扰乱心灵。庄子以一种淡泊的心境追求自己的"至乐"，纵然再多无可奈何、无能为力、无法抗争，他都以内心的宁静、平和、淡泊应对，以"游世"的潇洒、"游心"的追求在人生的悲喜中"淡泊而明志、宁静以志远"。道家思想的这种"哀而不伤"的悲剧之美，果然使人着迷。

其实，卢梭通过整理采集的植物，将它们制成标本，通过写作记录自己漫步时的感受、遐思、回忆，也是在经历"心斋"的过程。尤其当孤独感袭来时，他必须在自我的价值与社会的遗憾中找到平衡点。最终，他采取"自我保护"，回归自我。更深刻地反省是为了更好地认识自我，提升自我。在圣皮埃尔岛上生活的岁月里，他享受着孤独。"有时候，看着湖水，我会在刹那间想到世事无常，可是这种淡薄的想法很快消失在运动不息的湖水里。湖水给我抚慰，用不着我任何感情的投入，就能牢牢地吸引着我。"② 一波接一波的湖水与接连不断的涛声唤醒了卢梭心底深处的忧郁，水波的动荡让他触景生情。山的坚毅挺拔弥补了这一缺憾，给他稳定的安全感。

二、岛屿情结

在《孤独漫步者的遐想》一书中，卢梭曾经把自己比作"荒岛"的旅行家。"我被周围的景物深深感染了，竟不知不觉地忘了研究植物和花草，我坐在柔软的石松和苔藓上恣意遐想起来；我以为自己是在一个与世隔绝的隐蔽处，迫害者们再也找不到我了。骄傲之情油然而生，很快融入了这种遐想。"③ 他洋洋自得地认为："我一定是进入此境的第一人；我差不多把自己看成哥伦布第二了。"④ 他在回忆圣皮埃尔岛上度过的短暂美好岁月时写道："我这就算是向我的时代、向我的同时代人告别了，我要一辈子禁锢在这个岛上而与世长辞；我的决心就是如此。过闲散生活的伟大计划，到那时为止，把上天赋予我的那点活动能力用尽了都没能实现，现在我打算就在这个岛上最后实行起来。

① 杨柳桥. 庄子译注［M］. 上海：上海古籍出版社，2006：102.
② 中英伦葩. 心斋——卢梭悲剧意识的自我救赎. 法国研究［J］. 2014 (2)：85.
③ 让-雅克·卢梭. 孤独漫步者的遐想［M］. 钱培鑫，译. 南京：译林出版社，2006：87.
④ 让-雅克·卢梭. 孤独漫步者的遐想［M］. 钱培鑫，译. 南京：译林出版社，2006：87.

这个岛就要成为我的巴比玛尼岛——那个可以酣眠的幸福之乡。”①

梦想、遐思是卢梭的最大快乐，“我宁愿醒着梦想而不愿睡着做梦。浪漫盘算的年龄过去了，荣华富贵的云烟曾使我头昏脑涨，并没有使我心旷神怡，剩下来的只有最后一个希望，希望能无拘无束地在永恒的闲散中过生活。这是天国里有福之人的生活，从此我要把它当作我的无上幸福而在人间享受。”②

在他眼中，岛屿就像是底部浸泡在水中的山。因为岛屿总能让他联想到福地乐土，尤其是那些人烟稀少的孤岛。卢梭离开归隐庐，在路易山度过了两个艰难的寒冬之后，卢森堡公爵为他提供了蒙莫朗西的“小府第”作为住处，那里被卢梭视作安乐之所。在《忏悔录》一书第十章中，卢梭回忆道：“蒙莫朗西园林不是和舍弗莱特园林那样修在平地上的，而是起伏不平，间有小丘和凹地，那巧妙的艺术家就利用这些陵谷来使丛林、水流、装饰和景色千变万化，把本身相当局限的一片空间，可以说凭艺术和天才的力量扩大了多少倍。这园林的高处是那片平台和府第，底部形成一个隘口，向一个山谷伸展和扩大，拐弯处是一片大水池。大水池的四周都是山坡，被幽丛和大树点缀得非常美丽，隘口宽阔处是一个橙树园。在橙树园与大水池中间就是那个小府第。这座建筑物和周围那块地以前是属于那著名的勒·布伦的，这位大画师着意用他那修养有素的建筑与装饰的绝妙美感，建筑并装饰了这所房屋。这个府第后来又经重建，但始终还依照原主的图样。房子很小，很简单，但很雅致。因为它是在谷底，介乎橙园的小塘和那个大水池之间，很容易受潮，就在房子当中穿了一个明廊，上下两层排柱，使空气可以在全屋流通，所以虽然地点低湿，还可以保持干燥。当你从对面为房子作远景的那带高地望这所房子的时候，房子就像是被水环绕着一样，你简直以为看见了一个迷人的小岛，或者是看见了马约尔湖内三个波罗美岛当中最美丽的岛屿。”③

“就是在这个一边是树林、一边是池水的幽静的环境里，在各种各样鸟儿的鸣啭声中，闻着橘子树的花香，心醉神迷地撰写《爱弥儿》第五卷的。这卷

① Jean-Jacques Rousseau. Bernard Gagnebin et Marcel Raymond, Oeuvres complètes [M]. Paris: Bibliothèque de la Pléiade, 1959—1964: 640.

② Jean-Jacques Rousseau. Bernard Gagnebin et Marcel Raymond, Oeuvres complètes [M]. Paris: Bibliothèque de la Pléiade, 1959—1964: 640.

③ Jean-Jacques Rousseau. Bernard Gagnebin et Marcel Raymond, Oeuvres complètes [M]. Paris: Bibliothèque de la Pléiade, 1959—1964: 520-521.

书中的清新色彩，大部分都来自我写作的那个环境给我的鲜明印象。”①

1765年秋天，在圣皮埃尔岛上，卢梭找到了新的庇护所。这座面积不足一平方公里的小岛位于比埃尔湖中央，它充分迎合了卢梭的审美追求：狭窄的空间、环绕的湖水和远处的青山，能满足卢梭的所有要求，帮助他体会完美的幸福。岛上短短的六周，为卢梭的《忏悔录》和《孤独漫步者的遐想》激发了无穷的创作灵感。这个地方是卢梭岛屿情结最重要的寄托。

究竟什么是岛屿情结呢？法语中有一个专门的词语——“岛屿性，岛屿情结”(insularité)。从字面意思看来，是指由一个或多个岛屿组成某一片领域的状态或特征。岛屿之所以能在卢梭的想象力中占据重要的地位，和他对《鲁滨逊漂流记》的执迷多少有点联系。小说的主角鲁滨逊被迫困于孤岛上，与世隔绝，但是仍然顽强地活下去。在鲁滨逊的身上，卢梭找到了一个神话般的英雄人物原型——“与世隔绝”的成功模板。岛屿是他内心欲望的表征和反射自我的标识。他放任自由地在岛屿的有限范围内体验孤独，冲破了社会习俗的禁锢，构建了一个能让他更好地欣赏和品味大自然的神话。

卢梭关于马约尔湖的波罗美群岛、太平洋中的智利群岛、瑞士的圣皮埃尔岛等的模糊回忆都一一出现在他后来的作品中，有些是自己的回忆，有些是借助小说中的人物回忆。卢梭笔下的岛屿往往是维护平等自由、崇尚善良风俗、回归简朴田园生活的象征。卢梭确信，在岛屿的孤寂中他才能找回渴望的宁静。有时候，想象力会将一些与他感情紧密相连的地方或者让他体验到幸福的地方幻化成岛屿，如沙尔麦特、归隐庐、路易山、克拉伦斯，甚至是《新爱洛伊斯》一书中的爱丽舍花园等。有时候是真实存在的地方，有时候是卢梭的想象力臆造的地方。岛屿能够让他幻想自己零距离地接触到了人类的自然状态或者是回归了黄金时代，因为岛屿是土地、水、植物的完美统一体，它成功地唤起了作家对于伊甸园时代的思念，并促使他勇敢地找寻这块遗失的乐土。岛屿凭借着山水丛林的魅力构成了一个迷幻的空间，在其中，大自然可以自由地施展自己的魔力，吸引这位孤独漫步者进一步探索和发现。卢梭在其中发现了自然原生态的真实和美。每当卢梭试图凭借想象力美化一个他生活过的地方时，他往往会把这个地方幻想成一座与世隔绝的岛屿，并将它神圣化。在卢梭心

① Jean-Jacques Rousseau. Bernard Gagnebin et Marcel Raymond, Oeuvres complètes [M]. Paris : Bibliothèque de la Pléiade, 1959—1964: 521.

中，偏僻的孤岛远离人群，是逃离或者回避人类社会文明的象征，是人间天堂的象征，是充满幸福的世界，岛上依然吹着创世纪时代的和风，灵魂可以呼吸到自然清新的空气。

卢梭的一生都在追寻与自然的和谐、与自我的和谐。他创作《忏悔录》一书就是出于此动机。他想让那些在大自然中或者在心爱的人身边度过的短暂幸福时刻重新浮现脑海，与读者分享他的喜悦和哀思。同时，他也承认，那些信任、休憩、宁静、欢乐和激情总是不稳定的，时时受到生活琐事、朋友背信弃义、自我意志薄弱、时间距离等因素的干扰。在《孤独漫步者的遐想》一书中，卢梭以圣皮埃尔岛为主，自我构建了一种岛屿性质的幸福氛围，通过和观察大自然遐思来丰富自己的经验。他从湖光山色、采集植物标本，甚至从水中汲取养料，充实自己。快乐像小溪一样在他的笔尖流淌："plaisir"（快乐）一词就出现了 84 次，尤其是在第九章中高达 36 次；"jouir"（享受）和"jouissance"（享乐）出现了 27 次；"bonheur"（幸福）出现了 27 次。

偏僻的孤岛最让卢梭心醉。他曾经的一个理想住所坐落在一个山谷中央，位于一个橘园和池塘之间，房子就像是被水环绕着一样，像"一个迷人的小岛"，卢梭把它比作"位于马约尔湖中三个波罗美岛当中最迷人的岛屿"。

在这个住所，孤独像水一样深不见底，却像橘园里的橙花般芬芳四溢。在那里，卢梭享受着一场视觉、听觉与嗅觉的饕餮盛宴。他的视线由远及近，由高及低，群山、橘园、水流填满了视野，各种各样的鸟儿放声高歌愉悦了他的听觉，橙花吐露的芳香沁人心脾。"每天早晨，在太阳上山的时候，我是多么急于到那条明廊上去呼吸馨香的空气啊！我在那里，和我的戴莱丝面对面，吃到了多么好的牛奶咖啡啊！我的那只猫和那只狗都陪着我们。这样的陪伴够叫我一辈子都满足的，绝不会感到一刻的厌烦。我在那里真像是住在人间天堂；我生活得跟在天堂一样纯真，品尝着天堂一样的幸福。"① 卢梭在那里受到了卢森堡夫妇的保护，感觉到了命运的眷顾。这个住所不仅仅是一个避难所，在他心目中已升华成了伊甸园，变成了"人间天堂"。

岛屿在卢梭的作品中不仅仅代表着"人间天堂"，在这个封闭的环境中，他也找到了清静。无边的遐思可以将内在与外在的世界联系起来，将自我与外

① Jean-Jacques Rousseau. Bernard Gagnebin et Marcel Raymond, Oeuvres complètes [M]. Paris: Bibliothèque de la Pléiade, 1959—1964: 521.

界紧密相连。

设想一块位于湖中央或者海中央的小岛被水围绕，当微风吹皱水面，波涛一浪接一浪地拍打着岛屿，卢梭仿佛进入了一种自我反思的状态，一种万千思绪涌向以自我意识为中心的状态。卢梭看重的就是这种凝聚力，用以证明自我的存在。“除了在自己的形象中，还能在哪里更好地反思呢？在泉水的清澈透明中，一个动作就可以打破水中的形象，但是平静下来的水又将它重新组合起来。反射出的世界就是在寻求宁静。”① 在《孤独漫步者的遐想》一书中，卢梭表现出了重拾自我和反省的迫切需求：在该书的第一章中相继出现“ramener”（重建、使再现）、“retour”（回归）、“revenir”（返回）、“où je suis”（我在哪儿）等词汇或者句子。在被“掠夺”和“驱逐”之后，卢梭试图找寻自我和回归自我，“我与他们、与一切都不相干”，他只想牢牢地把握自己。

除此之外，岛屿上的绿树浓荫和四周清澈透明的水让卢梭联想到大自然母亲的怀抱，而这也是他从童年开始一直在找寻的情感。“更确切地说，一切可口的饮料都是一种母乳。……首先，一切液体全是一种水；其次，一切水都是一种乳汁。梦幻具有一种直根，它深入到最早先的孩提时代生活的淳朴的巨大无意识中。”②

由于出生丧母，由姑姑抚养长大，卢梭从小就缺失家庭的温情，非常渴望母爱。被他称作“妈妈”的华伦夫人让他实现了在母亲身边成长的童年梦想，他始终将与华伦夫人生活的时光看作人生最美好的回忆。“amour”（爱）一词在他所有的作品中出现了 1300 次之多，是出现频率最高的词汇。很明显，卢梭需要爱人也需要被爱，他需要亲属、朋友、恋人的爱，尤其是母亲的爱。

“这就是我在圣皮埃尔岛，躺在随波逐流的小船上，坐在波涛汹涌的湖畔，或是在景色秀丽的河边，看着流过沙砾的潺潺溪水，独自一人浮想联翩时所处的状态。”③ 卢梭把他的岛屿压缩成一艘漂浮在水面的小舟，随着水波的荡漾，

---

① Gaston Bachelard. L'Eau et les rêves essai sur l'imagination de la matière [M]. Paris：José Corti，1942：35.

② Gaston Bachelard. L'Eau et les rêves essai sur l'imagination de la matière [M]. Paris：José Corti，1942：135.

③ Jean-Jacques Rousseau. Bernard Gagnebin et Marcel Raymond，Oeuvres complètes [M]. Paris：Bibliothèque de la Pléiade，1959—1964：1046-1047.

像婴儿的摇篮一般轻轻摇曳。“每当我热烈希望享受我生来就该享受却又老得不到的那种幸福安适的生活，因而引起我的幻想时，我的幻想总是留恋在这湖水之滨和这一片片景色宜人的田野之中。我一定要在这个湖畔有一处果园，而不是在别处；我要有一位忠实的朋友、一个可爱的妻子、一座小屋、一头乳牛和一只小船。将来我有了这一切的时候，我才算在世上享到了完美的幸福。单只为了寻求这种想象中的幸福，我曾向那地方跑过多少次，我自己也对这种幼稚的举动不禁感到可笑。”①

卢梭作品中的花园也被他视作陆地上的岛屿。他笔下的花园总是被渲染了神话般的色彩，通常是树木、鲜花、鸟鸣和流水的完美统一体。《新爱洛伊斯》一书中，女主角朱莉的花园实现了他的岛屿梦想：“在走进这个所谓的果园的时候，我突然有一种非常舒适的感觉；浓密的树荫，绿茵茵的草地，周围盛开的鲜花，一道潺潺的流水，许许多多鸟儿的鸣唱，不仅使我的感官感受到了此处的清新，而且也使我的想象力像我的感官那样活跃起来。但同时，我也觉得，这里好像是天地间最原始和最孤立的地方，我是迄今第一个走进这个荒野之地的人。这出乎意料的景象使我感到惊讶，心情豁然开朗，因此，我一动不动地站了好一会儿，不自觉地高兴得大着嗓门说：‘啊，蒂里安！啊，朱安-费尔南德兹！朱莉，天边的地方就在你家的门前！’‘许多人都像你一样把这里看作是世外之地，’我怀着极其喜悦的心情游览了这个景色多变的果园。我没有发现任何从外地引进的花草，也没有看见来自印度的植物；一切都是就地取材，把当地产的花草树木搭配得非常好看，看起来特别舒服。草地绿油油的，长得浅而密，还间杂有欧百里香、薄荷、芸香、茉乔栾那和其他的芳草。地上有许许多多盛开的野花；我还吃惊地发现，其中有几种是园艺花卉，看来，它们原本就是在这里和其他的野花一起生长的。我时而还看到一些阴暗的树丛，宛如密林一样，连阳光也照射不进去；树丛是由一些木质松软的树构成的；它们仿照美洲红树天生的样子，把树枝弯到地上，让它在地上扎根。在较为空旷的地方，我看见一些既无一定行列而且又不对称的零零散散的花丛，如玫瑰花、覆盆子和醋栗；还有一些灌木丛，如丁香、榛树、接骨木、山梅花、染料木和三叶木，把这块地方装点得像荆棘丛生的荒野似的。我循着弯弯曲曲的和

① Jean-Jacques Rousseau. Bernard Gagnebin et Marcel Raymond, Oeuvres complètes [M]. Paris: Bibliothèque de la Pléiade, 1959—1964: 152.

不规则的小路前进，小路两边有开花的小树，路上还有数不清的花饰，如野葡萄、爬山虎、啤酒花、旋花、马兜铃、铁线莲和其他类似的植物，甚至还有忍冬和茉莉花。它们像我有时候在森林中看到的情形一样，漫不经心地从这棵树长到那棵树，结果，形成了替我们遮挡太阳的帘子。我们脚下的路面是柔和的、舒适的和干燥的，有细嫩的苔藓，但没有沙子、野草和从树根部长出的高矮不齐的萌芽条。这时，我才有点儿吃惊地发现，这些绿色的树荫，从远处看来是那么的可怕，实际上乃是由攀缘植物和寄生植物构成的；它们顺着树身攀缘，使树顶的叶子显得更加浓密，树根处更加荫凉。所有这些小路的两旁都有清澈明净的流水，有时候在花草丛中几乎看不见的密如蛛网的水沟里缓缓流动，有时候在大水道里的五颜六色的砾石上奔腾，闪烁着耀眼的水光。我还看见几处从地下冒出的泉水，有时候还看见一些较深的水渠，渠中水清如镜，把周围的东西全都映入眼帘。"① 朱莉的"爱丽舍"花园既保留了大自然的原始风貌，又添加了人类文明的痕迹，一座陆地岛屿的形象浑然天成。花园的命名独具匠心："Élysée"（爱丽舍是希腊神话故事中的天堂、理想中的乐土）。最后，卢梭写道："大自然的美，这里面全都有了！"法国文学评论家马克·埃热丹日点评道："遐思与梦想的隐蔽处，道德的愉悦在这里是纯粹内在的，与人类社会完全断绝往来，爱丽舍在它的边际和边缘地带预示了圣皮埃尔岛的形象。"②

卢梭为自己创建了一个适宜采集植物标本的优良环境，在这片深沉的宁静和孤独中，卢梭重新感受到了自己的存在、自我的价值，思绪也得到了抚慰。采集植物标本将大自然幻化成人类记忆当中伊甸园的形象。卢梭认为："首位药剂师非亚当莫属，因为很难设想哪座园子的植物会比伊甸园更齐备了。"③

卢梭的想象力总是试图将大自然尽力压缩，保存在身侧，以便随时随地可以拿出来欣赏。因为大自然不仅仅是采集植物标本的绝佳场所，也是爱情的温床。在《忏悔录》一书第九章中，卢梭描述了一段发生在花园中的难忘记忆。

---

① Jean-Jacques Rousseau. Bernard Gagnebin et Marcel Raymond, Oeuvres complètes [M]. Paris: Bibliothèque de la Pléiade, 1959—1964: 471.

② Marc Eigerldinger . Jean-Jacques Rousseau et la Réalité de L'imaginaire [M]. Neuchatel: A labaconnière, 1978: 143-144.

③ Jean-Jacques Rousseau. Bernard Gagnebin et Marcel Raymond, Oeuvres complètes [M]. Paris: Bibliothèque de la Pléiade, 1959—1964: 1064.

这个花园拥有“一个幽美的树丛，树丛里还造了一挂瀑布点缀着，就是在这树丛里，我和她坐在一片细草地上，头上是一棵花儿盛开的槐树，为着表达我心头的感情，我找到了真正无愧于这种感情的语言。这是我平生第一次，也是唯一的一次达到崇高的境地——如果人们可以把最缠绵、最热烈的爱情所能输进男人心灵的那种亲切而又富有魅力的东西称为崇高的话。我在她的膝上流下了多少令人心醉的眼泪啊！我又使她情不自禁地流了多少这样的眼泪啊！最后在一阵不由自主的激动之中，她叫道：‘不，从来没有像你这样可爱的人，从来没有一个情人像你这样爱过！可是，你的朋友圣朗拜尔在叫着我们，我的心是不能爱两次的。’”① 在这段文字中，大自然激发了人的激情与爱恋，爱情也美化了情人眼中的大自然。

人们习惯称呼大自然为母亲，卢梭也不例外。他作品中的花园构建了女性的神话，不仅象征着理想化的爱情、罗曼蒂克的情感，同时也象征着灵魂、纯洁、美丽、大自然等。水、植物、山石、飞鸟、鸣虫，它们都是构成人间天堂的元素。花园符合人类最原始的需求：“整个这幅景象包含了所有我们已经认作人间天堂和女性形象之间身份互换的符号，或者，是《创世纪》中伊甸园与夏娃之间的身份互换符号。因为夏娃象征着先于她自身，甚至是先于亚当存在的伊甸园。”② 卢梭强烈地想与他所欣赏、爱慕、尊敬的女性建立联系，他将《圣经》与神话中的与女性有关的元素如花园、水、大自然等加入了自己的作品中。在《新爱洛伊斯》一书中，朱莉的花园颇具女性的气质。在爱丽舍花园中，朱莉引导圣普勒在这个幽闭的环境中重新发掘自然，品味幸福。这种幸福是纯洁的，不掺杂任何欲望。圣普勒最终被朱莉说服，认同等待幸福的同时必须摒弃杂念。

法国作家卡特琳·拉霍兹在《花园里的敏感故事》一书中有一段总结：“花园是敏感与情感体验的场所。它是居住着灵魂的情感支撑，它同时具有回声和镜子的效果。”③

值得一提的是，法国18世纪那些保持自然原始风格的花园曾深受中国园

① Jean-Jacques Rousseau. Bernard Gagnebin et Marcel Raymond，Oeuvres complètes［M］. Paris：Bibliothèque de la Pléiade，1959—1964：444.

② Monique Anne Gyalokay. Rousseau［M］. Paris：Honoré Champion，1999：62.

③ Catherine Laroze. une Histoire sensuelle des jardins［M］. Paris：Olivier Orban，1990：355.

林艺术的影响，提倡返璞归真的审美标准。据历史考据，中国园林建造风格最初经由英国传入欧洲大陆，因此有很多资料记载的“英式花园”实为中国式园林。中国式园林的特点主要有以下四个方面。(1) 源乎自然。中国式园林布局以自然为基础，又高于自然，形式上具有自由曲折的特点，达到了人与自然的和谐境界，也就是“天人合一”的哲学境界。中国古典园林的精髓是师法自然。园林的地形地貌是对自然景观的高度艺术概括，它追求“虽由人作，宛自天开”的效果。所以，中国古典园林大多选在山水胜地之中，至少也是在水源之地，不然则通过挖掘湖泊和山脉，打造出一个巧夺天工的山水景观。(2) 诗情画意。中国的文化氛围受到了古代文人墨客诗画艺术的影响，这使中国古典园林包含了诗画意境。文人画家陶醉于山水，将诗情画意投射在园林中，以景抒情，从整体到细节都蕴含着浓浓的艺术情趣。中华民族的性格和中国传统文化的内涵通过园林设计进行视觉传达，让欣赏者有了视觉上美的享受，并受到心灵和精神的启迪，以此进入托物言志的深层境界。中国式园林的植物布局往往被赋予了人性和诗情画意，花草树木都象征着高尚的品格和主人的美好期望。(3) 因地制宜。中国古典园林会根据地理条件布局，遵循地形地貌的特点，通过艺术加工和人工精炼后，变得比自然更加合理而诗意。地形条件包括两个方面：首先是建筑与景观的整体协调；其次是多种元素与建筑位置的相对设定。这需要做到有张有弛，虚实结合。除此之外，中国园林为创造舒适宜人的居住环境，还十分注重尺度的拿捏。影响人类居住舒适性的光影、温度、湿度等因素已成为园林空间、地形、色彩等要素的重要设计依据。所以，居住条件决定了园林风格的总体布局，只要能充分利用原有的自然元素并对其进行装饰、升华，就能够为人和动植物创造一个更为宜人的环境。(4) 互为对照。中国园林非常注重以小见大、以暗衬明和欲扬先抑这三个重要特点，目的是为了达到移步易景和曲径通幽的视觉感受，从而加深简单景物蕴含的意韵。因此，中国园林通过构图布局上的近远借、临互借、仰俯借和应时借等类型，采用对景、框景、障景等原理，打造充满节奏和韵律的空间，形成拥有良好游览序列的空间体系，最终将外界的美景纳入园中。这样，既形成个体与整体的完美统一，又突破园林景物的界限；既扩大了园林的空间，又丰富了园林景观的层次。中国的园林与外国的园林相比，具有更浓厚的文化色彩、更意味深长的抒情色彩，将园林与文化深深地结合在一起。以上所述特征在卢梭的花园中都有明显的体现。

总而言之，卢梭作品中的岛屿既是伊甸园、人间天堂、内心自由的象征，同时也是一座关住作家的囚笼——一座没有出口的幸福牢笼。或者换句话说，作家从未想过要从中逃跑。正如法国诗人波德莱尔所说：“所有的抒情诗人，无论他的本性如何，命中注定走上朝向伊甸园的回归之路。”①

三、悲壮的幸福

法国作家戴德朗曾经写道：“18 世纪没有来得及等到让-雅克·卢梭来表达它与之前的古典主义时期截然不同的情感，或者至少给人类的情感一些崭新的表达方式。众所周知，我们的 17 世纪是吝于描述大自然的美，而这种对大自然的情感在布瓦洛的书信集中几乎不被察觉，在塞维涅夫人的作品中也不被感知，直到拉封丹和费勒隆的作品才让它遇到真正的使者。”②

卢梭通过作家的敏感性将大自然变得更加像田园诗歌般抒情。大自然中所有的声音、芬芳、色彩都让他迷醉：“芬芳的气味、绚丽的色彩，最优美的形态似乎各不相让，竞相吸引我们的注意。你只要喜欢这份乐趣，就自然会沉浸在如此甜蜜的感觉中；如果说所有身临其境的人并不都能体会到那种效果的话，那是因为有些人缺乏对大自然的敏感，而绝大多数则是因为满脑子装着别的念头，对触及他们感官的事物只能浮光掠影地浅尝。”③ 人们对大自然的这种感情，最早可以追溯到亚里士多德，在卢梭之后还有法国作家夏多布里昂、司汤达、巴尔扎克、乔治桑、雨果等。与卢梭同时代的还有一位作家冯·哈勒，他也表达了类似的情感。冯·哈勒在 1729 年的诗歌作品《阿尔卑斯山脉》中就已经描绘了阿尔卑斯山区朴素纯洁的生活，他同时也抨击了人类文明社会生活腐朽堕落的一面。根据作家的描绘，阿尔卑斯山的居民们善良淳朴、道德高尚。在卢梭的文学光环下，大自然之情更为普及。

幸福究竟在哪里？我们如何才能获得幸福？这也是卢梭一直探讨的问题。幸福像是一只蝴蝶，从不让人轻易捕捉到它。但是，如果你一动不动地坐在那

① Beaudelaire. les Oeuvres Complètes II [M]. Paris：Gallimard，1976：165.

② Charles Dedeyan. Jean-Jacques Rousseau et la sensibilité littéraire à la fin du XVIIIe siècle [M]. Paris：Centre de Documentation Universitaire，1958：5.

③ 让-雅克·卢梭. 孤独漫步者的遐想 [M]. 钱培鑫，译. 南京：译林出版社，2006：78-79.

里，或许有一天它会停留在你的肩上。尽管现实生活充满了苦痛与悲伤，人类摆脱苦难获取幸福的希望却从未磨灭过。卢梭认为，幸福其实就在我们自己身上，就在我们身边。它无处不在，人们却视而不见。从最初被上帝从伊甸园驱逐开始，人类世世代代在找寻幸福，因为人们确信它的存在，尽管很难发现。幸福与其说是被看见的，不如说是被感觉到的。这是一种满足与充实的持续状态，是精神与身体的平衡舒适状态，痛苦、焦虑和困难都消失殆尽的状态。

在西方传统哲学观中有乐观主义和悲观主义两种相悖的观点。乐观主义者认为幸福就像是“一种完全的满足状态”，幸福是可能被获取的。如斯宾诺莎的《伦理学》一书就教导人们摆脱痛苦，凭借更多的智慧去获取幸福生活。斯宾诺莎认为幸福在于有所作为，幸福存在于快乐之中。伊壁鸠鲁则认为幸福就是快乐，当人的自然需求得到满足时，这种快乐就会自发地从灵魂中产生。伊壁鸠鲁认为，没有智慧就不能生活得幸福。而在悲观主义者看来，幸福是不存在的。如《思想集》一书的作家帕斯卡，他告诉我们所有人都在找寻幸福，这是所有人行为的动机所在。德国的康德曾批判过对幸福的追求行为，尼采斥责追求幸福是面对现实悲剧贪图享乐的逃避。在 18 世纪的法国启蒙时代，幸福被人们赋予了以下一些特征：当下和此刻的幸福才是最重要的；而明天和未来似乎都是遥不可及的①。人们主张抓住当下的、眼前的现实幸福，而不是追逐幻想的未来。保罗·阿扎尔提及幸福时说道：“他们的幸福就是某种程度上的尽可能自足，但不追求绝对；是一种中庸的幸福，既不奢望拥有全部，也害怕失去所有。”② 与卢梭同时代的人也持有一些不同的观点。从唯物主义的视角出发，狄德罗想象幸福是一种与大自然运动相协调的自信，如激情与情感的流淌。但是，在《百科全书》一书中，“极乐”是一种绝对的静止，一种深沉的休憩。狄德罗称之为“美妙的寂静主义”，并且坦言他提出的是“人类难以想象的最伟大而又最纯洁的对幸福的构想。”伏尔泰相信人生来是为了享受世间的幸福，只要人抛开不切实际的幻想，并且满足本性的渴望，这种幸福是轻而易举可以获得的。卢梭通过回忆历史来弥补现实缺憾，并获得一种特殊的快

---

① Paul Hazard. la Crise de la Conscience européenne 1680—1715 [M]. Paris：Librairie Arthème Fayard，1961：27.

② Raymond Trousson. Balzac disciple et juge de Jean-Jacques Rousseau [M]. Genève：Librairie Droz S. A.，1983：142.

乐，这种让同时代的作家们感兴趣的快乐是内心生活的历程，也是自我意识的获取。

在卢梭看来，幸福是有可能获得的，却不易获得。《孤独漫步者的遐想》一书就是他的自身存在与精神体验的表达。作家呼唤幸福温柔的生活，认为自己是为之而生的，对于幸福的追求是他与生俱来的本能。正因为幸福是难以触及的，卢梭愈加渴望获得它。追求幸福是正当的，但也是大胆的、持久的追求。卢梭运用了严谨的科学态度来寻求幸福。他从自己的生活出发，在其中寻找幸福的时光，实验性地找寻幸福的本质构成。整个寻找过程是由外而内的：卢梭以瑞士中部的湖水以及湖中央的岛屿为幸福的框架，以圣皮埃尔岛上度过的几周时光为幸福的原型。因为，他认为这几周算得上一生中最幸福的时光。这是一段简洁短暂的时光，为他展开了理想的探寻空间。在这段时间里，他又一次感受到了幸福，尽管在不久之后，他再次失去了它。在尚贝里的阴霾之后，这种幸福不是来自于与外界的联系，而是来自于灵魂的归属："黎明即起，我感到幸福；散散步，我感到幸福；看见妈妈，我感到幸福；离开她一会儿，我也感到幸福；我在树林和小丘间游荡，我在山谷中徘徊，我读书，我闲暇无事，我在园子里干活儿，我采摘水果，我帮助料理家务——不论到什么地方，幸福步步跟随着我；这种幸福并不是存在于任何可以明确指出的事物中，而完全是在我的身上，片刻也不能离开我。"[①] 他始终在等候最终独自一人生活的"悠闲"时刻，感到自己也是为此而生的。当他总是遭到社会的排斥，他凭借自己的想象力与生动的回忆，一次次试图再现那些转瞬即逝的美好时刻。这样，他似乎便能呼吸到来自天堂的芬芳，让自己感觉曾经幸福过。如果我们想要跟随作家的足迹重新寻觅这条幸福之路，可以阅读他的三部曲：《忏悔录》《对话集》《孤独漫步者的遐想》。尽管这三部曲在卢梭死后才得到了世人的肯定，但它们都是卢梭晚年创作成熟阶段的产品，也是他自我神话构建的产物，他将自我深深地刻画在其中。艺术创作不仅可以放大我们短暂的幸福、消减痛苦，也能净化心灵，帮助我们重新找到激情。艺术在精神世界可以引领我们，避免我们误入歧途。有时候，生命也能在艺术创作中获得重生。人类的世界在艺术创作中重新焕发生机。

---

① Jean-Jacques Rousseau, Bernard Gagnebin et Marcel Raymond, Oeuvres complètes [M]. Paris: Bibliothèque de la Pléiade, 1959—1964: 225-226.

在卢梭的作品中，幸福是他选择的一个主题。他选择了最适合自己的幸福方式，回忆就是这种幸福的承载。幸福已经存在于人身上，虽然很难抉择它的展现方式，就像很难感知自我的存在一样。因为，世人常常忽略自己已有的幸福，总是不满于现有的状况，费尽心机地四处寻找幸福，而不从自身寻找。这无疑是一种自我折磨。在多年的找寻无果之后，卢梭恍然大悟，蓦然回首，发现幸福原来一直就在这里，在自己身上。作为《圣经》的一名忠实读者，卢梭认为人类是在伊甸园中，按照上帝的形象被创造出来的，这种天赋的善良品质让人类“远离欲望和世俗的影响”。这种品质是我们与生俱来的潜质，是可以获得的。

法国文学评论家马塞尔·雷蒙指出，卢梭的《忏悔录》一书的创作有三个目的：“自我展示与揭露、自我辩解以及试图重拾幸福。”① 这也是卢梭在最后一部作品《孤独漫步者的遐想》一书中试图表达的内容。一边漫步，一边采集植物标本，一边沉思，卢梭发现幸福就在他左右：“我就这样亲身体会到真正幸福的源泉就在我们自身，无论谁都无法让懂得追求幸福的人凄惨潦倒。四五年以来，我经常领略到钟情和温存的心灵在沉思时所得的这种内心欢乐。有时我在独自一人散步时体会到的这种欢欣、这种痴迷的滋味，都是迫害者们赐予我的享受：要是没有他们，我就永远不会发现、永远不会知道在我身上的这份宝藏。”②

除此之外，在《孤独漫步者的遐想》一书中，卢梭非常依恋那些或远或近的幸福回忆，这种幸福主义在他身上是自发产生的。从重现在沙尔麦特的生活记忆开始，他便将这份记忆视为遗失天堂的美好回忆。以圣皮埃尔岛、罗柏拉附近采集的植物标本和格勒诺布尔的生活回忆为基础，他构建了一本印象的书，植入《孤独漫步者的遐想》一书中。这本书让他在反复地阅读或者写作过程中，一次又一次体验过往的幸福。比起在巴黎上流社会沙龙中，作家坐在水边的岩石上能体验到更多的乐趣。回归自我后，他能感觉到内心深处的平和，伴随着纯洁，心醉神迷。采集植物标本是孤独漫步者最简朴的幸福方式之一。他可以毫无顾忌地夸耀自己的收获。在植物当中，他独自一人地幸福，但又与

① Raymond Trousson. Balzac disciple et juge de Jean-Jacques Rousseau [M]. Genève: Librairie Droz S. A., 1983: 80.

② 让-雅克·卢梭. 孤独漫步者的遐想 [M]. 钱培鑫，译. 南京：译林出版社，2006：11.

人类社会保持一定的联系（有时他也通过植物学收获新的友谊），同时通过这种探索大自然的方式与上帝紧密相连。孤独对他来说不再是一场灾难与折磨。

一旦我们有选择的自由，就有可能获得幸福。一旦达到某种平衡，自由和幸福就紧密相连。这个观点在《爱弥尔》一书中得到了验证：主角爱弥尔或者说作家卢梭始终在找寻的就是自由与幸福，因为人类的幸福绝对需要自由。如果人类的目标就是自由并最终获得幸福，那么必须看清楚什么是幸福，这样才能够找到通往它的途径。在《爱弥尔》一书中，幸福始终与道德、简朴、独立、纯洁联系在一起。主角爱弥尔不依靠任何人，因为他有一技之长，凭借自己的双手劳动，最终成为“自己的主人”。他应该是最自由的人，也应该是最幸福的人。

自由同样也让庄子能在幸福中无忧无虑地畅游。他在自己的作品中倡导“忘我”，像水中鱼儿或者空中蝴蝶一般自由自在。他的幸福取决于是否能够忘记烦恼，抛弃功名利禄，真正做到无忧无虑的自由。像水一样简朴，无欲无求。这种要求看上去似乎很容易达到，其实不然。在《庄子》一书的《秋水篇》中讲述了一个故事：庄子钓于濮水，楚王使大夫二人往先焉。曰：“愿以境内累矣。”庄子持竿不顾，曰：“吾闻：楚有神龟，死已三千岁矣；王以巾笥而藏之庙堂之上。此龟者，宁其死为留骨而贵乎？宁其生而曳尾于涂中乎？”二大夫曰：“宁生而曳尾于涂中。”庄子曰：“往矣！吾将曳尾于涂中。”[1] 庄子宁愿悠闲地垂钓于水边，或者过着孤独的田园生活，而不愿居于庙堂之上受人礼拜供奉，他才是大自然真正的爱好者。

卢梭也有同样的经历：他时常在湖水中畅游或是搭乘小船在水中漫游。他一边漫步，一边采集植物标本，畅游在自己的遐思当中。他的幸福不依赖于别人，而是依靠自己。他凭借自己的想象，根据自己内心的渴望，保存幸福的记忆，不仅找到了心灵的绿洲与抚慰，也品尝到了最坚实、最可靠的幸福。尘世间的幸福往往从自信将它牢牢抓住的人手中溜走，而卢梭自己的幸福则是最牢靠的。向想象力寻求帮助是卢梭获取幸福的方式之一。这种幸福从他的理想王国中汲取养分，让他的善良本性在四周的敌意中得以保存，敌人们无法把它夺走。

---

① 杨柳桥. 庄子译注［M］. 上海：上海古籍出版社，2006：267.

同样，庄子也梦想着自己变成了蝴蝶，在空中翩翩飞舞。这是他内心深处通过想象力表达出来的对自由的渴望。庄子的遐想也是从想象力的理想王国中获取灵感，让他体验自由与幸福的味道。卢梭和庄子都是畅游于自由遐想之中，并以此获得幸福。

于是，卢梭与庄子的思想以相似的幸福方式得以表达，他们的思想都植根于自然的土壤之上。卢梭写道："只要人们留给我几本书阅读和偶尔在花园中散散步的自由，我就知足了。"①

幸福取决于我们自己。我们自己决定是否需要这种忘记得失、不计成败的自由。卢梭借助想象力进入的幸福状态很难超越真实世界的幸福状态，但是，在卢梭眼里，想象力进入的幸福状态更真实、更令人满意，因为，它比真实世界里的一切存在更完美、更令人渴望。因此，卢梭通过创造这些想象拥有了更多，成了更幸福的人。

① Monique et Bernard Cottret. Jean-Jacques Rousseau en son temps [M]. Paris: Éditions Perrin, 2005: 406.

第三章　圆融之道

第一节　山水圆融

“圆融之美”这四个字，给人一种很完满、很和谐的美妙感觉。“圆”本身作为一种美学的象征，随之衍生出的“圆美思想”“尚圆精神”也是一道审美的新风景。在博大精深的道家思想中，也蕴含了“圆融之美”。

于“圆”字，《说文解字》言：“乃是圆全无缺陷也。”① 即有一种周全之意、圆满之美。程颢、程颐兄弟更提出了“天动地静”的宇宙观。这是一种圆活之意，流动之美。“圆融”，意指“圆满融通”，它既含有一种圆满和谐之美，又不失灵活生机。“和谐”也是一种“圆融之美”，自古以来，就是中国的一种传统美德，“家和万事兴”，“和”已然成了一种人生圆满的大境界。《说文解字》言：“和，相应也。”② “和谐”指事物之间相互呼应、融通彼此达到一种美满的状态。在道家学说里，“和”是一种中心思想，它带有一种平静、安宁、祥和、淡然的氛围。这与老庄哲学是契合的。道家哲学将世界视为自然的现象和生动的循环，宇宙静中有动、动中有静，对整体之道的任何偏离现象仅仅是偶然的、短暂的，一定会回归永恒不朽之道。

在道家学说里，尤其提倡山水自然的圆融和谐之美。以“水”为载体的“贵柔”思想根深蒂固，“水”和“柔”等词就足以给人一种宁静的美感。“天下莫柔弱于水，而攻坚强者莫之能胜，以其无以易之。弱之胜强，柔之胜刚，天下莫不知，莫能行。”③ 水是天下最为柔弱的东西，任何利器都不能将其破

---

① 许慎. 说文解字注［M］. 王筠，注. 北京：中华书局，1988：226.

② 许慎. 说文解字注［M］. 段玉裁，注. 上海：上海古籍出版社，1981：226.

③ 陈鼓应. 老子今注今译［M］. 北京：商务印书馆，2003：339.

坏，可以容纳万物也可被万物所容。尽管水是如此强大，但它始终保持着本性，不伪装自己，一如既往地保持着柔美灵动的姿态；不受污染，一如既往地至净至纯。我们的生命也应如水般是柔美的、绵延婉转的，传递一份自然的“质朴之美”。

山在道家思想中往往以坚韧、顽强的形象出现，与水的形象截然相反。当这两种不同的甚至是矛盾的元素碰撞在一起，较量的火花势均力敌。最终借助道家思想的审美观照，将山与水融合统一，形成你中有我、我中有你的局面，进而达到圆融之美的和谐状态。

道家思想本就是包含辩证思维的哲学思想，它将原本对立相反的二者辨证统一地看待，达到融通之效。“曲则全，枉则直，洼则盈，敝则新，少则得，多则惑。”[①] 正是对矛盾对立的独到见解，道家思想才能在漫长岁月中沉淀出彩。在老庄眼里，矛盾可以彼此融通，由此绽放出“圆融之美”。又如自古以来的“美与丑”命题，对于这两个“冤家对头”的“你死我活”，人们似乎已司空见惯了。但在道家思想里，这对“冤家”的“形影不离”才是自然之道。“美丑如情侣，天造地设，无独有偶。美丑如天敌，争风吃醋，你死我活。他们是与生俱来的眷属，形影不离。他们也是终身不睦的仇敌，冤家对头。”[②] 老庄认为“道”是宇宙万物的本源，所谓的“美”与“丑”不过是万物呈现出来的表面状态。顺应这种状态，老庄认为审美之外有另一种“审丑体验”。

庄子善于刻画“丑人”，无论是形貌丑陋者还是奇怪罕见者，庄子都敢于付诸笔墨。在庄子的《德充符》中，“鲁有兀者王骀”，他是一个被砍掉一只脚的人，身体虽有残疾，但是跟从他学习的人很多；“卫有恶人焉，曰哀骀它”[③]，他是一个长相很丑陋的人，但是男人跟他相处，常常舍不得离去，女人跟他相处，宁肯做他的妾室；有跛脚、伛背、缺嘴的人，却深得君王的信任……他们都是外貌丑陋之人，但在庄子笔下，却德才兼备，受人欢迎。他们“德才出众而忘形”，他们用自己内在的美消融常人眼里的外在“丑陋”。“丑人”不是将自己的丑引向更加丑恶，而是将自己的丑转化成了一种美，一种超脱世俗眼光乃至得“道”的精神大美。因此，美丑其实也是相对的。真正的

① 陈鼓应. 老子今注今译［M］. 北京：商务印书馆，2003：216.

② 栾栋. 感性学发微——美学与丑学的合题［M］. 北京：商务印书馆，1999：2.

③ 杨柳桥. 庄子译注［M］. 上海：上海古籍出版社，2006：83.

美，不是外在的、表面的、易逝的、感官的美，而是内在的、本质的、常驻的、精神的美。

众所周知，老子的“贵柔”思想是道家思想的精华，“天下莫柔弱于水，而攻坚强者莫之能胜，其无以易之”①。常人总会认为坚硬、刚强的东西力大无穷、无坚不摧。老子却认为天下没有比水更柔弱的东西，但水能穿透坚强的岩石，任何东西都比不过它。“以柔克刚”让我们明白柔弱之美同样具有力量。当然，老子“贵柔”并非否定“刚强”，他传递的是一份“刚柔并济的圆融之美”。

《道德经》有言：“知其雄，守其雌，为天下溪。”② 深知阳刚的重要，却安守雌柔的地位，甘愿做包容天下的溪涧。雄与雌，刚与柔，可以互相转化，并非一定要以此物克制彼物。老子也不是让我们“非此即彼地取舍”，他强调一种“相辅相成地共存共生”。内心刚强、外表却柔弱与世不争，将“刚柔”在自身融为一体，也就达到了做人“常德乃足”的圆满。

在刚健端庄之中包含婀娜之态，这种力与美的相融，也是一种圆融之美。在战火四起的春秋战国时代，上至老庄等大思想家，下至普通百姓，他们为自己的颠沛流离哀愁，为国家的兴衰命运担忧，内心也是惶恐不安的。所以，老庄的作品不可避免地透露着一种“悲剧之美”，但是他们“以悲剧情绪透入人生，以幽默情绪超脱人生”③，致使道家学说达到一种乐观通达的思想境界。“道家特别是庄子的艺术精神植根于现实悲剧，而宗旨却是化解和消弭悲剧，并力图化人生悲剧为人生喜剧。现实悲剧也可以产生美感，但那样的美只是一种缺失的美。道家善于化忧伤、低迷、压抑、冷峻、沉郁、悲凉、失衡为恬适、高昂、超旷、诙谐、豪壮与和谐，他们所推崇的是一种经过自我心理调适后所达成的‘得其环中，以应无穷’《庄子·齐物论》的圆融之美。”④

“悲剧之美”中暗藏的“傲然之美”和“淡泊之美”也是一种“圆融之美”的印证。庄子运用超人的想象力，描绘了一个个恣意奇谲的故事、千奇百怪的世界，正如学者所形容的“意出尘外，怪生笔端”。但是庄子营造的世界是富

① 陈鼓应. 老子今注今译［M］. 北京：商务印书馆，2003：339.

② 陈鼓应. 老子今注今译［M］. 北京：商务印书馆，2003：183.

③ 宗白华. 艺境［M］. 北京：北京大学出版社，1987：76.

④ 李龙生. 道家及其对文学的影响［M］. 长沙：岳麓书社，2005：4.

有魅力的，他用故事打开了人们的心胸，将人们拉出惯常的思维，感受“逍遥游”的大境。

“北冥有鱼，其名为鲲：鲲之大，不知其几千里也；化而为鸟，其名为鹏；鹏之背，不知其几千里也；怒而飞，其翼若垂天之云……鹏之徙于南冥也，水击三千里，抟扶摇而上者九万里。”①

“几千里”“垂天之云”“三千里”“九万里”这些词给人一种豪壮之美。即使读者无法想象九万里到底有多远，但是脑海中浮现的是一幅一望无际、水天相间的宏大景象，再多的忧伤、低迷都会随之消散，留下的只是感叹的心声与超旷的心境，正如苏轼登顶泰山时“会当凌绝顶，一览众山小”的豪迈。

庄子在《逍遥游》一章中对“神人”进行了一番描述：“藐姑射之山，有神人居焉，肌肤若冰雪，绰约若处子。不食五谷，吸风、饮露。乘云气，御飞龙，而游乎四海之外。其神凝，使物不疵疠，而年谷熟。”② 庄子笔下的“姑射神人”，皮肤润白如凝雪，体态柔美如处女，不食五谷，吸清风饮甘露，乘着云气驾驭飞龙，遨游于四海之外。这般无法捕捉的美丽怎能不带来阅读的幸福感、让读者渐觉心旷神怡？但庄子并非止于简单地描绘一位“神仙”，他想表达的是“神人无功”：这样美好的“神人”只要发挥一点力气，便可造就伟大的功业，但是他却不以名利为念。因为环境的动荡不安、现实的变化无常，生命显得更为脆弱短暂，庄子没有着笔于人生格局的渺小，没有感叹众生心中没喊出的困苦，而是将自己寄托于阔大、自由的神仙世界，纵情驰骋。而他“逍遥游”的本质其实就是隐逸，不贪恋功名利禄，不被外物所束缚，不喜不悲，将人生的不美好在精神世界里融通成一股“心游万仞”的力量，来收获自己所谓的“至乐”，达到一种精神的充实圆满。

“庄周梦蝶”也是圆融之美的一个体现。看似庄子不经意的一个梦，其实包含了他对自我存在的疑问。对虚幻真实的探求，或多或少地夹杂着庄子失落的哀愁，但是他最后选择了化解，选择了超越，引导人们去寻找一个“诗意的栖居地”。其境界之豪迈、心境之旷达、身心之安宁，都是道家思想在烽火年代焕发出的“圆融之美”。西方存在主义哲学家雅斯贝斯也致力于研究道家，著有《老子和龙树——两位亚洲神秘主义者》一书，书中提到：“老子那里没

① 杨柳桥. 庄子译注［M］. 上海：上海古籍出版社，2006：1.
② 杨柳桥. 庄子译注［M］. 上海：上海古籍出版社，2006：9.

有对一位发号施令、暴躁好斗的神的暗示”[①]，这也是道家思想能广为世人接受的原因之一。“道”的智慧之一就在于以忘却欲望来满足欲望，在于恬静淡泊和圆融之美。这种圆融可以理解为神秘主义与自然主义两者间的吊诡，生活的智慧与终极的真理契合得天衣无缝。道家思想的超强应变能力使它具有包容性，如女性主义者可以在《道德经》中找到“以柔克刚”的论据；卢梭的“回归自然”则是道家的反智倾向以及对文化和文明批判的翻版。

山水合一的自然在卢梭眼中是简朴、直接、明了的场所。在他生活的时代，当人们提到“更加自然的居所”时，往往指的就是与城市生活截然不同的乡村生活。卢梭发现，乡村具有自然之美，正如亚当夏娃最初生活的伊甸园，其中孕育了各种动植物，万物在那里自然地生长。晚年的卢梭终于成功地从令他厌烦的城市中逃逸，归隐乡村，为自己搭建了庇护所，在与自然界的和谐当中寻找自我愉悦的满足感。在森林中，他的思想向着“包罗万象的不可思议的存在”升华，他感叹地呼唤：“哦！上帝啊！上帝！”无需更多的语言，他沉浸在对上帝的无限崇拜中。他重新阅读《圣经》，尤其是《新约》，他发现《圣经》如此简朴、如此真实。“柔和”“迷醉”“激情”“快乐”这些词出现在他笔下的漫步场景中：除了自由漫步的快乐之外，还有什么比这更幸福的？孤独漫步带给卢梭的不仅仅是身体上的享受（他可以自由自在地闲逛），还有精神上的（他可以天马行空地胡思乱想，想象力在理想的王国展翅飞翔，精神更加活跃）、情感上的（他感受到大自然的保护）、审美上的（自然是充满无限魅力的）、兴趣上的（他对植物学的兴趣被唤起）。这位孤独的漫步者全身心地陶醉其中：“我感到无比陶醉，感到一种难以言喻的欣喜，我仿佛融化在天地万物中，与整个大自然浑然一体。”[②]

山水对于卢梭来说是大自然最具代表性的元素。他在《忏悔录》一书中表达了对山水的无限爱慕敬仰：“在快到尚贝里的时候，我心旷神怡地尽情领略了那个地方的美：在离一座被埃歇勒峡谷切为两段的高山不远处，在山崖中凿出的一条大路的下方的那个名叫沙耶的地方，在万丈深谷中奔流着一条好像是经过千百个世纪才挖成的小河。为了防止不幸的事故，路边筑了一道护墙。我扶着护墙往下看，看得我头发晕。观赏这类险峻之地之所以令人快乐，就乐在

① 卜松山. 时代精神的玩偶——对西方接受道家思想的评述［J］. 哲学研究，1998（7）：39.

② 让-雅克·卢梭. 孤独漫步者的遐想［M］. 钱培鑫，译. 南京：译林出版社，2006：81.

它能使人头发晕；我喜欢这种头晕，但条件是必须首先保证安全。我趴在护墙上，探头往下看了好几个小时，一边看蓝蓝的河水和水中激起的泡沫，一边听那哗哗的水声和在我脚下几十丈的山谷的树丛中飞来飞去的乌鸦和猛禽的啼叫。我走到坡度比较平坦而树丛又不太密的地方，搬了好些我能搬得动的大石头，我把石头放在护墙上，然后一块一块地推下去，看见它们滚到谷底蹦跳起来，然后跌在地上粉碎成无数石片抛向四方，这时，我心里真是快活极了。”①

在《新爱洛伊斯》一书中，卢梭为我们创造了瓦莱山区的山水神话。阿尔卑斯山的原始风貌将自然三界（动物界、植物界和矿物界）完美地结合。庄严而朴素的大自然柔情万种，它温和宜人的气候为人们培养高尚的情操、纯洁的灵魂、朴素的智慧提供了优良的环境。瓦莱的山民们享受着宁静的幸福，在这个有限的空间里，他们远离了社会的种种诱惑，过着仿佛超越时空的世外桃源生活，他们尽量不受社会的影响和支配，寻求独立与社会性之间的平衡。这种平衡能满足对自由的渴望，他们也无需与社会完全脱节，更不用屈就于承担“人类的种种责任”。他们的生活同时受制于向外界扩张和向内心收缩的两股力量。这片阿尔卑斯山的景色成了爱情故事和幸福回忆的最美装饰，18 世纪末，欧洲的感性文学也将阿尔卑斯山的美景纳入囊中。1787 年出版的《关于自然的研究》第四卷中，作家贝尔纳丹·德·圣-皮埃尔对山景进行了一番细致的描述，既保留了原始风土人情的风貌，又不乏人类社会文明的痕迹：“从岩石高处飞流直下的激流在山谷深处形成泉水，这些巨大的水镜，点缀在绿荫、树木、花丛、岩石、蔚蓝的天空之间……这些溪谷两岸被古老的树木包围，形成阴凉的拱形地道，我们白天就去那里纳凉。一条山间小径在原始森林中蜿蜒，其间凉风习习，还有一棵硕果累累的农家果树。随处可见等待收割的粮食和果园。通过这条路，可以看见一些房屋；通过另一条，可以仰望高不可攀的山顶。”② 贝尔纳丹·德·圣-皮埃尔乐于描写高山与深渊，就像卢梭乐于在《新爱洛伊斯》一书和《忏悔录》一书中为我们描绘阿尔卑斯山的风景一样。从书中，我们可以读到卢梭式的伟大梦想：简单纯朴的农家生活、健康而有益的劳作、白色舒适的农家小屋、收获和采摘农作物时的丰收节日气氛等。大自然是

---

① 让-雅克·卢梭. 卢梭全集：第一卷［M］. 李平沤，译. 北京：商务印书馆，2012：232-233.

② Bernardin de Saint-Pierre. Études de la nature［M］. Saint-Étienne：Publications del'Université de Saint-Étienne，2007：550.

独立与自由的世界，人类社会却充满了禁锢和限制。只有看到天空、星辰，或者哪怕一点点绿荫，卢梭才能“感觉到自身的存在”。

在社会生活中，卢梭感到疲惫不堪、痛苦万分。他需要“有趣的”场景让他的感情生活重新焕发生机，他需要小鸟、鲜花、绿荫清净他的精神。他的灵魂在探寻“一些敏感的事物”。他的想象力停留在事物的细枝末节上。观察研究植物和制作标本日志让他找到了逃避现实的方法，他坚持这种“精神的锻炼”。这种“锻炼”要求他全神贯注，集中所有的注意力，观察某一件东西或者某一个场景，可能是某种罕见的草本植物，也可能是一朵路边的野花。此时此刻，山水合一的自然为他提供了遐想的空间。

《孤独漫步者的遐想》一书记录了他的孤独漫步和幸福回忆，为我们揭开了他关于大自然的遐思：“我迈着轻盈的脚步走进森林寻找一处原始之地……在那里，没有任何人打扰我和大自然之间的沟通。也就是在那里，我的双眼始终能发现层出不穷的新意。”①

事实上，山水自然的观念一直处于卢梭作品的核心位置。他对大自然魅力的观察与欣赏之情总是被一些诗意的景象所唤起：“金色的金雀花”“紫色的雾气”“浩瀚的林海”“精致的灌木丛”“数量惊人的树种和花卉”，这些都激发了他的遐思。写作将他全身心都带回到对大自然的情感中，沉浸在对宇宙万物奥秘的探索中，并最终将目光定位在谋求人类社会幸福的原则之上。从他个人的生活改变开始起步，他的写作以追求全人类的幸福为终极使命。卢梭认为，要获取幸福，就必须和谐地处理人与自然的关系，最终达到人与自然的圆融、天人合一的理想状态。正如庄子在《齐物论》一章中写的：“天下莫大于秋毫之末，而太山为小……天地与我并生、而万物与我为一。”② 庄子阐述了人与自然之间的内在相通性，认为世界是内部充满联系的，人类只是其中一个小小的元素，在天地与我并生、万物与我为一的“道境”中追求自己真正的、绝对的、自由的游心逍遥，体验真实的圆融之美。

① Jean-Jacques Rousseau. Bernard Gagnebin et Marcel Raymond, Oeuvres complètes [M]. Paris: Bibliothèque de la Pléiade, 1959—1964: 1140.

② 杨柳桥. 庄子译注 [M]. 上海：上海古籍出版社，2006：31.

第二节　天人合一

传统意义上的西方世界观与价值观往往突出人与自然的分割，以此抬高和突显人的主导地位，使其凌驾于万物之上。神与人之间存在着一种悲剧的张力，形成紧张的关系。这种价值观随着20世纪的精神危机而显露出凶险的前景。而东方价值观强调人与自然的相通统一、人类与神灵间的和谐相处。东西方之间的这种差异同时也体现在思维模式方面，西方思维是二元性与分离性，东方思维是一元性与相关性。

在道家看来，天和地是宇宙的两个重要组成部分，二者同出于“道”，即为自然，“天人合一”就是人与自然融通共处。《道德经》有言：“人法地，地法天，天法道，道法自然。”① 在老子眼里，宇宙万物都要遵循自然之道，顺其自然而成其所以然。同样，庄子用寓言来阐释这种“和谐之美”：河伯曰：“何谓天？何谓人？”北海若曰：“牛马四足，是谓天；落马头，穿牛鼻，是谓人。故曰：无以人灭天，无以故灭命，无以得殉名。谨守而勿失，是谓反其真。”②

面对自然和人为这个问题，海神的解释为：牛马生有四只脚，这就是天然；用马络套住马头，给牛鼻穿个孔，这就是人为。因此，不要用人为去毁灭天然，不要用有意的作为毁灭天然的秉性。立足于自然的规律，返归本真的和谐才是一种圆满。

在《庄子》的《马蹄》一章中，庄子为我们描绘了一个“至德之世”：“山无蹊隧，泽无舟梁；万物群生，连属其乡；禽兽成群，草木遂长……同与禽兽居，族与万物并。”③ 山上没有人为的路径，河上没有船只和桥梁，动物成群，草木茂盛，天地万物和谐相处。这种自然状态下最为单纯朴实的生活图景在庄子看来才是圆满的，这样的和谐之美才是天、地、人、自然融通彼此而展现的。因而，“庄周梦蝶”中的“化蝶”和“蝶化”多了一种“万物与我为一”

① 陈鼓应. 老子今注今译［M］. 北京：商务印书馆，2003：169.
② 杨柳桥. 庄子译注［M］. 上海：上海古籍出版社，2006：251.
③ 杨柳桥. 庄子译注［M］. 上海：上海古籍出版社，2006：136.

的融通之美，这种自然和谐造就了梦境的美满，有一种“绕梁三日”的余韵。

人类终生探讨的命题是如何处理人与自然的关系，达到天人合一的状态，以此获得幸福。因此，卢梭的所有作品都有一个共同的、深刻的计划——为人类指明幸福的道路。卢梭认为，上帝安排亚当和夏娃过简朴的生活，这种生活方式就是人类获取幸福的途径之一。卢梭的这种观点无疑受到了《圣经》的启发。如果读者通过《忏悔录》一书追溯卢梭的童年，将会发现卢梭当年的夜间读物就是《圣经》，而且他曾经完整地将这本书读了至少五六遍。因此，读者经常在他的写作中发现《圣经》的痕迹。根据《忏悔录》的记载，忏悔者“我”自认为总是从一个天堂转到另一个天堂，尽管期间掺杂了一些不幸遭遇(尽管这些遭遇在《忏悔录》中经过了文学加工与修饰，与历史真实有少许出入)：在波塞、沙尔麦特、归隐庐、蒙莫朗西的森林、圣皮埃尔岛，等等。每次，当他认为找到了只有大自然中才存在的人间天堂时，总是在不久之后又从当地被驱逐或者被迫离开当地。

在卢梭的作品《论科学与艺术》《论人类不平等的起源》《爱弥尔》《新爱洛伊斯》中，主要探讨了关于教育、风尚、通往精神升华以及幸福的道路。这是卢梭为人类带来的新福音，他将个人对道德风尚的主张掩藏在动人的文字外表下，让人难以拒绝，这也是他的目的所在。无数充满激情的读者来信证明了卢梭的成功，他自认为给人类带来了一部新“圣经”，可以拯救日益堕落腐朽的芸芸众生，将真理与幸福带给他们。他想为人类寻回遗失的纯洁，将人类引回“遗失的天堂”，远离腐朽社会的“堕落”。激发读者激情澎湃的不仅是书中情人间的爱慕、阿尔卑斯山的风光、山民们的道德风尚，还有卢梭对幸福的执着追求。卢梭并不是要寻求标新立异，而是试图告诉人们：幸福就在我们身上，幸福取决于我们自己。他想警示大家“真正的人类幸福，纯洁而又美妙的幸福，已经离我们如此之远”①。卢梭不仅是一位充满激情幻想的作家，还是一个为社会道德问题担忧的人。他的作品并非普通的小说，不是纯粹用于消遣的，而是发人深省的作品，激发读者的热情以及对幸福的思考。

相比于追求奢侈的、高品质的生活，卢梭更偏好精神和道德层面的提升。他本人一直过着简单朴素的生活，就连其饮食观中也透露出质朴之道。在归隐

① Jean-Jacques Rousseau, Bernard Gagnebin et Marcel Raymond, Oeuvres complètes [M]. Paris: Bibliothèque de la Pléiade, 1959—1964: 1140.

庐生活时，每天早上清爽的空气让他早起，一些牛奶或者咖啡作为早餐已经让他感受到了人间天堂的幸福。当时的他感觉自己受到了命运的眷顾，他很容易知足。尽管生活在像水一样深沉的孤独中，但是他能从中嗅到“橙花芬芳”般的美妙，这种生活对他是视觉、嗅觉和听觉的饕餮盛宴。

美国学者拉尔夫和伯恩斯曾经断言：要阐明卢梭的影响有多大，这几乎是不可能的事。经过中外学者们三百多年孜孜不倦的探讨，对其作品的研究虽然已经涉及了文学、政治、教育、音乐、哲学等多学科领域，却依然不能充分展现卢梭的精神思想全貌。就连卢梭的日常饮食活动其实也包含一定的目的、原则、特征和模式。因此，通过重新解读卢梭的文学作品也可对其独具一格的饮食观及其中的哲学意蕴探讨一番。

现存最早的英语烹饪书《食物准备法》（*The Forme of Cury*）中“cury”一词的意思是食物的准备。它与治疗“cure”一词有着一样的词源，都有“保持、恢复健康”或者“关怀、照顾他人”的意思。从词源学角度来看，法语中饮食烹调之法“recette”一词来自于拉丁文“recipere”，有“收到”“得到”“接纳”“吸收”等含义。法国百科全书派哲学家狄德罗认为，食欲是纯粹的生理需求，“人有食欲是自然的反应”[①]，“当人饥肠辘辘的时候，意识和体面就不足为道了”[②]。伊壁鸠鲁认为，简单的饮食应当致力于从基本的食物中获取快乐与满足：“一旦满足了基本的生理需求，最简单的饭菜带给人的快乐与奢华的饭菜就是同等的；如同面包与水带给饥渴之人的极致之乐。因此，简单的饮食习惯有助于健康，使人活力充沛……豪华宴席中的饕餮大餐并不一定使人感觉幸福。”[③] 可见，亘古至今，人类饮食的最初目的是为了生存的根本需求，并在品尝食物的过程中获得满足与快乐。

文艺复兴时期的欧洲人认为，吃饭就是为了活着，活着是为了吃饭。据历史档案记载，法国国王路易十四曾在一餐中吃下了四盘蔬菜汤、一整只山鸡、一只鹧鸪、一大盘沙拉、两大片火腿、带汤汁的蒜香羊肉、一盘甜点，还有各种水果和白煮蛋。这样的食量放之现在也算是“大胃王”，然而在法国历史中他绝非凤毛麟角。这类“单向度的人”在法国作家拉伯雷的《巨人传》一书中

① Denis Diderot. Le neveu de Rameau [M]. Paris: Flammarion, 2013: 133.

② Denis Diderot. Le neveu de Rameau [M]. Paris: Flammarion, 2013: 79.

③ Epicure. Marcel Conche traduction. Lettre *à* Ménécée [M]. Paris: PUF, 1990: 223-225.

被描绘得淋漓尽致。小说从“人性”出发，辅以夸张的叙述和激情的演绎，尽情地赞颂人的体魄、人的力量和人的智慧，人代替了神的位置。基于这一创作动机，书中的人物大多具有惊人的胃口，巨人的形象就是人的活力体现。例如，在《巨人传》的开头，庞大固埃出生后，不是发出婴儿呱呱坠地的哭声，而是用震耳欲聋的叫声喊出：“喝呀，喝呀，喝呀!”这一具有伟大的乐观主义精神象征意义的场面曾被法国的文学评论家理解为“畅饮真理，畅饮知识，畅饮爱情”的呐喊。人们通过推杯换盏与世界相会，全民皆庆，共享盛宴，仿佛在享用着全世界。虽然当今的文学作品不再继续颂扬暴饮暴食，但是这种“拉伯雷式的玩笑”却在法国文化中早已根深蒂固。19 世纪，法国的美食家让·安泰尔姆·布里亚-萨瓦兰总结道：“上帝让人必须吃饭才能生存。因此他用食欲促使人们吃饭，并用吃饭带来的快乐作为给人类的奖赏。”①

人类不仅要生存，要生活得更加美好，而且想从饮食审美中获取更多的快乐。亚里士多德认为农业能使人精神焕发，体魄强健，根据其身体和心理的资质，适应重体力劳动，提高耐受力。这里所指的农业应当是广义的，不仅包括所从事的农业活动，也包含从农副产品中获得的体力补给和精神供养。卢梭继承了以上观点，他认为乡间那些个子高高的孩子们，肌肉长得结实又有弹性，充满了力量，是因为孩子们和他们的父亲们一样锄地耕田，从事农业活动，每日所食都是通过亲手劳动所得，天然朴素，未经过多加工。他指出，只有在田野大自然中成长的孩子才能真正领略“花儿的香、叶儿的美、露珠的湿润”，他们对世界的认知都是由大自然引领着的。法国哲学家埃尔韦叙斯在《论精神》一书中也提到了与卢梭类似的观点：“要想锻造强壮的体魄，须得简单、健康和充足的食物；适当而不过度的锻炼；这样才能适应恶劣的气候。”② 这一说法不无道理。因为在古代，物质条件相对匮乏，人类必须具有强健的体魄才能生存。所以不难理解，古希腊罗马时期的人为什么对健康之美趋之若鹜，他们留给后人的绘画与雕塑艺术品无一不体现着健与美。

在满足基本的生存需求之后，人类继续追求精神层面的快乐。卢梭进而提出一种动物式的生活——活在当下，这也不失为一种幸福生活的范式。用斯多

① 让·安泰尔姆·布里亚-萨瓦兰．厨房里的哲学家［M］．敦一夫，付丽娜，译．南京：译林出版社，2017：6.

② Claude-Adrien Helvétius . De l'esprit［M］. Paris：Fayard，1988：40.

葛主义的词来说就是“自给自足”。卢梭的文字中多次出现类似的话语：“我满足于自己”“我们便和上帝一样知足”“像上帝一样沉着”。他的观点也获得了让·斯塔罗宾斯基的肯定：“像动物一样生活，活在片刻之中或者断断续续的片刻之中，便是活在健康之中，便是整体地遗忘自尊、他人的眼光、翌日的劳作等等带来的烦恼，总之，遗忘一切对于构成我们的精神意识世界无用的东西。”① 卢梭认为，“自给自足”“是一种单纯而恒久的状态”，是“无与伦比的幸福之境”。“在这样一种状态下，我们享受什么呢？绝不是享受任何身外之物，绝对没有，而是享受我们自己，享受我们自身的存在；只要这种状态持续着，我们便和上帝一样知足。”② 所以，在他看来，只有安静下来思考、遐想，我们才有可能体会自身的存在，才有可能找到满足和幸福感。这是一种自我集中、独立、自由的存在状态。在这种状态下，所有的感官都沉睡了，遐思变成了一种无欲无求的状态，所以卢梭推崇没有掺杂的幸福，只要能感觉到自身的存在就足够获取幸福。此外，遐想者也无需上帝，因为他能自给自足。卢梭清晰明了地表达了他的幸福所在：对自我存在的满足感足以消除所有因欲望而起的运动和改变。独立是卢梭的幸福，因为这是他生活和滋养他人的方式。独立意味着爱和慷慨。独立和自由对他同样重要，当他独自一人在家，或是一人在乡下，走在蜿蜒的路上，没有人来打扰或影响他，这时他总会感到一丝快乐。

因此，饮食带给人们的不仅是口感的瞬时满足和心灵的短暂慰藉，从长远看来，它还促使了生命力的循环往替，甚至对人类审美观的发展起到了一定的影响作用。那么，如何达到这种自给自足的理想状态呢？对此疑问，卢梭已形成了一套独具特色的饮食观。

食亦有道。卢梭在其作品中建立了一套自己的饮食审美观：优先以视觉与听觉为中心的感官体系，对食物的视觉效果、外形美观甚至是听觉效应（如清脆的听觉效果等）进行评价判断。例如，用餐者优先考虑餐桌（尤其是食物的外观）的视觉审美，往往将对食物的品尝置之次要位置。其次是对食物口感、食材的贵贱以及用餐环境、餐桌礼仪的评估。因为这些对于味道的体验都是至关重要的。当然，味觉也会借助其他感官进行判断，如嗅觉用于判断食物的新鲜程度，触觉有助于了解食物的组织结构、温度和硬度。鼻子品味的是气体，

① Jean Starobinski. La transparence et l'obstacle [M]. Paris: Éditions Gallimard, 1971: 432.

② 让-雅克·卢梭. 孤独漫步者的遐想 [M]. 钱培鑫，译. 南京：译林出版社，2006：60.

嘴品尝的是固态或液态的物质。嗅觉先于味觉，因为它所触动的不仅是人的感官，也是人的想象力，从而帮助人对味道进行预判。因此，卢梭将嗅觉视为想象的感觉，它可以大大地刺激人脑神经，使人兴奋。卢梭的嗅觉异常灵敏，这一点体现在他可以通过气味来识别花草。

在整个饮食审美体系中，食物带给人的口感与满足感之间存在着天然的联系：人通过品尝行为来甄别食物味道的优劣，通过获取的满足感来评估对食物的喜好，进而上升到一种美感。味觉是受体营养需求的监控系统，担负着对营养摄取的定量化控制和安全监控。一旦受体达到极限或者体验到腐败变质的食物，饮食的愉悦感就会向厌恶的方向转化。我们可以将卢梭的整个饮食审美体系简化为以下顺序：视觉＋听觉→嗅觉→味觉→满足感/快感→美感。

美国心脏病专家根据多年的研究发现，一家人聚餐，一定要有一个轻松愉快的气氛，这样有助于预防心脏病的发生。科学家发现，味觉传感不仅取决于味觉成分的级性、分子结构、大小及其与味觉受体的相互作用，还取决于细胞甚至机体的状态，这就是为什么不同人之间或者同一个人不同状态下会产生味觉差异。

卢梭在《忏悔录》中提到过一次宴会："由于客人多，餐桌不够大，便又添摆了一张小桌子，我有幸和那个伙计面对面地在小桌子上吃。我在小桌子上受到的款待，丝毫没有减少……一切都很顺利：女士们个个都很高兴，男士们个个都大献殷勤；巴西尔夫人对客人的言谈举止真不愧是既高雅又风趣。"[①] 还有一次，在"佃户的厨房里吃午饭。……这是多么惬意的一顿午餐！多么美的一段回忆啊！"[②] 卢梭感觉自己毫不费力地享受到"这么纯洁和真实的快乐"，"在巴黎的任何一个家庭里也吃不到这样一顿午餐"[③]。他的意思不仅仅指进餐时的快乐心情和口腹的满足，还有旁边的两位秀色可餐的姑娘，尽管佃户家的饭菜是简朴粗糙的。可见，在卢梭看来，食欲胃口与餐桌的大小或者饭菜的精美并不构成正比关系，反而是男女宾主的友好氛围使人用餐愉快。卢梭坦言自己"喜欢吃吃喝喝"，但是受不了"与多人共餐的束缚"，"只能和一个朋友共享吃喝的快乐"。由此可见，在卢梭的饮食审美体系中，食物是一种复

① 让-雅克·卢梭．卢梭全集：第一卷［M］．李平沤，译．北京：商务印书馆，2012：111．
② 让-雅克·卢梭．卢梭全集：第一卷［M］．李平沤，译．北京：商务印书馆，2012：186．
③ 让-雅克·卢梭．卢梭全集：第一卷［M］．李平沤，译．北京：商务印书馆，2012：187．

合体：它既是按照烹饪规则和手法加工而成的产品，又凝聚了人类个性化的发挥、想象、品味和风格。餐具、灯光、餐桌布置、音乐等因素都可能影响到用餐者的胃口，而且聚餐的同伴也应当情投意合。人的感官活动曾被美学家汪济生先生划分为两个层次：低层次的是生理需要，高层次的是精神需要。精神的活动近于美学。他在专著《系统进化论美学观》里论证，感官依附于身体，首先要为身体的生存服务，所以感官有“谋生活动”；但是高级生物感官发达，谋生之余又有“游戏活动”。美食属于精神活动，比游戏更高级，属于审美活动。

除此之外，卢梭还向孤独的用餐者推荐了一种更理想的方式——阅读。一边用餐一边阅读在他看来可以制造出一个人性化的用餐伴侣，可催化出心理上的满足感，不至于郁郁寡欢。“我一个人边吃边看书，真是别有情趣；书就代替了我所缺少的伙伴；我看一页书，吃一块蛋糕，仿佛书在同我一起用餐。”[①]

在《爱弥尔》中，卢梭提出饥饿是有效的自然结果教育法手段。所谓“自然结果教育法手段”，简而言之，就是遵循人成长的自然规律进行后天的培养教育。比如，孩子不按时吃饭，无论你如何说他也不听，尤其当他以此来要挟成人来满足他不合理的要求时，那就让饥饿这种自然后果来教育他，让他理解吃饭的意义，使他从经验中获取判断力。“抚养孩子最合适的办法，就是要通过他们的饮食对他们进行教育。贪食心比虚荣心好得多，因为前者是一个自然的欲望，是直接由感官决定的；而后者则是习俗的产物，每每为人的轻浮行为和各种恶习所左右。”[②] 此外，卢梭认为，简单的饮食有助于开胃，可以刺激人原基的、自发的饮食欲望。“为了使孩子们的胃口好，问题不在于怎样刺激他们的肉欲，而在于使它得到满足；只要我们没有使他们养成考究味道的习惯，那么，用世界上最普通的东西就可以满足它的。由于身体成长的需要而造成的胃口常开的现象，就是一种调味的作料，有了这种作料，就可以代替许多其他的作料。只要有水果、乳制品、比普通面包稍为精致一点的糕点，尤其是有慎重调配这些食物的艺术，即使把一群群的孩子带到天涯海角去游历一趟之后，也不至于使他们变成嗜好厚味或味觉迟钝的人。”[③]

---

① 让-雅克·卢梭. 卢梭全集：第一卷［M］. 李平沤，译. 北京：商务印书馆，2012：356.
② 让-雅克·卢梭. 卢梭全集：第六卷［M］. 李平沤，译. 北京：商务印书馆，2012：226.
③ 让-雅克·卢梭. 卢梭全集：第六卷［M］. 李平沤，译. 北京：商务印书馆，2012：228.

饮食规律在卢梭看来再简单不过了，只需顺从自己的胃口，而这也意味着必须明确真正的饥饿感、真实的身体需求。康德在《判断力批判》中提到，“人只有在需求得到满足后才能判断出众人中谁有品位，谁没有”[①]。

卢梭对过度的、违背自然规律的烹饪及饮食也进行了批判，例如他对“调味品”（法语：assaisonnement）的批判。从词源学的角度来看，该词最初有“布置”“调整”“装饰”之意，即根据季节的更替，建立起食物与自然之间的和谐联系。之后，该词逐渐衍生出“借助烹饪作料使食物变得可口美味”之意。他的批判继承了柏拉图、苏格拉底等哲人的观点，他认为豪华盛宴是对厨艺的夸张之作，是过度的甚至是可怕的。在《爱弥尔》一书中，他写道：“愈是自然的口味，就愈为简单。”“愈是简单的口味，就愈是我们人人共有的口味；而大家所不喜欢的，正是那些五味俱全的菜肴。反之，谁曾经看见过哪一个人不喜欢水和面包呢？这是自然的意图，也是我们的规律。尽量让孩子保持他原始的口味，使他吃最普通和最简单的东西，使他的嘴经常接触的是一些清淡的味道，不要养成一种爱好过于厚重的味道的习惯。”[②] 这一观点在当时也得到了一些百科全书派哲学家们以及后人的支持。由狄德罗主编的《百科全书》在《美食》[③] 篇中将肥胖归咎于调味品的过多使用，认为这是与简单饮食背道而驰的。孟德斯鸠也认为人的健康会因经常吃肉受损，原因是肉类需要加工烹调，因而需要添加调味品，反倒是动物的乳汁和产自土地的果实更有益于健康。孟德斯鸠的观点不仅得到了哲学家们的支持，也得到了艺术家们的肯定。例如，新古典主义画派代表詹姆斯·天梭认为简单的食材有益于身体健康。简单的饮食虽然牺牲了一时的口腹之乐，但取而代之的是长久的身体健康。[④] 除此之外，违背自然规律的掺假食物让人恐惧。卢梭曾经满怀希望地认为自己多年的顽疾即将痊愈，他写道：“我现在感觉好多了。尽管胃水肿症状依然存在，但是我的呼吸更加顺畅了，行动也更为自由。排除空气和沼泽地里积水的影响，在我看来，造成我身体不适的部分原因在于我从一家小酒馆里采

---

① Kant . Critique de la faculté de juger [M]. Paris：Vrin，1993：138.

② 让-雅克·卢梭. 卢梭全集：第六卷 [M]. 李平沤，译. 北京：商务印书馆，2012：225.

③ Denis Diderot , D'Alembert Jean . Encyclopédie ou Dictionnaire raisonné des sciences，des arts et des métiers，par une société de gens de lettres [M]. New York：Pergamon Press，1969：539.

④ Assouly Olivier. Les nourritures de Jean-Jacques Rousseau [M]. Paris：Classique Garnier，2016：127.

购的二十来瓶葡萄酒。每一次我饮酒之后，我的状态便恶化了。布尔昆的酒馆老板们造假成风，而他们兜售的葡萄酒中又多被勾兑了明矾。没有什么能算得上危险了，尤其是对于我而言。”①

卢梭承认：“即使有满桌的酒菜，我也不会改变我饮食简单的习惯。我过去没有，而且现在还依然没有吃过一顿比农家风味更美的饭了。对我来说，只要有奶制品、鸡蛋、蔬菜、奶酪和麸皮面包与一般的葡萄酒就够了。只要没有侍膳长和仆人围在我身边让我看他们那副难看的脸色，我就会放开肚子吃，无论吃什么都觉得是很香的。”②“不论你使孩子们采取哪种摄生法，只要你使他们养成了吃普通的和简单的菜肴的习惯后，你就让他们爱吃多少就吃多少，爱怎样跑和玩，就尽量去跑跑玩玩，你可以放心，他们绝不会吃得太多，也不会患消化不良症；但是，如果你使他们有一半的时间是在挨饿，同时他们又找得到逃避你的监督的办法，那么，他们就会尽力追补他们的损失，他们将一直吃到发吐，一直吃到撑破肚皮为止。我们的食欲之所以过度，只是因为我们没有使它遵循自然的法则；我们经常在规定或增减我们的膳食，但无论是增是减，都由我们的手做天平，而这个天平的衡量标准是我们的想象而不是我们的胃。我往往要举我看到的一些例子。在农民的家里，菜橱和果箱随时都是打开的，然而无论孩子或大人并不因此就患消化不良的病。”③

在适量饮食的基础之上，卢梭进一步提出了“食能以时”的观点，这也是顺应自然规律的体现。“我的餐桌和房间的陈设，我将用极其朴素的装饰品把季节的变化表现出来，我要把一个季节的美都一点不漏地尽情享受；这个季节没有过完，我绝不提前享受下一个季节的美。打扰了自然的秩序，是只会带来麻烦而不会带来乐趣的；当大自然不愿意给我们东西，而我们硬要向它索取的话，它是给得很勉强的，是有怨言的，这样的东西质量既不好，而且也没有味道，既不给人营养，也并不爽口，再也没有什么东西比提早上市的果子更淡而无味的了。”④

在绘制《理想国》蓝图时，古希腊哲学家柏拉图曾提出了两个词：“sitos”

---

① A. Lacassagne. la Mort de Jean-Jacques Rousseau [M]. Lyon：FB & Ltd，2018：12.

② 让-雅克·卢梭. 卢梭全集：第一卷 [M]. 李平沤，译. 北京：商务印书馆，2012：106.

③ 让-雅克·卢梭. 卢梭全集：第六卷 [M]. 李平沤，译. 北京：商务印书馆，2012：232-233.

④ Jean-Jacques Rousseau. Bernard Gagnebin et Marcel Raymond，Oeuvres complètes [M]. Paris：Bibliothèque de la Pléiade，1959—1964：679-680.

和“opson”，它们来源于古希腊语中的“σῖτος”（小麦等主食）和“ὄψον”（配菜）。“sitos”代表果腹的食物，严格按人的基本需求进行分配；“opson”最初的意思是除了面包等基础的谷类食物之外的搭配，如蔬菜、水果、油等等，后来发展成指对食物的过度加工，其衍生义已超越了基本需求的限制，偏向于欲望。而对食物的过度加工在当时是饱受谴责的。“sitos”和“opson”是古希腊饮食的两个重要组成部分，紧密联系、不可分割，“sitos”是“opson”的基础和前提，“opson”是对“sitos”的补充和调剂，使之更加丰富、美味。在此基础上，柏拉图提出了他的理想生存模式：“人们自己劳动来供养自己和家人，他们以小麦和大麦为主食，把面粉揉成团，做成上好的布丁和面包。人们依靠在松木和山桃木做成的椅子上，和家人一起分享劳动的成果，并且可以有节制地饮用自制的葡萄酒。”①

随后，卢梭丰富和发展了柏拉图的理念论，他认为“sitos”和“opson”分别是“自然”与“人类文明”的代名词，二者的区别在于天然的、未经加工或烹饪的食材与烹饪食物所需的技术手段。卢梭在《爱弥尔》一书中写道：“在原始人看来，水果、蔬菜、草以及烤熟的肉，虽没有放调味品和盐，但已经是盛馔了。”② 基于这一观点，卢梭曾在《忏悔录》《爱弥尔》《孤独漫步者的遐想》等著作中提出了如下思考：如何通过身体和感觉从生理和心理角度重建饮食带给人的真正意义上的快乐？在柏拉图等人的观点基础之上，他试图构建自己独具一格的、具有教化意义和哲学意蕴的饮食审美方式——食亦有道。

对于中世纪的基督教世界而言，暴饮暴食曾被视为一种严重的原罪，因为它与节制欲望的教义是背道而驰的。因此，基督教徒定期进行斋戒，如禁食特定的食物，包括肉、鸡蛋、乳制品等，甚至包括葡萄酒。其严格程度甚至引发了大量的是什么组成了“肉”或“非肉”的讨论。斋戒也被认为是一种重要的社会公共活动。斋戒期间，人们会制作食物用于布施，并将分享和布施当作基督教徒的一项义务。中世纪的西方医学之父希波克拉底也认为饮食的节制平衡是健康的本质。

然而，在中世纪与启蒙时代之间，欧洲社会经历了一段剧变的时期：当时新大陆被发现，中世纪的禁欲态度被文艺复兴运动和人文主义逐渐摒弃。以拉

① Platon. République [M]. Paris：Flammarion，2004：142.

② 让-雅克·卢梭. 卢梭全集：第四卷 [M]. 李平沤，译. 北京：商务印书馆，2012：224.

伯雷为例，他认为人的先天需要之一便是过量吃喝——人类“因酒成神”。

历史进入启蒙时代后，以卢梭为代表的启蒙思想家们却反对过度的饮食，认为它超出了人的基本需求范围，会导致营养过剩。卢梭在晚年，由于生理和心理疾病，经常想要一个人待着，声称休养和孤独不管是对身体抑或是精神都是必要的，并且开始有节制地断食。即便是经常与卢梭唱反调的伏尔泰也赞同卢梭这一观点，他本人之所以能够长寿，秘诀之一便是懂得有规律地饮食。进食过量会加重消化器官、大脑神经的负担，从而抑制语言、思维、记忆等智力神经的活动。人的胃口是从基本生理需求向欲望奢侈的一种微妙转变，即由“sitos”向“opson”的转变。他们的观点与古希腊哲学家柏拉图和普鲁塔克等人的观点是一脉相承的。

此外，启蒙时代刮得正热的“中国风”对卢梭的饮食观也有影响。当时法国人对中国的一切趋之若鹜，普通人的日常生活都被烙上了中国的痕迹，几乎人人桌上都摆有中国物件，中国的瓷器、漆器、服饰、饮食成了最时尚的东西。

中国人的饮食自古提倡粗茶淡饭，饮食有节，以清淡为主。如孔子提出的“饭疏食”“一箪食，一瓢饮”。当时的人均寿命为 30 岁左右，而孔子享有 73 岁的高寿，这与他抱朴从简的饮食习惯是密不可分的。我国现存最早的一部医学经典著作《黄帝内经》就提出了“五谷为养，五果为助，五畜为益，五菜为充”“谷肉果菜，食养尽之”的理论。《黄帝内经》中也提到“饮食有节”。中国的传统饮食也是以植物性食物为主，谷物作为主食，辅以天然果蔬，不做精细加工，调料大多取材于豆类植物等进行发酵。道教的创始人老子提出以“道”来准备食物也是始于对自然规律的遵循和崇拜。受老庄的“返璞归真”“恬淡虚无”的哲学思想影响，晋唐时期就有淡味饮食养生一说，唐代的孙思邈提出“每学淡食”，清代李渔更极力推崇清淡的食物，认为清淡的味道更纯粹和真实。清代名医吴鞠通认为，“淡不在五味（甘、酸、苦、辛、咸）之中”却“开五味之先”。

经过耶稣会的介绍，中国对 18 世纪的法国在思想、风俗、艺术、科学等领域都有很大的影响，通过伏尔泰、孟德斯鸠等的著述我们便能感受到这一点。孟德斯鸠曾经记载：“草根和菜叶加一点大米是中国下层老百姓的日常饮食。他们精心侍弄菜园子……染料几乎全都来自花汁和草汁，在丝绸上染出各种花草图案。这些颜色渗入纺织品的内部，一点也不褪色。”① “中国的素食者是一群开心的人，他们一生不吃鱼肉，不喝酒，不吃葱蒜，总之一切发热的食品。”② 因此，卢梭作为百科全书派的一员，也难免不受到“中国风”的影响。

卢梭自小体弱多病。由于他在年幼的时候就患有疾病，之后尿道多次出现感染，身上也出现了相应的征兆，饱受排尿障碍之苦。卢梭膀胱肿大的症状并没有在后来得到缓解，反而几乎是随着时间的推移越来越严重。尽管卢梭的病情曾出现好转的迹象，并且一直到 30 岁之前都是趋于稳定的状态，但是尿频的症状让贝萨拉克医生相信，自患病以来，卢梭从未真正排空过自己膀胱内的尿液。1974 年，法国学者邦苏桑出版的《卢梭的病》一书中记载，卢梭曾患有急性间歇紫质症，病发时有胃胀、腹痛、恶心、呕吐等症状。邦苏桑梳理了卢梭生前书信中对自己病症的描述并整理成下表③：

病发症状	医学根据	卢梭的描述	文本依据
疼痛	Peyrefitte	1748 年 8 月 26 日，上腹剧痛	致华伦夫人（Mine de Waren）
		1762 年 1 月 26 日．周身疼痛	*致马勒泽尔布（Malesherbes）
呕吐	ropsy，Peyrefitte	1748 年 8 月 26 日，上腹疼、呕吐	致华伦夫人
		1761 年 7 月 20 日，呕吐	致卢森堡夫人（Luxembourg）
*高烧	*Waldenström	*1762 年 1 月，长时间高烧、失眠	*致马勒泽尔布
胃胀	laforgue	1748 年 8 月 26 日，胃疼、呕吐	致华伦夫人
		1768 年 12 月 30 日，胃胀，不能下蹲	致穆尔图（Moultou）

“在做第一次身体检查的时候，让·贝萨拉克发现我的体内有一块很大的结石，并将检查结果如实告诉了我；但等到第二次检查的时候，结石又不见了……他声称，我体内从来就不存在结石，但是我的前列腺质硬且偏大。贝萨拉克医生还发现我的膀胱很大，而且健康状况良好。最后他得出的结论是，也许我未来将病痛不断，但却可以活很长一段时间……也正是在接受多年的持续

① 孟德斯鸠．孟德斯鸠论中国［M］．许明龙，译．北京：商务印书馆，2016：58．

② 孟德斯鸠．孟德斯鸠论中国［M］．许明龙，译．北京：商务印书馆，2016：181．

③ 徐前进．卢梭的病：医学和史学的综合解读［J］．历史研究，2013（5）：32．

治疗之后，这段期间我被误诊患有二十种不同的疾病，我最终意识到，我得的是不治之症但它却又不至于让我丧命，而且疾病将陪伴我至生命的尽头。"①

卢梭由于长期过着颠沛流离的窘迫生活，加之当时医疗条件的局限，无法治愈该疾病，心悸、咯血、发烧等症状也不时复发，让人措手不及。他最终患上了迫害妄想症。1772 年 6 月，圣皮埃尔到卢梭的住所拜访卢梭，他对当时正值花甲之年的卢梭是这样描述的："从他的面容上，我们注意到了三四种交错的情感：深陷的眼眶和下垂的眉毛透露着一丝忧郁；额前的皱纹暗示了他的哀愁……""我不害怕死亡，他说道，我害怕的是死亡前经历的痛苦。"②

换做是别人处在卢梭这样的情况下，离群索居，尤其是断绝与女性友人的交往是一件再自然不过的事情。但是，卢梭主动选择了孤独，通过主动回避熙熙攘攘的世界，他自己也轻松了不少，外界也不必前来叨扰一个受病痛折磨的人……残疾是促使卢梭远离各个圈子的主要原因，同时，它也直接决定了他无法与任何一个女人长相厮守。秋天的到来使卢梭的病情得以缓解，当时他的身体已经恢复到可以进行乡村徒步，乡村的自然环境对他恢复健康很有好处。但冬天的到来对他病情的恢复很不利，他的身体状况又变得像在春天时那么差了。潮湿的空气不利于皮肤健康，同时这也使他体内器官更容易感染发炎，尿液分泌也更加旺盛。由此引发的一系列反应都是危害健康的，因为它们使排泄变得困难起来。但是，卢梭认为散步对他而言尤为重要，而且对排汗也大有裨益。为了出汗，他每天锻炼身体达到一到两个小时。即使烈日当头，他也会把帽子夹在腋下去乡下采摘植物，并声称日照对他身体的恢复有一定的好处。

不幸的是，1764 年到 1765 年的冬天，他再也不能尽情地散步了。在接近八个月的时间里，他都不曾踏出过自己的房门。直到第二年冬初，他才被迫逃离瑞士前往英国避难。在途经法国期间，他提到："我曾经醉心于参加城里接连不断的晚宴以及来自世界各地的人们的拜访，最初只是为了回应它们背后的善意。但随之而来的身体上的不适严重影响了我的健康，因此我不得不彻底终止这些活动。离群索居在此时也显得尤为必要。"③ 可以推断，他的饮食习惯

① Louis Auguste Mercier. Explication de la maladie de J. J. Rousseau et de l'influence qu'elle a eue sur son caractère et sur ses écrits. Paris：Librairie le Normant，1859：33.

② A. Lacassagne. la Mort de Jean-Jacques Rousseau. [M]. Lyon：FB & Ltd，2018：15.

③ A. Lacassagne. la Mort de Jean-Jacques Rousseau. [M]. Lyon：FB & Ltd，2018：36.

和饮食观必然直接受到了身心病痛的困扰，过量或者复杂味重的饮食对他的健康都是有害无益的。那些刺激性很强的食物，如芦笋和药茶等，会给他的健康带来负面影响。

此外，卢梭的个人阅读喜好对其朴素的饮食观的形成也有一定的影响。他曾熟读并多次引用英国哲学家贝尔纳·曼德维尔的《蜜蜂的寓言》，对其倡导的以植物的根茎叶花果为主食的简朴饮食观多加推崇。他的作品也多次引用了布封、普鲁塔克以及百科全书派的饮食观点，归纳为一点就是：人应该多食用无需过多加工的天然植物和果实。

法国是欧洲大陆最大的农业生产国，其地形和气候都非常适合发展农业。从人类地理学的角度来看，卢梭大部分时间生活在法国中东部和瑞士日内瓦地区，这里是温带大陆性气候向温带海洋性气候过渡的地区，地形多样、气候优越、植物丰富。法国中东部为温带大陆性气候，热量充足、光照强，有利于粮食作物成熟，所以适宜种植小麦等粮食作物。阳光充沛有利于植物的繁衍和多样化，光照在催熟植物的同时使其既营养又可口。所以，卢梭的饮食偏好天然食材也是情理之中的。

综上所述，亘古至今，无论是东方抑或是西方，卢梭提出的这一辩证施膳的原则不仅体现了启蒙时代"以人为本"的人文观照，也符合现代营养科学的理念，同时也是东西方文明的耦合产物。他的饮食审美体系既强调了人体自身的统一性和完整性，又提倡自我完善性的修复和人与自然的和谐一体。因此，卢梭的饮食观为人类生活方式的进步提供了具有价值的哲学参照。

卢梭的简朴不仅仅表现在生活中，也同时出现在他的写作当中。卢梭为大自然所迷醉，在他的笔下，大自然也变得简单了许多。他偏爱使用冷色调来描绘，例如绿色、青色、蔚蓝、黑色等。但是，一些修饰性的形容词，例如清新的、水晶般的、耀眼的、透明的等弥补了色彩的不足，起到了光影的效果。

例如，在《孤独漫步者的遐想》一书中，当他描述在多姿多彩的大自然中漫步时，并没有使用太多的色彩来描绘。以该书的第二、五、七、九章为例。据笔者统计：在第二章中，他仅仅使用了绿色来描写"田野依然翠绿宜人"；在第五章中，使用了青色描写"远处淡淡的青山"；在第七章中，出现了"蔚蓝的天空"和"黑色的松树"；在第九章中，只有"绿荫"算得上有色彩。

难道大自然在卢梭的眼里不够多姿多彩才导致他笔下的描绘显得单调朴素

吗？为什么原本五颜六色的世界变得色彩单一呢？大概是卢梭试图在大自然中寻求宁静与孤独的心态造成的！冷色调符合他的内心向往与需求，能让他的心静下来。在绘画艺术中，绿色、蓝色、黑色是属于冷色调，被用来描绘森林、海洋和天空等，给人坚毅、从容、平静的印象。

卢梭的文字中流露出来的坚毅正是他想要在世人面前展示的。1764 年，当卢梭开始创作他的鸿篇巨制《忏悔录》一书时，由于伏尔泰批判他抛弃儿女的行为，卢梭已经深受社会的抨击和迫害了。伴随着误解与敌意，1765 年 9 月 6 日，莫蒂埃的居民向卢梭的住所投掷石块，试图将他赶走。53 岁的卢梭被迫在几周后搬离当地。9 月 12 日，卢梭搬至圣皮埃尔岛，然而几周后又被驱逐。在那段时间里，遗憾、羞愧和伤心接踵而至。但是，卢梭敢于在世人面前反省自己、自我剖析，这在当时是非常勇敢的行为。他的希望并不为过：社会可以放弃对他的迫害，让他在某个孤独的小角落了此残生。“我对世上发生的事情会一无所知，继而忘掉这个世界的存在，别人也会忘记我的存在。”①

卢梭尽量在世间缩小自己，不惹人注意，只想将自己关在狭小的空间里，因为至少这个空间还是受他自己支配的。“田野的风光，接连不断的秀丽景色，清新的空气，由于步行而带来的良好食欲和饱满精神，在小酒馆吃饭时的自由自在，远离使我感到依赖之苦的事物：这一切解放了我的心灵，给我以大胆思考的勇气，可以说将我投身在一片汪洋般的事物之中，让我随心所欲地大胆地组织它们，选择它们，占有它们。我以主人的身份支配着整个大自然。我的心从这一事物漫游到那一事物，遇到合我心意的东西便与之物我交融、浑然成为一体，种种动人的形象环绕在我心灵的周围，使之陶醉在甘美舒畅的感情之中。如果我竟有闲情逸致通过我的想象把这些稍纵即逝的景象描绘出来，那该用多么劲健的笔锋、多么鲜艳的色调和多么生动的语言来表现呀！”②

中国唐代著名的诗人李白深受道家思想的影响，在他的诗作中最常见的色彩就是紫色：“挥手凌紫霞”③；“鸟去凌紫烟”④；“春风开紫殿”⑤；“日照香炉

① 让-雅克·卢梭. 孤独漫步者的遐想［M］. 钱培鑫，译. 南京：译林出版社，2006：54-55.
② 让-雅克·卢梭. 卢梭全集：第一卷［M］. 李平沤，译. 北京：商务印书馆，2012：162.
③ 李白. 李太白全集：上［M］.［清］王琦，注. 北京：中华书局. 2011：162.
④ 李白. 李太白全集：下［M］.［清］王琦，注. 北京：中华书局. 2011：753.
⑤ 李白. 李太白全集：上［M］.［清］王琦，注. 北京：中华书局. 2011：262.

生紫烟”①；“罗衣曳紫烟”②；“相邀弄紫霞”③；等等。在老子与庄子的描述中，色彩的运用同样少之又少。这种色彩也是和道家文化紧密相连的：传说老子乘青牛过函谷关时，人们远远望见紫气东来的景象，大家据此知道有圣人将要抵达。因此，在中国传统文化中，紫色是吉祥的颜色。除此之外，我们在老庄的作品中很少发现其他色彩的运用。庄子曾经就此现象做出了如下解释：

“且夫，失性有五：一曰，五色乱目，使目不明；二曰，五声乱耳，使耳不聪；三曰，五臭薰鼻，困惾中颡；四曰，五味浊口，使口厉爽；五曰，趣舍滑心，使性飞荡。此五者，皆生之害也。”④

这段话提到了使人失掉本性的五种情况：五色能够扰乱人的视线；五声扰乱人的听觉；五臭伤害人的嗅觉；五味混淆人的味觉；取舍能够混乱人的心神，使性情飞扬浮躁。这五种情况对生命都是有害的，而为首的就是五色。

由此可知为什么老庄都在他们的作品中吝于使用色彩。中国的绘画艺术也沿袭了他们的风格——中国水墨画也是使用非常少的色彩，有时候甚至只有黑色，发扬了色彩单调、意境丰富的传统。

此外，庄子也提倡过简朴生活。据历史记载，这位圣人过着清贫的生活，有时候甚至需要朋友接济才能度日。这并非是庄子个人能力有限、无法养家糊口。事实上，他曾拒绝了楚王提供的高官厚禄，而选择闲云野鹤般的生活。庄子淡泊功名利禄，不为权势和金钱所动，也不追求荣誉、地位等虚幻的东西，因为这一切都无法让他获得想要的幸福，都是过眼云烟。

庄子追求的是在大自然中逍遥游的感觉。老庄学说的中心问题就是解决“人”在天地间的存在地位。老子虽然主张无为而治，但是其落脚点还是人与社会自然的共处之道。所谓“无为”，其实也是要顺应自然而达到“无不为”。道家思想强调人与自然的和谐共处，强调以“清静无为”来追求自身的和谐和内心的圆满融通。

“道常无为而无不为。侯王若能守之，万物将自化。化而欲作，吾将镇之以无名之朴。无名之朴，夫亦将不欲。不欲以静，天下将自正。”⑤ 老子的

① 李白. 李太白全集：下［M］.［清］王琦，注. 北京：中华书局. 2011：843.
② 李白. 李太白全集：下［M］.［清］王琦，注. 北京：中华书局. 2011：1014.
③ 李白. 李太白全集：下［M］.［清］王琦，注. 北京：中华书局. 2011：1013.
④ 杨柳桥. 庄子译注［M］. 上海：上海古籍出版社，2006：195.
⑤ 陈鼓应. 老子今注今译［M］. 北京：商务印书馆，2003：212.

“无为”显然不是一种碌碌无为，更多的是归于一个“静”。他并非一味追求外在的潇洒自由，更多的是寻求内心的无欲、心境的从容，正所谓“一念心清净，何处惹尘埃”。在《庄子·天下篇》中，为摆脱世俗之累，回归“上与造物者游”的游世情怀，驰骋心若止水、无所依傍的心灵净土，庄子发出了“人能虚己以游世，其孰能害之”[①] 的感叹。“虚己”即是“致虚静”，是“无为”，是“心斋”，是空虚宁寂，融通于万物的内心本质。因此，以“无为”追寻与宇宙万物的圆融为一，追寻自我身心的圆融为一，“圆融之美”即是和谐通达。

天、地、人都是作为“道”的承载者出现，它们之间有不同层次的关系：“人法地，地法天，天法道，道法自然。”[②] “道”先天地万物而生，是自然的存在，天、地、人都是顺应自然法则而客观存在的。如果个人负重太多，则无法做到逍遥自在。而个人负重则包含功名利禄、个人得失等。它们让热衷的人喘不过气来，对漠不关心的人则无计可施。当其他人为功名利禄窒息疯狂的时候，庄子在做什么呢？他时而梦见自己变成了翩翩飞舞的蝴蝶，栩栩如生；时而幻化成在水底畅游的鱼儿，摇头摆尾；或者他什么也不做，只是躺在树荫下小憩片刻。唯一让他感兴趣的就是被称为“逍遥”的自由状态，让他能够体会生命的真正价值。摆脱所有的束缚，无忧无虑，这才是他想要的生活。自由自在得就像他在《庄子》第一篇中所描述的：“北冥有鱼，其名为鲲：鲲之大，不知其几千里也；化而为鸟，其名为鹏；鹏之背，不知其几千里也；……鹏之徙于南冥也，水击三千里，抟扶摇而上者九万里，去以六月息者也。”[③] 在庄子的作品中，我们窥探到了他的内心世界：辽阔有如鲲鹏展翅，细致有如蝴蝶翩翩。道家的简朴生活方式对后世也有影响。例如东晋末年的田园诗人陶潜，他的代表作《桃花源记》便幻想了一个没有阶级划分、没有利益之争的理想国度。在他的《归去来兮辞》中，他谈到了在经历官场的纷争之后，回归自我、回归田园和大自然的心愿。他也歌颂了乡村纯洁简朴的隐居生活，他的“采菊东篱下，悠然见南山”[④] 至今被世人传颂。

在卢梭的理念中，另外一个获取幸福的途径是回归乡村和大自然的怀抱，

① 杨柳桥. 庄子译注 [M]. 上海：上海古籍出版社，2006：309.
② 陈鼓应. 老子今注今译 [M]. 北京：商务印书馆，2003：169.
③ 杨柳桥. 庄子译注 [M]. 上海：上海古籍出版社，2006：1.
④ 袁行霈. 陶渊明集笺注 [M]. 北京：中华书局，2011：173.

因为大自然能够将他带回到上帝的身边。他觉得必须摆脱周围人的虚情假意，自己建立一种信念，在静默中领悟幸福的真谛。这与道家的“天人合一”思想也是不谋而合的。这种与田园自然相联系的幸福观并非始于卢梭，而早在中世纪时期就开始衍生了。在 16 世纪，法国作家拉伯雷、龙沙、杜·贝莱、蒙田就已经懂得欣赏大自然中的美好生活以及品味环绕四周的大自然魅力。17 世纪，我们可以以莎士比亚戏剧中的人物为证。《李尔王》《克娄奥佩特拉》《麦克白夫人》都曾面对日暮西山、迷人夜色、狂风暴雨抒发过自己的感情。西班牙作家塞万提斯笔下的堂吉诃德翻山越岭为的是让自己的幻想在大自然中得到实现。

“阿尔卑斯山的风景，瑞士的风景装饰具有两面性，这不仅对卢梭来说很重要，对于整个 18 世纪和浪漫主义都很重要。将这片风景嵌入两个生活在阿尔卑斯山脚下的年轻恋人的爱情故事当中，它能够平息他们的激情吗？难道这片风景就不会带给恋人新的魅力、新的价值观吗？……我们发现阿尔卑斯山的风景结合了激情、纯洁与爱情的敏感。”①

大自然就像母亲一样。在她的怀抱中，卢梭可以随心所欲地让自己的遐思畅游，可以直面自我。对于卢梭来说，她象征着作家从未有机会深度了解而又在毕生寻找的母亲。有时候，母亲的形象甚至投影在某位女性身上，例如华伦夫人、乌德托夫人或者泰莱丝。但是，作家依然执着地在大自然中找寻母亲的身影。他曾深深地怀念与华伦夫人一起在田野间散步的幸福时刻，怀念乡村、森林、整个大自然与造物主。他总是希望自己是发现某片自然风景的第一人，以便与自然直接进行交流沟通。加斯东·巴什拉在分析这种对自然的依赖时说道：“对于我们中的每一个人来说，大自然仅仅是我们原始自恋情绪的延伸，在出生时，它是与提供滋养和保护的母亲联系在一起的。”②

卢梭也给出了对“大自然”的定义：一种先于思考、由人自身的行为习惯和观念所控制的状态。可以说，卢梭是一位伟大的自然主义者。在写给朋友迪·佩鲁的一封信中，他总结了自然带给他的幸福感觉：

---

① Charles Dedeyan . Jean-Jacques Rousseau et la sensibilité littéraire à la fin du XVIIIe siècle [M]. Paris：Centre de Documentation Universitaire，1958：81.

② Gaston Bachelard. L'Eau et les rêves essai sur l'imagination de la matière [M]. Paris：José Corti，1942：135.

“这就是大自然的法则，必须低下头来顺从听命。复苏的大自然也让我重新焕发了生机。我又精神饱满地开始采集植物标本。我所在的这个地区如果还有其他的居民将会变得十分宜人。我之前在园子里种了几棵植物，有人却把它们毁了。这使得我下定决心，除了森林和草地，不再耕种其他园子。当我有力气在森林和草地间散步时，我将发现生活的乐趣，这是一种别人无法剥夺的乐趣，因为它的源泉就在我自己身上。”①

在大自然中漫步、采集植物标本对卢梭来说是一种闲散的休憩，能让他从自身的空虚和外界的迫害中解脱出来。通过重新寻找记忆，采集标本的漫步变成了幸福的避难方式。当干枯的枝叶重新组建起回忆，植物结构变得模糊，取而代之的是采集它们时获得的幸福感。这种感觉胜过不断地回忆自己的不幸命运，收集的花朵枝叶变成了一种情感的寄托，让他忘记痛苦，反复地回忆幸福片段。回忆的幸福将他牢牢地抓住，卢梭就这样陶醉在大自然中。

他在致马尔赫布的第三封信中定义了这种在大自然中感受到的迷醉，也清晰地描述了他在这个既浩瀚无穷又迷离精致的宇宙中迷失自我的状态：

“很快地，我的思想升腾至自然万物和宇宙系统的高度，到达了包罗万象的造物主的高度。于是，思想迷失在这片浩渺之中，我不思考、不探究，也不谈哲理；我感觉到自己脱离了地面的吸引，伴随着一种愉悦，我迷醉在这些混乱之中，我愿意迷失在想象的空间里，我的心在万物的界限中收紧，我在宇宙中窒息，我想投身于这无边无际之中。”②

在《孤独漫步者的遐想》一书中，卢梭还描述了在大自然怀抱中感受到的激情，这份激情由于文学创作的原因变得更加强烈。“我相信，如果我解开了大自然所有的奥秘，我将处于比这种激情逊色的状态中，这种激情让我的精神无拘无束地遨游，促使我呐喊：哦，上帝！上帝！既不能说也不能思考。”③在《孤独漫步者的遐想》第七章中，他写道：“沉思者的心灵越敏感，就越能投入因自然的和谐而产生的心醉神迷的境界。甜美深沉的遐想占据了他的所有

① Michèle Crogiez. Solitude et méditation étude sur les Rêveries de Jean-Jacques Rousseau［M］. Paris：Honoré Champion Editeur，1997：110.

② Jean-Jacques Rousseau. Bernard Gagnebin et Marcel Raymond，Oeuvres complètes［M］. Paris：Bibliothèque de la Pléiade，1959—1964：1141.

③ Jean-Jacques Rousseau. Bernard Gagnebin et Marcel Raymond，Oeuvres complètes［M］. Paris：Bibliothèque de la Pléiade，1959—1964：1141.

感官，他带着美妙的陶醉融入这片广袤美丽的天地里，感到自己已同天地浑然一体。于是，一切个别的事物他都视而不见；任何事物，他只能从整体上去看、去感受。必须用某种特殊的状况来限制他的思想和想像力，才能使他一部分一部分地观察这个他力图从整体上看待的宇宙。”①

卢梭将这种心醉神迷的幸福为己所用，其唯一的目的就是让个人的幸福重新焕发生机。年迈的作家重新回顾这些幸福时，经常被微小的快乐所打动：一只从窗外闯进来的燕子、采摘樱桃、收获葡萄、与泰莱丝在窗边的家常便饭、坐在蒙莫朗西的阳台上喝清晨的第一杯咖啡……

与西方文化相同的是，中国人也认为大自然是造物主的杰作。庄子的作品让人感觉到他的个人幸福，他告诉我们幸福就在大自然中。从庄子的字里行间，我们能读到他的幸福——他的幸福藏在他的内心深处。在庄子眼里，万物都是平等的，我们要以宽容的心来对待它们，这样才能达到心与自然之间的和谐——一种超越自然界线的和谐。在庄子眼中，自然是真实的、善良的、美丽的。但是人类受到自身的局限性束缚。一旦人类放弃功利主义，超越自己的局限，随自然而动，就将融入自然、融入道中。

在庄子的哲学思想里，大自然有它自身的规律、准则，也就是我们所谓的“道”。天与地都遵循着“道”。立于天地之间的人类也不例外，在欣赏自然的同时也必须尊重自然的“道”。在《庄子》一书中，有这样一个小故事：

“庄子妻死，惠子吊之。庄子方箕踞鼓盆而歌。

惠子曰：‘与人居，长子，老身，死，不哭，亦足矣；子鼓盆而歌，不亦甚乎？’

庄子曰：‘不然。是其始死也，我独何能无概然？察其始，而本无生；非徒无生也，而本无形；非徒无形也，而本无气。杂乎芒芴之间，变而有气，气变而有形，形变而有生；今又变而之死；是相与为春、秋、冬、夏四时行也。人且偃然寝于巨室，而我嗷嗷然随而哭之，自以为不通乎命，故止也。’”②

故事说的是，庄子的妻子去世了，庄子的朋友惠施前去吊唁。惠施来到庄子家，看见庄子正盘腿坐在蒲草编的垫子上敲着瓦盆唱歌呢。惠施很不理解，因而责备他说：“你的妻子与你日夜相伴，为你生儿育女，身体都累坏了。现

① 让-雅克·卢梭. 孤独漫步者的遐想［M］. 钱培鑫，译. 南京：译林出版社，2006：78.

② 杨柳桥. 庄子译注［M］. 上海：上海古籍出版社，2006：272-273.

在死了，你不哭也就罢了，却在这里唱歌，不是太过分了吗?”庄子回答:“你这句话就不对了。你知道吗？当我的妻子刚死的时候我怎么不悲哀呢？可是后来想了想，也就不悲哀了。因为想当初我的妻子本来就是没有生命的，不但没有生命，而且连形体也没有，不但没有形体，而且连气息也没有。后来恍惚间出现了气息，由气息渐渐地产生了形体，由形体渐渐地产生了生命。现在她死了，又由有生命的东西变成了无生命的东西，之后形体也会消散，气息也会泯灭，她将完全恢复到原先的样子。这样看来，人生人死就像是春夏秋冬四季交替一样，循环往复，无有穷尽。我的妻子死了，也正是沿着这一循环的道路，从一无所有的大房子中走出，又回归到她原来一无所有的大房子里面休息，而我却在这里为此号啕大哭，这不是不懂得大自然循环往复的道理吗？正因为如此，所以我停止了悲伤，不哭了。”大自然除了给我们指出人生应当遵循的“道”之外，还给我们指出了一些极乐的界线：遵循大自然的规律生活，需要满足自己的天性需求，但是也要学会区分“真正的需求”和人类自己“臆造的需求”。大自然既反对禁欲主义，也提倡节制。遵循大自然，也就是要服从万物内在的永恒真理和需求。自然希望善人获得幸福，并且幸福永远与道德相伴。

庄子在许多章节中都提到人与自然宇宙。他不局限于哲学写作，同时对寓言故事，尤其是来自于自然界的寓言故事非常感兴趣。他甚至将一些民间传说引入自己的作品中。在庄子的寓言世界里，他为大家讲述了一些关于动物、昆虫、河神、海神的故事。例如：螳臂挡车的故事嘲笑那些不自量力、违背自然规律行事的人。又如“狙公赋茅曰：‘朝三而暮四’。众狙皆怒。曰：‘然则朝四而暮三。’众狙皆悦。”① 这个故事告诫我们不要被表面现象所迷惑，应当透过现象看本质，注重实际。庄子的这些故事大多数来源于他的故乡楚国。楚国是古代中国春秋战国时期的一个国家，建立于长江流域，当地流传着许多民间故事。

庄子对大自然的运行规律充满兴趣的同时，他也发问：通过作品，我们自己人为制造的条条框框是如何禁锢人类的？它们能带给我们幸福吗？理想的幸福状态难道是把人限制在这些条条框框中吗？人类的幸福难道不是自由自在地

① 杨柳桥. 庄子译注［M］. 上海：上海古籍出版社，2006：26.

畅游在大自然里吗？人类的悲剧又是什么导致的？

老子说“五色令人目盲，五音令人耳聋”①，提出“绝圣弃智、绝仁弃义、绝巧弃利”的主张，想要回到无欲无念、无思无虑的状态。

“且夫，失性有五：一曰，五色乱目，使目不明；二曰，五声乱耳，使耳不聪；三曰，五臭薰鼻，困惾中颡；四曰，五味浊口，使口厉爽；五曰，趣舍滑心，使性飞荡。此五者，皆生之害也。”② 庄子最终找到了答案：这些五色、五声、五臭、五味就是人类的天敌，他提倡过虚静恬淡的生活，因为“淡然无极而众美从之”。据笔者统计，“淡”在《庄子》中出现了16次，其中单字6次、词10次。

“夫明白于天地之德者，此之谓大本大宗，与天地和者也；所以均调天下，与人和者也。与人和者，谓之人乐；与天和者，谓之天乐。”③

“故曰：知天乐者，其生也天行，其死也物化；静而与阴同德，动而与阳同波。故知天乐者，无天怨，无人非，无物累，无鬼责。”④

这几段文字都是告诫人们要顺天而行，随物而化，只有顺应天地循环规律的人才能享受到至上的乐趣。

庄子对于大自然的热爱之情影响了后人。我们以唐代诗人李白为例。李白曾花费大量笔墨描绘自己旅途中的山山水水，因此，他笔下的山水也蒙上了道家色彩。在李白的作品中，我们仿佛看到眼前就是浩渺的长江、庐山瀑布、鄱阳湖以及“难于上青天”的蜀道。诗人完全将自己融入了大自然的山水中。如李白的名诗《月下独酌》：

“花间一壶酒，独酌无相亲。
举杯邀明月，对影成三人。
月既不解饮，影徒随我身。
暂伴月将影，行乐须及春。
我歌月徘徊，我舞影零乱。
醒时同交欢，醉后各分散。

---

① 陈鼓应. 老子今注今译［M］. 北京：商务印书馆，2003：118.
② 杨柳桥. 庄子译注［M］. 上海：上海古籍出版社，2006：195.
③ 杨柳桥. 庄子译注［M］. 上海：上海古籍出版社，2006：198.
④ 杨柳桥. 庄子译注［M］. 上海：上海古籍出版社，2006：198.

永结无情游，相期邈云汉。”①

月光、美酒、花丛组成了诗人的遐思空间，就像东晋归隐诗人陶潜的世界一样，有南山、篱笆、美酒和菊花。

在此，以中国文学史上另外一位著名的作家曹雪芹为例。他的著作《红楼梦》与《三国演义》《西游记》《水浒传》并称中国四大古典名著。作家在他的这部代表作中也表达了渴望自由、热爱自然的情感。《红楼梦》又名《石头记》，男主人公贾宝玉就是女娲娘娘补天剩下的一块石头，后转世为人，希望到人间享受荣华富贵。因为他在出生时，嘴里衔着一块宝玉，因此而得名。这块玉石和男主人公的命运始终联系在一起，在故事的最后，玉凭空消失了，宝玉也随之失踪。

女主人公林黛玉在小说中被认为是绛珠仙草转世，以泪报恩。曹雪芹将小说中的男女主角都想象成来自大自然的灵物，尤其是将心目中的妙龄女子想象成是获得天地灵气的植物化身，可见他对大自然的赞赏之情。这在中国文学史上并非首开先河。通观整个文学史，我们不能不被古人的丰富想象力折服。他们能从大自然中汲取灵感，想象出许多鲜活的形象：天上的玉帝、河中的女神、地下的土地爷、山中的山神、花仙、树精，还有修炼成人的动物。作家们的想象源于自然，也必将归于自然。

清代作家蒲松龄的代表作《聊斋志异》就是很典型的例子。他在作品中讲述了许多神仙鬼怪的故事，尤其是动物或者植物变幻成年轻貌美的女子报答书生类的故事。

此外，在人与自然相处的基本出发点上，卢梭和道家思想家之间也有共同点：二者在面对大自然时都甘愿放弃功利之心。在《孤独漫步者的遐想》一书中，卢梭专门用第二、五、七、九章来描写在自然环境中的漫步。此外，还有他的自传体作品《忏悔录》和小说《新爱洛伊斯》中那些山水错落有致的段落。庄子由于受到道家创始人老子的回归自然观的影响，几乎将他的全部作品都奉献给了大自然：例如《庄子》的第二章《齐物论》、第十二章《天地》、第十三章《天道》、第十四章《天运》、第十七章《秋水》等。仅仅通过这些章节的标题，我们就能发现他所谈及的话题与天地自然息息相关。

---

① 李白. 李白全集［M］. 上海：上海古籍出版社，1997：1051.

以下是一段庄子与朋友之间关于功利和实用主义的对话：

“惠子谓庄子曰：‘吾有大树，人谓之樗；其大本臃肿，而不中绳墨；其小枝卷曲，而不中规矩；立之途，匠者不顾。——今子之言，大而无用，众所同去也。’

庄子曰：‘子独不见狸狌乎？卑身而伏，以候敖者，东西跳梁，不辟高下，中于机辟，死于罔罟。今夫斄牛，其大若垂天之云；此能为大矣，而不能执鼠。今子有大树，患其无用；何不树之无何有之乡、广莫之野？彷徨乎无为其侧，逍遥乎寝卧其下。不夭斤斧，物无害者。无所可用，安所困苦哉？’”①

在此，庄子表达了自己对于事物是否有用的观点：一棵在别人眼里不能做任何用途的树，可以让它自由地生长在大自然中，它至少可以给人提供荫凉。当一件事物没有实际用途时，或许可以躲避人类的荼毒。什么都比不上自由自在的生活来得幸福。因此，万物并非都要具有某种实用功能，应该顺其自然。

卢梭也认为“把什么都跟我们的现实利益联系起来，到处求功利或者找药物，而身体健康时就总是用冷漠的态度看待整个大自然，这种想法我从来没有过。”② 例如，卢梭采集植物标本与同时代的人们相比有不同目的。“某种截然不同的心境使我把这项研究看成是一种嗜好，它填补了已经离我而去的各种嗜好所留下的空白。”③ 他指责当时的药用观点：“这些药用的观点当然无法使植物学研究变得饶有兴趣：它们只会使绿茵失去润泽，使花朵失去鲜艳，树林失去清新，连自然的葱茏、摇曳的树阴都变得淡而无味，令人讨厌；而那些只知道把植物放进臼中捣碎的人，当然不会对优美迷人的自然产生什么兴趣，当然也不会在用来灌肠的草药里寻找牧羊女的花冠。”④ “植物学是悠闲懒散的孤独者的专业，……他兴致勃勃地、好奇地观察每一朵花，一旦领悟到花朵的构造规律，他就能毫不费劲地品尝到观察的乐趣，跟以付出高昂代价才取得的乐趣相比，绝不逊色。”⑤

因此，卢梭“感到无比陶醉，感到一种难以言喻的欣喜，我仿佛融化在天

① 杨柳桥. 庄子译注［M］. 上海：上海古籍出版社，2006：14.
② 让-雅克·卢梭. 孤独漫步者的遐想［M］. 钱培鑫，译. 南京：译林出版社，2006：81.
③ 让-雅克·卢梭. 孤独漫步者的遐想［M］. 钱培鑫，译. 南京：译林出版社，2006：86.
④ 让-雅克·卢梭. 孤独漫步者的遐想［M］. 钱培鑫，译. 南京：译林出版社，2006：80.
⑤ 让-雅克·卢梭. 孤独漫步者的遐想［M］. 钱培鑫，译. 南京：译林出版社，2006：85.

地万物中，与整个大自然浑然一体”①。

“在原始田园生活的快乐中，与那些简单善良的人们接触，欣赏阿尔卑斯山区的湖光山色，尽管灵魂找到了极乐，在通过梦想与想象力营造起超现实的宇宙之前，一种伊甸园情结伴随着隐约感觉到的幸福，仍然漂浮在感官与情感的界线之间。这个宇宙保持缄默。让这种极乐延续的条件就是孤独。”② “这就是为什么皮埃尔·特拉西先生对我们说，让-雅克·卢梭只热爱穿越田野和森林的漫步。因为，植物学为他揭示了植物的奥秘。‘美妙的时刻’，在其中他忘记了自己：孤独不就是不可侵犯的避难所吗?”③ 卢梭在《孤独漫步者的遐想》一书中也承认自己达到了忘记自我存在的境界：“不，任何个人、任何与我肉体厉害有关的事都不能真正地占据我的心灵。只有忘掉自己的时候，我的沉思和遐思才最为甜美。我感到无比陶醉，感到一种难以言喻的欣喜，我仿佛融化在天地万物中，与整个大自然浑然一体。”④

卢梭追寻幸福的第三种途径是享受自然生活的孤独。

在《孤独漫步者的遐想》第五章中，卢梭写道：“我在漫长人生的荣辱变迁中发现，享受最美妙、快感最强烈的时期，回忆起来却不能最吸引我、最感动我。这种短暂的狂热和激情，无论多么炽热，而且正因为是太炽热，只能是生命线上散落的几个亮点。它们是如此罕见、如此短促，成不了一种状态，而我怀念的幸福并不由一些转瞬即逝的片刻组成，它是一种单纯而恒久的状态，这种状态本身不给人任何强烈的快感，但随着状态的持续，它的魅力与日俱增，直到最后到达无与伦比的幸福之境。”⑤ “假如真有这么一种状态，我们的心灵能够在那里找到坚实的基础，得到完全休息，把整个生命集中起来，用不着缅怀过去、跨入未来；时间对心灵已经失去意义，此时此刻可以永远持续下去，看不出它的绵延，又没有一丝更替的痕迹，心中没有别的感受：没有失去，没有享受，没有快乐，没有痛苦，没有欲望，也没有恐惧，惟一感到的是

---

① 让-雅克·卢梭. 孤独漫步者的遐想 [M]. 钱培鑫，译. 南京：译林出版社，2006：81.

② Charles Dedeyan . Jean-Jacques Rousseau et la sensibilité littéraire *à* la fin du XVIIIe siècle [M]. Paris：Centre de Documentation Universitaire，1958：147.

③ Pierre Trahard. les Maîtres de la sensibilité française au XVIIIe siècle（1715—1789）[M]. Genève：Slatkine Reprints，1967：209-210.

④ 让-雅克·卢梭. 孤独漫步者的遐想 [M]. 钱培鑫，译. 南京：译林出版社，2006：81.

⑤ 让-雅克·卢梭. 孤独漫步者的遐想 [M]. 钱培鑫，译. 南京：译林出版社，2006：59.

自身的存在，而且单凭这个感觉就能完全充实我们的心灵；只要这种状态持续着，处在其中的人就能自称是幸福的，那不是生活乐趣给我们带来的缺憾、贫乏、相对的幸福，而是一种充分、完满、丰盈的幸福。”①

自然对于卢梭来说就是一个抽象的场所、一个象征性的地方。与喧嚣的城市相比，它象征着宁静；与熙熙攘攘的城市相比，它象征着孤独；与城市的狂热和躁动相比，它象征着沉思和冥想。大自然是他与世隔绝的避难所，不仅让他欣赏到了纯真的美好，也为他提供了幽静的庇护。

卢梭坦言，自己从童年时期开始就有自我封闭的倾向。母亲在他出生时去世、哥哥在他童年时失踪、父亲远去、缺乏童年的玩伴，等等，似乎他从一出生就注定是孤独的，但是他未必真正地感觉到孤独。

“这是我归隐的生活，这是我孤独的漫步，这是我完全独自一人度过的，或有我的女主人和爱犬相伴的短暂而又美好的日子，还有一只老猫、乡村里的鸟儿、森林中的牝鹿，以及整个大自然和它难以捉摸的创造者。在日出以前起床，为的是在我的花园中观赏日出，当我看到美丽的一天开始时，我的第一个心愿就是不要任何信件或者来访者打搅这种宁静。”②

在这个段落的法语原文中，卢梭总共使用了 5 次介词“伴随”（avec），他认为自己的生活并不是孤独的，他与动物、植物还有大自然分享。他被大自然紧紧地包围，对大自然有着深厚的感情。他不愿意被任何人或者信息打搅。

由此可见，卢梭的孤独是他的一种选择，也是他的精神和文学的构成，是遐思的空间和条件。以此获得的幸福成了卢梭一生珍贵的回忆。在经历了威尼斯的不幸遭遇后，在沙尔麦特独自生活显得弥足珍贵，仿佛遗失的伊甸园被重新找回，并促使他终生为之奋斗。笔者发现卢梭在城市以外的区域就能找到大自然：在《孤独漫步者的遐想》第九章中，他在巴黎郊区的漫步中找寻到了快乐，那里并非人迹罕至，仍然有人类文明社会的痕迹。卢梭感觉到城市的喧嚣与乡村的宁静孤独形成了强烈的对比。无论怎样，孤独并不总是让他感觉到被排斥、被驱逐的不幸，它也可以被当作一种终于可以回归自我的快乐。或者，孤独更像是一种宁静、祥和与和平。加斯东·巴什拉评价《水与梦》的结构时

① 让-雅克·卢梭. 孤独漫步者的遐想［M］. 钱培鑫，译. 南京：译林出版社，2006：60.

② Jean-Jacques Rousseau. Bernard Gagnebin et Marcel Raymond, Oeuvres complètes［M］. Paris: Bibliothèque de la Pléiade, 1959—1964: 1139.

写过的一句话可以被视作《漫步之五》的内容诠释："在宇宙中，沉睡的水是一块巨大的、静止的宁静与祥和。在沉睡的水中，世界得到了休憩。在沉睡的水面前，遐思者加入了这种世界的休憩当中。"①

这种孤独的状态仅仅出现在人与自然的和谐平衡当中："心灵必须平静，没有任何情欲来扰乱它的安宁。感受者必须有心境，另外加上周围事物的配合。既不是一种绝对的平静，也不能过于激动，而是一种均匀、温和的内心运动，没有冲动，也没有停顿。没有运动，生命只会陷入昏睡。而运动不匀或者太剧烈，则会把我们吵醒；它使我们想起周围的一切，毁掉遐想带来的那份甜美，将我们逐出内心世界，我们又被置于命运和他人的枷锁之下，感受自己的苦难。绝对的静止引发悲伤，它展示着死亡的形象。因此必须借助欢快的想象，它自然而然地浮现在被上苍赋予天赋的人的脑际。于是不靠外力产生的运动在我们自己的内心展开。不错，内心虽然少了些宁静，但是当那些轻盈、甜蜜的念头轻轻掠过心灵的表面，而不搅动灵魂深处的时候，也会产生同样惬意的感觉。"②

卢梭的这种幸福观将他与老子拉得更近。"狄德罗从日本人的著作中知道中国有老子，把老子写成 Rossi，卢梭最早表述其文明否定论和返璞归真的思想时，与狄德罗往来最密切，很可能受到了老子思想的影响。英国学者彼得·弗朗斯在《狄德罗生平和著作年表》1749 年条：'9 月底以后，卢梭每周两三次去樊尚城堡探监，与狄德罗讨论第戎学院关于道德问题的有奖征文竞赛。'又据法国学者安德烈·比利的《狄德罗传》，狄德罗在与卢梭讨论第戎学院征文时，向卢梭分享了自己的见闻，包括他读过的'许多耶稣会传教士的著作'。"③

在《道德经》第三十五篇中，老子写道："执大象，天下往。往而不害，安平太（泰）。"④ 戴遂良将这段话翻译成："Parce qu'il ressemble au grand prototype (le Principe, par son dévouement désintéressé), tous vont au Sage.

① Gaston Bachelard. L'Eau et les rêves essai sur l'imagination de la matière [M]. Paris: José Corti, 1942: 169.

② 让-雅克·卢梭. 孤独漫步者的遐想 [M]. 钱培鑫，译. 南京：译林出版社，2006：61.

③ 许苏民. 卢梭与中国哲学 [J]. 江汉论坛，2014 (3)：84.

④ 杨柳桥. 庄子译注 [M]. 上海：上海古籍出版社，2006：205.

Il les accueille tous，leur fait du bien，leur donne repos，paix et bonheur."①

另外一个翻译版本是刘家槐的："Celui qui détient la Grande Image Peut parcourir le monde. Il le fait sans danger，Partout il trouve paix，équilibre et tranquillité."②

这两段法文翻译的最后三个词语，各自用了"repos，paix et bonheur"和"paix，équilibre et tranquillité"。两个版本分别对应了老子原文中的"安平太（泰）"。这两位翻译家，一位来自法国，一位来自中国，每个人都有自己对于"太（泰）"的理解。在此，笔者并不打算评价哪种翻译更恰当、更准确，因为各有各的道理。但是，通过这一点我们发现了老子和卢梭有关幸福观点的交汇：两位哲学家都认为，幸福与和平、宁静有关联；或许是和平、宁静给他们带来了幸福感，帮助他们过上了和平与宁静的生活。

庄子的幸福灵感也来自于大自然的淡泊、虚空、平静、缄默、无为以及天地的和谐。"夫恬惔、寂寞、虚无、无为，此天地之平！而道德之质也。故曰：圣人休焉。休，则平易矣；平易，则恬淡矣。平易、恬惔，则忧患不能入，邪气不能袭，其德全，而神不亏。故曰：圣人之生也天行，其死也物化；静而与阴同德，动而与阳同波；不为福先，不为祸始；感而后应，迫而后动，不得已而后起；去知与故，循天之理。故无天灾，无物累，无人非，无鬼责。其生若浮，其死若休。不思虑，不豫谋。光矣而不耀，信矣而不期。其寝不梦，其觉无忧；其神纯粹，其魄不罢。虚无、恬惔，乃合天德。"③

卢梭也说这"是一种单纯而恒久的状态，这种状态本身不给人任何强烈的快感，但随着状态持续，它的魅力与日俱增，直到最后到达无与伦比的幸福之境。"④"在这样一种状态下，我们享受什么呢？绝不是享受任何身外之物，绝对没有，而是享受我们自己，享受我们自身的存在；只要这种状态持续着，我们便和上帝一样知足。"⑤"只要达到足够的思考，我们就能忘却所有的痛苦，把自己回忆起来。这种遐想在所有我们能安静下来的地方都能细细品尝。"⑥

---

① Léon Wieger. les Pères du système Taoïste [M]. Paris：Les Belles Lettres，1950：34.

② Lao-tseu. Tao tö king [M]. Paris：Gallimard，1967：106.

③ 杨柳桥. 庄子译注 [M]. 上海：上海古籍出版社，2006：238-239.

④ 让-雅克·卢梭. 孤独漫步者的遐想 [M]. 钱培鑫，译. 南京：译林出版社，2006：59.

⑤ 让-雅克·卢梭. 孤独漫步者的遐想 [M]. 钱培鑫，译. 南京：译林出版社，2006：60.

⑥ 让-雅克·卢梭. 孤独漫步者的遐想 [M]. 钱培鑫，译. 南京：译林出版社，2006：61.

在卢梭看来，只有安静下来思考、遐想，我们才有可能体会自身的存在，才有可能找到满足和幸福感。这是一种自我集中、独立、自由的存在状态。用斯多葛主义的词来说就是“自给自足”，卢梭的文字中多次出现类似的话语：“我满足于自己。”“我们便和上帝一样知足。”“像上帝一样沉着。”在这种状态下，所有的感官都沉睡，遐思变成了一种无欲无求的状态。所以，卢梭推崇没有掺杂的幸福：只要能感觉到自身的存在就足够获取幸福。此外，遐想者也无需上帝，因为他能自给自足。在这种自恋的幸福中，所有依赖于他人的求助都是多余的。在《18世纪法国文学和思想中的幸福观》一书里，罗贝尔·马兹观察到所有象征着幸福的代表都在运动与静止两极中摇摆不定。但是，卢梭清晰明了地表达了他的幸福所在：对自我存在的满足感足以消除所有因欲望而起的运动和改变。因此，对于那些以幸福为目标的人来说，这关乎独立性的培养，关乎他们是否能够达到神圣的地位，甚至与上帝同等。上帝是孤独之神，甚至是孤独本身。此外，卢梭认为是孤独造就了幸福，所以，卢梭对自己说“只要他是孤独的，他就是幸福的”。卢梭的这种状态类似庄子提出的“心斋”。卢梭在面对大自然的山水之时也达到了“心斋”的状态，他用自己的精神聆听大自然的声音，同时也任由大自然听取他自己的声音。

在《庄子·人间世》中有一个颜回向孔子请教的故事。“回曰：‘敢闻心斋。’仲尼曰：‘……气也者，虚而待物者也。唯道集虚。虚者，心斋也。’”① 何谓“心斋”？将心灵中存在的各种世俗负累消除，即摒弃杂念，心境虚静纯一，而明大道。何谓“虚静”？老子曾说：“夫物芸芸，各复归其根。归根曰静，静曰复命。”② 这其实就是一种致虚守静的状态，他主张回到一切存在的根源，那就是虚静的状态，也是万物本性之“朴”。“常德不离，复归于婴儿。”③ 初生的婴儿身体是娇小柔弱的，但同时他又是最接近生命本真的。在老子眼里，他“虽柔不散”，精气凝聚，没有谁能与之相比。因而，即使长大历经凡尘，也要静下来回想自己生命最初的婴儿状态，“不忘初心”，回归最原始最质朴的内心。

未经雕琢，没有杂念，这就是一种心的斋戒，感受来自内心深处的质朴纯

---

① 杨柳桥. 庄子译注［M］. 上海：上海古籍出版社，2006：53.

② 陈鼓应. 老子今注今译［M］. 北京：商务印书馆，2003：134.

③ 陈鼓应. 老子今注今译［M］. 北京：商务印书馆，2003：183.

洁，最终达到“道”之本。故《老子》曰“见素抱朴”，呈现出一种最为本真的质朴之美才能达到品质高尚的圣人境界，这也是道家最重视的以“朴”达“德”，修身养性。

忘却一切并留下虚空。“虚者，心斋也。”① 这是一个由外向内的修炼过程，其目的在于融入道中。如果人类在欣赏大自然之前没有清空心灵，就不可能真正地感受到大自然的精髓，更谈不上与大自然进行沟通。借助这种虚空与孤独，心灵才能腾出足够的空间接纳自然万物。忘却与虚空，其实是自我纯化的过程。它不仅要求忘记自己的身体和器官，而且还要消除由器官引发的对于外部世界的欲望。为了自我超越，人类需要回归自我本源。在《庄子》第十一章中，讲述了老子与孔子之间的一个小故事：

“孔子见老聃。老聃新沐，方将被发而干，慹然似非人。孔子便而待之，少焉，见。曰：‘丘也眩与？其信然与？向者先生形体掘若槁木，似遗物离人，而立于独也。’老聃曰：‘吾游心于物之初。’

孔子曰：‘何谓邪？’

曰：‘心困焉而不能知，口辟焉而不能言。尝为汝议乎其将：至阴肃肃，至阳赫赫，肃肃出乎天，赫赫发乎地，两者交通成和，而物生焉。或为之纪，而莫见其形；消息满虚，一晦一明；日改月化，日有所为，而莫见其功。死有所乎归，生有所乎萌；始终相反乎无端，而莫知乎其所穷。非是也且？孰为之宗？’

孔子曰：‘请问游是’。

老聃曰：‘夫得是，至美、至乐也，得至美，而游乎至乐，谓之至人。’”②

庄子还指出了“忘我”的重要性：忘记自己的双眼、双耳，甚至心灵。虽然五官，尤其是双眼与双耳，是人类用于认知周围世界的主要器官，但是如果我们过分地依赖它们，很有可能被事物的外表假象所迷惑，从而远离事实的本质，远离大自然的真相。因此，从某种意义上说，人类需要忘记自己的双眼、双耳乃至心灵，这就是庄子所谓的“心斋”。“若一志：无听之以耳，而听之以心；无听之以心，而听之以气。耳止于听，心止于符；气也者，虚而待物者

① 杨柳桥. 庄子译注［M］. 上海：上海古籍出版社，2006：53.
② 杨柳桥. 庄子译注［M］. 上海：上海古籍出版社，2006：332.

也。唯道集虚。”[①]“心斋”一词可以等同于法语翻译中使用的“l’absence du coeur”（心灵的不在场）。

《庄子·田子方》中讲了一个关于绘画与忘我的故事：

“宋元君将画图，众史皆至，受揖而立，舐笔、和墨，在外者半。

有一史后至者，儃儃然，不趋，受揖不立，因之舍。公使人视之。则解衣，般礴，臝。

君曰：‘可矣，是真画者也！’”[②]

显然，这位赤身裸体作画的画家已经超越了普通人的眼光，忘却了荣辱与利害，甚至自己的身体，外界的干扰已经烟消云散，剩下的只是一片虚空。因此，宋元君发出感叹：“可矣，是真画者也！”[③] 忘我与纯化一直被中国传统绘画视为精髓和准则保留至今，影响了几个世纪以来的画家们。

中国传统山水画凭借以水墨为雅的文化积淀在人们心中形成了清淡的印象。受道家审美思想的影响，古人们认为描绘山水应该简省、薄画，以传达清透、虚和之意。黑白二色、天地玄黄，即是去繁就简、返璞归真的典范，也是东方美学的真谛。

在中国绘画史上，第一个将庄子的哲学观引入绘画的是宗炳（375—443年，南朝宋画家，《画山水序》的作者）。他游山玩水，饮溪栖谷三十余年，可谓终老山林。他饱览了美丽的山川景物，发掘了山水之美的真谛，因而画山水时，能够“以形媚道”，畅其神韵。他主张“神畅”之说，强调山水画创作是画家借助大自然的形象抒情写意的一个过程。他使中国画“以形写神”的理论又前进了一步。

早在中国魏晋南北朝时，文人们就发现了自然美与人格美。自然美与人格美成了中国山水美学的一对双胞胎。陶渊明以田园诗来表达自己对于自然美与人格美的领悟，他的作法在诗歌领域里也是一项独特发明；宗炳则以山水画来表达自己在自然美与人格美视觉领域中的独特发现。他们把自然美与人格美紧密地联系在一起、和谐汇集于一体。“万趣融其神思”，“畅神而已”。在山水之中的精神状态，最重要的是一个“畅”字，也就是庄子所提出的“畅游”“逍

① 杨柳桥．庄子译注［M］．上海：上海古籍出版社，2006：53.

② 杨柳桥．庄子译注［M］．上海：上海古籍出版社，2006：337.

③ 杨柳桥．庄子译注［M］．上海：上海古籍出版社，2006：337.

遥”。摆脱礼教的拘束，不受权威的压抑，一切都是自己灵魂真实的、自由的表现。宗炳是第一个探索自然美的本质和哲理意义的中国画家。在他看来，自然美具有超越社会功利的独立审美价值，个人对自然美的追求，就是个人才能、风貌、素质、性格以及人生意义、人生价值的重要体现。自然美与人生紧密相联的哲理关系，在其千古名著《画山水序》中第一次得到了真正的重视。因此，宗炳的理念在后世仍然得到画家们的推崇。

中国唐代的政治、经济和文化在世界舞台上都发出了耀眼光芒。以王维、吴道子为代表的一批唐代著名画家，都或多或少地受到了庄子的哲学观影响，并将之体现在自己的画作中。可以说，中国古典绘画的灵感之一便是来自于老庄的哲学，因此也可以说中国古典绘画是道家哲学的一种延伸与发扬。

在人类所探索出的真理中，最重要的当属于能带给我们幸福的真理。在所有艺术中，最重要的也是能让我们感觉到幸福的艺术。所有的哲学都在探寻让我们获得幸福的行之有效的方法。最终，所有的一切都向着一个目标前行——让人类得到幸福。对于幸福的追求已经成为新时代人们找寻的新“圣杯”。

结　语

一支笔、一段人生、一种宿命……笔者想用这句话来总结卢梭的一生。

卢梭为他的同时代人揭示了大自然的诗意之美。在他的引导下，山与水进入了文学领域，并上升到自然主义哲学观的高度。在法国，卢梭之前的文学作品鲜少包含如此大篇幅的文字用于描绘湖光山色。当年轻的卢梭第一次翻越阿尔卑斯山区的时候，面对那片如诗如画的山水风光，他不仅发现了世界的美好，也感觉到了自身的存在："没有任何意外来打搅我们的行程；我的肉体和精神都沉浸在我有生以来最幸福的状态中。当时，我年轻力壮，朝气勃勃，无忧无虑，对人对己满怀信心，我正处于人生中的那个短暂而宝贵的时期，这个时期里有种青春活力，可以说把我们整个身心都舒展开了，同时用生活的乐趣把我们眼前的万物也美化了。"①

自然是僻静又充满魅力的地方。卢梭是一个幸福的人，因为他是独立的，他热情洋溢地邀请每个人与他分享自己的"状态"，或者希望每个时代的人都能拥有像他一样的命运。此外，他把自己作为一个完美的、有成就的、有经验的榜样适当地"表现出来"。"每个人都会幸福的"观点证明了他这种方法的优越性和万能性。

在卢梭和老庄看来，现实世界有它的局限，而想象的世界是无边无际的。当想象力在大自然中发散舒展，其中的"道"也就显现出来了。它将人类带向原始的幸福，它为我们展示了最根本的自我。要想与大自然和谐地同步，必须首先生活在大自然中。这种回归可以勾起人类对黄金时代的回想，幸福就存在于对世界的遗忘和孤独之中。这种幸福将持续永恒并且能抵御时间的侵袭。

本书并不止于歌颂卢梭的自然主义思想及其中的道家意蕴，也想以现代人

---

① Jean-Jacques Rousseau. Bernard Gagnebin et Marcel Raymond, Oeuvres complètes [M]. Paris: Bibliothèque de la Pléiade, 1959—1964: 57-58.

的视角指出卢梭的一个不足之处。卢梭的作品仅仅是他私人的记忆承载。在他的字里行间存在一种激烈的偏执，他总是试图为这种偏执辩护。尽管卢梭已经做出了许多努力，其实他并未真正地与世隔绝。正如卢梭自己在作品中所说："我们生来是脆弱的，我们需要力量。"[①] 与卢梭相比，中国的老子与庄子显得更为洒脱。

卢梭与老庄在对于大自然的感情、对于田园朴素生活的热爱以及他们对此所进行的热情洋溢的描述都是史无前例的创新之举。尤其是在法国，从卢梭开始，法国人学会了用透视的眼光去欣赏和品位那些田野、树林、高山和湖泊，并且他们非常乐意更深入地体味其中的快乐。

在法国，人们非常重视独立个体的自由，总是想方设法地从旧的社会制度中解脱出来寻求个体自由。而卢梭的作品恰好反映了这个过程中关键性的一步，因此他被视为这场浪漫主义文学运动的先驱。这种以东方的传统价值为基准的新人文主义给受到物质主义压迫的西方人带来了解脱困境的契机。卢梭开悟式的思索对于渴望摆脱物质主义枷锁的西方人不啻为一声福音、一剂济世良方，具有超前的智慧。

卢梭与老庄都是为自由而创作的，他们的作品代表着苦涩而又甜蜜的幸福，为人类现代社会提供了参考和选择的机会。人类应当继续探寻适合自己的最佳方式。这是世世代代的人们所追求的最终目的，也是每个时代的任务。同时，在几千年来先人们的基础上，人类也应当被大自然所提供的美景和资源所感动。无论是卢梭还是老子、庄子，抑或是中法两国的哲人们，关于"自然"与"文明"的探讨都代表了他们对人类生存困境的一种深切的人文关怀，同样值得现代人深思。千百年来，人类历经千辛万苦征服自然改造世界，是为了给自己营造一个更舒适的环境。让生活变得更惬意的激情与执着已使地球的生态环境系统面临崩溃的边缘。人类既是高科技成果的发明创造者和享用者，同时又受到文明的奴役，也是自己欲望的奴隶。在科技与文明高度发达的时代，人类面临的资源枯竭、环境恶化等问题关系着人类共同的命运与社会的走向，是值得我们共同思考和探索的重要哲学命题。因此，人与自然如何相处？这一话题的探讨是永恒的，将永远持续下去。正如法国百科全书派的庄严宣告："人

① 卢梭. 爱弥尔：下册［M］. 李平沤，译. 北京：商务印书馆，1978：3.

类的事业不是安排彼岸的、来世的生命，而是依靠知识和理性，以科学的征服和人类无限进步的信念，在这块土地上建立人类的普遍幸福。”①

文化永远是人类共同的财富，中西方文化也从未停止过交流、碰撞与互鉴，它们跨越时空相聚、相吸、融汇、贯通，这是时代的潮流与历史的诉求，无论谁也挡不住。幸福、孤独、人与社会的矛盾冲突、对社会的质疑从老庄时代就已经开始存在，经历卢梭的年代直到今天。尽管卢梭和中国道家的思想家们生活在不同的时代，但是他们的思想却穿越时空最终相遇，碰撞出耀眼的火花，并将世世代代传承下去，造就不朽的传奇。

笔者以加斯东·巴什拉的一段被自然所触动而激发的感情文字来结束本书：“来吧，哦，我的朋友们，在这明亮的清晨，来歌颂潺潺的溪水！我们最初的苦痛在哪里？我们犹豫不决……小溪将教会你们倾诉，无论痛苦或回忆……它还会在每一刻告诉你们几个在岩石上翻滚的美丽词语。”②

---

① 何晓明. 中国文化与欧洲启蒙运动——兼论东西方文化交流的若干通则［J］. 社会科学战线 1997（3）：88.

② Gaston Bachelard. L'Eau et les rêves essai sur l'imagination de la matière［M］. Paris：José Corti，1942：262.

参考文献

[1] 朱光潜. 西方美学史 [M]. 北京：人民出版社，1963.

[2] 许慎. 说文解字注 [M]. 段玉裁，注. 上海：上海古籍出版社，1981.

[3] 陈迩冬. 苏轼诗选 [M]. 北京：人民文学出版社，1984.

[4] 宗白华. 艺境 [M]. 北京：北京大学出版社，1987.

[5] 许慎. 说文解字注 [M]. 王筠，注. 北京：中华书局，1988.

[6] 伊莎白尔·拉瑟拉. 欧洲人眼中的儒学教育：中外比较教育史[C]. 上海：上海人民出版社，1990.

[7] 罗曼·罗兰. 卢梭的生平和著作 [M]. 王子野，译. 北京：三联书店，1993.

[8] 赵朴初. 中国文化概论 [M]. 北京：北京师范大学出版社，1994.

[9] 李申. 老子与道家 [M]. 北京：商务印书馆，1996.

[10] 陶潜. 陶渊明集校笺 [M]. 龚斌，校笺. 上海：上海古籍出版社，1996.

[11] 李白. 李白全集 [M]. 上海：上海古籍出版社，1997.

[12] 李商隐. 李贺歌诗编李商隐诗集 [M]. 董乃武，校点. 沈阳：辽宁教育出版社，1997.

[13] 王泽应. 自然与道德——道家伦理道德精粹 [M]. 长沙：湖南大学出版社，1999.

[14] 栾栋. 感性学发微——美学与丑学的合题 [M]. 北京：商务印书馆，1999.

[15] 杜青钢. 米修与中国文化 [M]. 北京：社会科学文献出版社，2000.

[16] 梁宗岱. 法译陶潜诗选 [M]. 北京：外语教学与研究出版社，2003.

[17] 何如. 法译唐诗百首 [M]. 北京：外语教学与研究出版社，2003.

[18] 阎宗临. 传教士与法国早期汉学 [M]. 郑州：大象出版社，2003.

[19] 陈鼓应. 老子今注今译 [M]. 注译. 上海：商务印书馆，2003.

[20] 许明龙. 黄嘉略与早期法国汉学 [M]. 北京：中华书局，2004.

[21] 曾冬. 唐诗漫步 [M]. 北京：九州出版社，2005.

[22] 袁鼎生. 生态视域中的比较美学 [M]. 北京：人民出版社，2005.

[23] 李生龙. 道家及其对文学的影响 [M]. 长沙：岳麓书社，2005.

[24] 张恩富. 道家简史 [M]. 北京：华龄出版社，2005.

[25] 罗安宪. 虚静与逍遥——道家心性论研究 [M]. 北京：人民出版社，2005.
[26] 杨柳桥. 庄子译注 [M]. 上海：上海古籍出版社，2006.
[27] 王凯. 自然的神韵：道家精神与山水田园诗 [M]. 北京：人民出版社，2006.
[28] 让-雅克·卢梭. 孤独漫步者的遐想 [M]. 钱培鑫，译. 南京：译林出版社，2006.
[29] 许明龙. 欧洲十八世纪中国热 [M]. 北京：外语教学与研究出版社，2007.
[30] 朱晓鹏. 道家哲学精神及其价值境域 [M]. 北京：中国社会科学出版社，2007.
[31] 王勇亮. 中国画与道家思想 [M]. 北京：文化艺术出版社，2007.
[32] 陈栎宇. 庄子智慧讲堂：道家之逍遥自由 [M]. 北京：长安出版社，2007.
[33] 冯友兰. 中国哲学史新编 [M]. 北京：人民出版社，2007.
[34] 图珊-萨玛. 布尔乔亚饮食史 [M]. 管筱明，译. 广州：花城出版社，2007.
[35] 李泽厚. 中国古代思想史论 [M]. 上海：生活. 读书. 新知三联书店，2008.
[36] 姚曼波. 庄子探奥 [M]. 北京：人民出版社，2008.
[37] 吴承恩，施耐庵，罗贯中，曹雪芹. 中国古典文学读本丛书：四大名著权威定本 [M]. 黄肃秋，注. 北京：人民出版社，2008.
[38] 傅佩荣. 向庄子借智慧 [M]. 北京：中华书局，2009.
[39] 吴国富. 陶渊明与道家文化 [M]. 南昌：江西人民出版社，2009.
[40] 梁启超. 国学大师说老庄及道家 [M]. 昆明：云南人民出版社，2009.
[41] 冯友兰. 中国哲学简史 [M]. 上海：生活·读书·新知三联书店，2009.
[42] 闫晓东注析. 苏轼诗文选 [M]. 海南：南海出版公司，2011.
[43] 李白. 李太白全集 [M]. [清]王琦，注. 北京：中华书局，2011.
[44] 袁行霈. 陶渊明集笺注 [M]. 北京：中华书局，2011.
[45] 苏轼. 东坡集 [M]. 南京：凤凰出版社，2013.
[46] 周振甫. 诗经译注 [M]. 北京：中华书局，2013.
[47] 周礼下册 [M]. 徐正英，常佩雨，译注. 北京：中华书局，2014.
[48] 吴泓缈，佳玥. 当蒙娜丽莎遇到中国人：有关西方绘画的对话 [M]. 北京：商务印书馆，2014.
[49] 李泽厚. 美的历程 [M]. 北京：生活·读书·新知三联书店，2014.
[50] 朱谦之. 中国思想对于欧洲文化之影响 [M]. 太原：山西出版社，2014.
[51] 李妍妍. 卢梭美学思想研究 [M]. 北京：社会科学文献出版社，2015.
[52] 李泽厚. 哲学纲要 [M]. 上海：中华书局，2015.
[53] 钱林森. 中外文学交流史(中国—法国卷) [M]. 济南：山东教育出版社，2015.
[54] 让-雅克·卢梭. 卢梭全集 [M]. 李平沤，译. 北京：商务印书馆，2016.
[55] 蒲松龄，斯范. 聊斋志异(注释本) [M]. 武汉：湖北辞书出版社，2016.

[56] 尼科拉·弗莱彻. 查理曼大帝的桌布：一部开胃的宴会史 [M]. 李响，译. 北京：生活·读书·新知三联书店，2016.
[57] 孟德斯鸠. 孟德斯鸠论中国 [M]. 许明龙，编译. 北京：商务印书馆，2016.
[58] 让·安泰尔姆·布里亚-萨瓦兰. 厨房里的哲学家 [M]. 敦一夫，付丽娜，译. 南京：译林出版社，2017.
[59] 易中天. 中华史·先秦到隋唐 [M]. 杭州：浙江文艺出版社，2017.
[60] 李泽厚. 中国古代思想史论 [M]. 北京：生活·读书·新知三联书店，2017.
[61] 丹尼尔·笛福，著. 鲁滨逊漂流记 [M]. 周伟驰，译. 上海：华东师范大学出版社，2018.
[62] 杜青钢. "道"家米硕 虚之诗学——试论老庄、禅宗对米硕诗歌创作的影响[J]. 外国文学评论，1993(1).
[63] 杜青钢. 老子在法国[J]. 出版广角，1996(4).
[64] 何晓明. 中国文化与欧洲启蒙运动——兼论东西方文化交流的若干通则[J]. 社会科学战线，1997(3).
[65] 卜松山. 时代精神的玩偶——对西方接受道家思想的评述[J]. 哲学研究，1998(7).
[66] 叶舒宪. 20 世纪西方思想的"东方转向"问题[J]. 文艺理论与批评，2003(2).
[67] 胡家祥. 庄子美学的基本特点及其现代意义[J]. 中南民族大学学报，2003(1).
[68] 赖永兵. 论庄子的生命美学[J]. 四川师范大学，2005(2).
[69] 蒋承勇.《新爱洛伊丝》与人性抒写[J]. 外国文学评论，2009(3).
[70] 刘固盛，吴雪萌. 西方基督教背景下的《老子》诠释[J]. 江汉论坛，2011(4).
[71] 徐前进. 卢梭的病：医学和史学的综合解读[J]. 历史研究，2013(5).
[72] 许苏民. 卢梭与中国哲学[J]. 江汉论坛，2014(3).
[73] 顾明栋. 跨越东西方思想交流的鸿沟[J]. 北京大学学报(哲学社会科学版)，2015(2).
[74] Jacques-Pierre Brissot de Warville. De la Vérité ou méditations sur les moyens de parvenir à la vérité [M]. Neuchâtel：Société typographiques，1782.
[75] Louis Auguste Mercier. Explication de la maladie de J. J. Rousseau et de l'influence qu'elle a eue sur son caractère et sur ses écrits [M]. Paris：Librairie le Normant，1859.
[76] Gaston Bachelard. L'Eau et les rêves essai sur l'imagination de la matière [M]. Paris：José Corti，1942.
[77] E. R. Hughes. Preface for The Great Learning and the Mean-in-Action [M]. London：Dent，1942.
[78] Gaston Bachelard. La Terre et les rêveries de la volonté [M]. Paris：José Corti，1947.
[79] Gaston Bachelard. La Terre et les rêveries du repos [M]. Paris：José Corti，1948.
[80] LéonWieger. les Pères du système Taoïste [M]. Paris：Les Belles Lettres，1950.

[81] Fong Yeou-Lan. Précis d'histoire de la philosophie chinoise [M]. Paris: Payot, 1952.

[82] Laffont-Bompiani dictionnaire des écrivains. Paris: Robert Laffort, 1952.

[83] Lao-tseu. Tao Tö King [M]. traduit par Jan Julius Lodewijk Duy. Paris: Adrien-Maisonneuve, 1953.

[84] René Etiemble. L'Orient philosophique au XVIIIe siècle [M]. Paris: Centrede Documentation Universitaire, 1957-1958.

[85] Charles Dedeyan. Rousseau, la Nouvelle Héloïse [M]. Paris: Centre de Documentation Universitaire, 1958.

[86] Jean-Jacques Rousseau. Les Confessions [M]. Paris: Gallimard, 1959.

[87] Jean-Jacques Rousseau. Bernard Gagnebin et Marcel Raymond, Oeuvres complètes [M]. Paris: Bibliothèque de la Pléiade, 1959—1964.

[88] Geoffroy Atkinson. le Sentiment de la nature et le retour *à* la vie simple (1690—1740) [M]. Paris: Minard, 1960.

[89] Robert Ricatte. Réflexions sur les Rêveries [M]. Paris: Librairie José Corti, 1960.

[90] Paul Hazard. la Crise de la Conscience européenne 1680—1715 [M]. Paris: Librairie Arthème Fayard, 1961.

[91] Jean Starobinski. l'Oeil vivant [M]. Paris: Éditions Gallimard, 1961.

[92] Georges May. Rousseau par lui-même [M]. Paris: Éditions du Seuil, 1961.

[93] Marcel Raymond. Jean-Jacques Rousseau, la quête de soi et la rêverie [M]. Paris: Librairie José Corti, 1962.

[94] Jean Ehrard. l'Idée de nature en France dans la première moitié du XVIIIe siècle [M]. Paris: S. E. V. P. E. N. 1963.

[95] H. C. Lancaster. La Pensée européenne au XVIIIe siècle de Montesquieu *à* Lessing [M]. Paris: Librairie Arthème Fayard, 1963.

[96] Jean-Jacques Rousseau. François Bouchardy, Discours sur les sciences et les arts [M]. Paris: Gallimard, 1964.

[97] Gita May. De Jean-Jacques Rousseau *à* Madame Roland [M]. Genève: Librairie Droz, 1964.

[98] NicoleVandier-Nicolas. le Taoïsme [M]. Paris: Presses universitaires de France, 1965.

[99] Charles Dedeyan. Jean-Jacques Rousseau et la sensibilité littéraire *à* la fin du XVIIIe siècle [M]. Paris: Société d'Edition d'Enseignement supérieur, 1966.

[100] Anoyme. Jean-Jacques Rousseau et la sensibilité littéraire *à* la fin du XVIIIe siècle [M]. Paris: Société d'Edition d'Enseignement supérieur, 1966.

[101] Lao-tseu. Tao tö King [M]. Lieou Kia-hway, traduit. Paris: Gallimard, 1967.

[102] Pierre Trahard. les Maîtres de la sensibilité française au XVIIIe siècle (1715—1789) [M]. Genève: Slatkine Reprints, 1967.

[103] Denis Diderot et D'Alembert. Encyclopédie ou Dictionnaire raisonné des sciences des arts et des métiers [M]. NewYork: Pergamon Press, 1969.

[104] Michel Launay. Jean-Jacques Rousseau et son Temps. Paris: Librairie A. -G. [M]. Nizet, 1969.

[105] J. Rivelaygue. Rousseau [M]. Paris: Librairie Marcel Didier, 1970.

[106] Jean Starobinski. Jean-Jacques Rousseau, la transparence et l'obstacle suivi de sept essais sur Rousseau [M]. Paris: Éditions Gallimard, 1971.

[107] Raymond Trousson. Rousseau et sa fortune littéraire [M]. Bordeaux: Éditions Guy Ducros, 1971.

[108] Jean-Jacques Rousseau. Les Rêveries du promeneur solitaires [M]. Paris: Gallimard, 1972.

[109] Pierre Burgelin. la Philosophie de l'existence de Jean-Jacques Rousseau [M]. Paris: Librairie philosophique J. VRIN, 1973.

[110] Jules Lemaitre. Jean-Jacques Rousseau [M]. Paris: Calmann-Lévy, Éditeurs, 1973.

[111] Denise Leduc-Fayette. J. -J. Rousseau et le Mythe de l'antiquité [M]. Paris: Librairie philosophique J. VRIN, 1974.

[112] Victor Goldschmidt. Anthropologie et politique les Principes du système de Rousseau [M]. Paris: Librairie philosophique J. Vrin, 1974.

[113] Basil Munteano. Solitude et contradictions de Jean-Jacques Rousseau [M]. Paris: A. G. Nizet, 1975.

[114] Beaudelaire. les Oeuvres Complètes II [M]. Paris: Gallimard, 1976.

[115] Albert Soboul. Guy Lemarchand, Michèle Fogel, le Siècle des Lumières [M]. Paris: Presses universitaires de France, 1977.

[116] Gisèle Bretonneau. Stoïcisme et valeurs chez J. -J. Rousseau [M]. Paris: Société d'Édition d'Enseignement supérieur, 1977.

[117] Georges-Arthur Goldschmidt. Jean-Jacques Rousseau ou l'esprit de solitude [M]. Paris: Éditions Phébus, 1978.

[118] Gérard Namer. Rousseau sociologue de la connaissance [M]. Paris: Éditions Klincksieck, 1978.

[119] Marc Eigerldinger. Jean-Jacques Rousseau et la Réalité de L'imaginaire [M]. Neuchatel:

A labaconnière, 1978.

[120] Jean Deprun. la Philosophie de l'inquiétude en France au XVIIIe siècle [M]. Paris: Librairie Philosophique J. Vrin, 1979.

[121] Jean-Louis Lecercle. Rousseau et l'art du roman [M]. Genève: Slatkine Reprints, 1979.

[122] Georges Poulet. les Métamorphose du cercle [M]. Paris: Flammarion, 1979.

[123] Robert Mauzi. l'Idée du bonheur dans la littérature et la pensée françaises au XVIIIe siècle [M]. Genève-Paris-Gex: Slatkine Reprints, 1979.

[124] Michel Gilot, Jean Sgard. Vocabulaire du sentiment dans l'oeuvre de J. -J. ROUSSEAU [M]. Genève-Paris: Éditions Slatkine, 1980.

[125] Anne Srabian de Fabry. Saint Paul, Jeux de miroirs. La Fontaine, Mao, Genet et Jean-Jacques Rousseau [M]. Québec: Éditions Naaman, 1982.

[126] Raymond Trousson. Balzac disciple et juge de Jean-Jacques Rousseau [M]. Genève: Librairie Droz S. A. 1983.

[127] Alexis Philonenko. Jean-Jacques Rousseau et la Pensée du malheur apothéose du désespoir [M]. Paris: Librairie philosophique J. Vrin, 1984.

[128] Raymond Trousson. le Tison et le flambeau Victor Hugo devant Voltaire et Rousseau [M]. Bruxelles: Éditions de l'Université de Bruxelles, 1985.

[129] Hinrich Hudde. Stendhal et Rousseau Continuité et ruptures [M]. Köln: Dme-Verlag Georg Mölich, 1986.

[130] Claude-Adrien Helvétius. De l'esprit [M], Paris: Fayard, 1988.

[131] Guy Besse. Jean-Jacques Rousseau l'Apprentissage de l'humanité [M]. Paris: Éditions sociales, 1988.

[132] Jean-Jacques Rousseau. la marche *à* la gloire [M]. Paris: Éditions Tallandier, 1988.

[133] Didier Julia. Dictionnaire de la philosophie [M]. Paris: Librairie Larousse, 1988.

[134] Marcel Granet. la Pensée chinoise [M]. Paris: Éditions Albin Michel, 1988.

[135] Song Shun-Ching. Voltaire et la Chine [M]. Aix-en-Provence: Publications université de Provence, 1989.

[136] Epicure. Lettre *à* Ménécée [M], Marcel Conche traduction, Paris: PUF, 1990.

[137] Northrop Frye. Words with Power, Being a Second Study of the Bibleand Literature [M]. New York: Viking, 1990.

[138] Robert Mauzi. Précis de littérature française du XVIIIe siècle [M]. Paris: Presses Universitaires de France, 1990.

[139] Catherine Laroze. Une Histoire sensuelle des jardins [M]. Paris: Olivier Orban, 1990.

[140] Jean-Jacques Rousseau. Malherbes Correspondance [M]. Paris: Flammarion, 1991.

[141] Françoise Barguillet. Rousseau ou l'illusion passionnée les rêveries du promeneur solitaire [M]. Paris: Presses universitaires de France, 1991.

[142] Michel de Montaigne. les Essais [M]. Paris: Arléa, 1992.

[143] Zou Shaoping. Ye Qingguang [M]. Beijing: Éditions du Nouveau Monde, 1992.

[144] Ulrich Im Hof. Les Lumières en Europe [M]. Paris: Éditions du Seuil, 1993.

[145] Elio Mosele. George Sand et son Temps [M]. Genève: Slatkine, 1993.

[146] Kant. Critique de la faculté de juger [M]. Paris: Vrin, 1993.

[147] Jean-Jacques Rousseau. Heurs et malheurs d'une conscience [M]. Paris: Hachette, 1993.

[148] John Lagerway. le Continent des esprits la Chine dans le miroir du taoïsme [M]. Bruxelles: La Renaissance du livre, 1993.

[149] Augustin Berque. Cinq Propositions sur une théorie du paysage [M]. Seyssel: Editions Champ Vallon, 1994.

[150] Max Kaltenmark. Lao-Tseu et le Taoïsme [M]. Paris: Éditions du Seuil, 1994.

[151] Pierre Naudin. l'Expérience et le sentiment de la solitude de l'aube des Lumières *à* la Révolution [M]. Paris: Klincksieck, 1995.

[152] Claude Larreet, Elisabeth Rochat de la Vallee. de Vide en vide [M]. Paris: Desclée de Brouwer, 1995.

[153] Isabelle de Charrière. Défenseurs et adversaires de J. -J. Rousseau [M]. Paris: Honoré champion éditeur, 1995.

[154] Versa C. Petrovich. Connaissance et rêverie dans le discours des Lumières [M]. New York: PETER LANG, 1996.

[155] J. Domenech. Autobiographie et fiction romanesque autour des Confessions de Jean-Jacques Rousseau [M]. Nice: Université de Sophia Antipolis, 1996.

[156] Christine Barbier-Kontler. Sagesse et religions en Chine de Confucius *à* Deng-Xiaoping [M]. Paris: Bayard Éditions /Centurion, 1996.

[157] Jean-Jacques Rousseau. Rêveries du promeneur solitaire [M]. Paris: Ellipses, 1997.

[158] PaulAdamy. Les Corps de Jean-Jacques Rousseau [M]. Paris: Honoré Champion Editeur, 1997.

[159] Anne Cheng. Histoire de la pensée chinoise [M]. Éditions du Seuil, 1997.

[160] Philippe Lefebvre. l' Esthétique de Rousseau [M]. Paris: Éditions SEDES, 1997.

[161] Michèle Crogiez. Solitude et méditation étude sur les Rêveries de Jean-Jacques Rousseau

[M]. Paris: Honoré Champion Editeur, 1997.

[162] Michèle Crogiez. Rousseau et le paradoxe [M]. Paris: Honoré Champion Éditeur, 1997.

[163] Michel Coz, François Jacob. Rêveries sans fin, Autour des Rêveries du promeneursoliaire [M]. Orléans: Paradigme, 1997.

[164] L'École biblique de Jérusalem. La Bible de Jérusalem [M]. Paris: les Éditions du Cerf, 1998.

[165] Monique Anne Gyalokay. Rousseau, Northrop Frye et la Bible Essai de mythocritique. [M] Paris: Honoré Champion, 1999.

[166] Isabelle Landry-Deron. La Preuve par la Chine [M]. Paris: Éditions de l'École des hautes études en sciences sociales, 2002.

[167] Aristote, B. A. van Groningen. A. Wartelle traduction. Economique [M]. Paris: Belles Lettres, 2003.

[168] Philip Knee, Gérald Allard. Rousseau juge de Jean-Jacques Études sur les Dialogues [M]. Paris: Honoré Champion, 2003.

[169] François Julien. la grande Image n'a pas de forme ou du non-objet par la peinture [M]. Paris: Éditions du Seuil, 2003.

[170] Marie-Dominique Boutilie, Bouttier-Couqueberg Catherine. Jean-Jacques Rousseau Analyse de l'oeuvre [M]. Paris: Pocket, 2004.

[171] Gilbert Py. l'Idée d'Europe au siècle des Lumières [M]. Paris: Librairie Vuibert, 2004.

[172] Platon. République [M]. Paris: Flammarion, 2004.

[173] Gaston Bachelard. La Poétique de la rêverie [M]. Paris: Quadrige / PUF, 2005.

[174] Monique, Bernard Cottret. Jean-Jacques Rousseau en son temps [M]. Paris: Éditions Perrin, 2005.

[175] Rémy Hebeding. Jean-Jacques Rousseau les Lumières grâce *à* Dieu [M]. Paris: Punctum Éditions, 2005.

[176] François Julien. la Pensée chinoise dans le miroir de la philosophie [M]. Paris: Éditions du Seuil, 2007.

[177] Bernardin de Saint-Pierre. Études de la nature [M]. Saint-Étienne: Publications de l'Université de Saint-Étienne, 2007.

[178] Cheng Anne, SimonLeys, Dai Sijie, Léon Vandermearsche, Confuscius, Lao-Tseu, Tchoung-Tseu. Les Textes fondateurs de la Pensée chinoise[J]. Le Point, Hors Série n° 13, 2007.

[179] Paul Rudi. Rousseau: une philosophie de l'âme [M]. Éditions Verdier, 2008.

[180] Denis Faïck. la Cité et les choses [M]. Éditions Privat，2012.

[181] Pierre de Marbeuf. Recueil des vers de Pierre deMarbeuf publié avec une introduction [M]. Paris：Hachette Livre BNF，2012.

[182] Denis Diderot. Le neveu de Rameau [M]. Paris：Flammarion，2013.

[183] Assouly Olivier. Les nourritures de Jean-Jacques Rousseau [M]. Paris：Classique Garnier，2016.

[184] A. Lacassagne. la Mort de Jean-Jacques Rousseau [M]. Lyon：FB & Ltd.，2018.